LE SYMBOLE DE LA VIE

Psychographié par
GILVANIZE BALBINO PEREIRA

Par les esprits
Ferdinand et Bernard

Traduction en français :
Carolina Ugaz
Daniela Arias Vilcapoma
Lima, Pérou, Janvier 2024

Titre original en Portugués :
"O Símbolo da Vida"

© Gilvanize Balbino Pereira, 2015

World Spiritist Institute

Houston, Texas, USA

E-mail: contact@worldspiritistinstitute.org

Gilvanize Balbino Pereira

Née à São Paulo, où elle vit et travaille professionnellement comme administratrice de systèmes d'information, domaine dans lequel elle s'est spécialisée. Elle a découvert qu'elle était médium alors qu'elle était encore adolescente et passe le plus clair de son temps à faire connaître le spiritisme, sa foi.

Elle est présidente du Núcleo Espírita Lar de Henrique, qu'elle a fondé en 1993, où elle participe à des activités d'assistance spirituelle et sociale.

Conférencière et spécialiste des ouvrages fondamentaux d'Allan Kardec, elle a psychographié, entre autres, *Jade Angels, Une aube à recommencer, Horizon des alouettes, Psaumes de la rédemption, Lanternes du temps, Larmes du soleil, Sceptres fendus, Vérités que le temps n'éteint pas, Juste pour toi. Construire un nouveau chemin* et *Vaincre*, dans lequel se distingue le message de renouvellement de l'âme par la pratique de l'amour et de la charité.

SOMMAIRE

Dédicace 7
Qui est Ferdinand et Bernard ? 8
Un bref rapport 10
Réunion 13
Excusez-moi, amis 16
Chapitre 1 20
    Contexte historique, vies et espérance................................... 20
Chapitre 2 30
    La rencontre sublime de la foi et la conversation de Lévi le publicain
.... 30
Chapitre 3 40
    Révélations et apparitions de Jésus après sa mort 40
Chapitre 4 55
    Unis par le coeur, un adieu nécessaire 55
Chapitre 5 61
    En Egypte - Bartholomé et Marc, enseignements et évangile 61
Chapitre 6 75
    Alexandrie, Christianisme de Marc 75
Chapitre 7 81
    Un acte de bonté, une confrontation entre l'ombre et la lumière 81
Chapitre 8 90
    Marc, arrivant à Alexandrie 90
Chapitre 9 97
    Différences religieuses, coexistence complexe 97
Chapitre 10 103
    La conversion de Daniel 103

Chapitre 11 108
    Arrivée heureuse, séparation difficile 108

Chapitre 12 118
    Après le départ, il est temps de passer à autre chose 118

Chapitre 13 126
    L'égoïsme marque des vies et altère l'avenir 126

Chapitre 14 137
    Au milieu de la prison, la foi forcée 137

Chapitre 15 147
    Daniel, le converti d'Alexandrie 147

Chapitre 16 154
    Marc devant les rabbins 154

Chapitre 17 163
    Dernière prédication de Marc à Alexandrie 163

Chapitre 18 171
    La marche contre les chrétiens d'Alexandrie 171

Chapitre 19 179
    Marcos, la grandeur d'une vie au retour de la lumière 179

Chapitre 20 188
    À Byzance, un espoir posthume 188

Chapitre 21 196
    Douces retrouvailles, nouveau départ 196

Chapitre 22 203
    Entre les adversités, un nouvel amour s'éveille 203

Chapitre 23 210
    Le début d'un nouvel amour 210

Chapitre 24 217

Le temps, seigneur des cœurs	217
Chapitre 25	223
Des chemins croisés	223
Chapitre 26	231
Les lettres de Paul de Tarse aux Éphésiens	231
Chapitre 27	239
Se rapprocher, apprendre et le début de l'amour	239
Chapitre 28	248
L'égoïsme, l'insécurité et la foi	248
Chapitre 29	260
Se préparer à la vie	260
Chapitre 30	268
A la lumière d'un nouvel amour	268
Chapitre 31	276
Réunions, déchirures et réajustements	276
Chapitre 32	285
Sous le soleil d'une nouvelle aube	285
Personnages Caleriados	313
Index biblique	320
Insérer	322
L'Évangile selon Marc	343

Dédicace

Je remercie Dieu pour son amor incommensurable et pour être resté à nos côtés, nous prodiguant sagesse, courage et foi ;

à Jésus pour l'instruction, pour l'amour sacré et éternel qui nous oriente vers la lumière du christianisme ;

aux bienfaiteurs spirituels pour leur aide affectueuse, car sans eux je ne serais même pas capable de tenir un simple stylo ou de continuer à sentir le merveilleux parfum de la vie ;

à mes amis sur le terrain, pour leur patience dans les moments de joie et de tristesse;

aux équipes de travail (des plans physique et spirituel) ont été impliquées dans la prodution de ce livre ; à toute l'humanité de pouvoir d'y participer.

Avec affection et gratitude,

Gilvanize Balbino

Qui est Ferdinand et Bernard ?

Ferdinand est le nom utilisé par l'esprit qui s'est présenté en 1979, assumant la responsabilité spirituelle du travail médiumnique de la médium. Sa mission auprès du médium est de rappeler et de diffuser le message authentique du Christ, volontairement oublié au cours des deux mille ans qui nous séparent de son passage sur notre planète.

Bernard fait partie de l'équipe de Ferdinand. Il collabore activement à cette mission chrétienne, utilisant ses connaissances d'historien pour retrouver des faits historiques sur le christianisme.

*N'ayez pas peur de recommencer. Rappelez-vous
les apôtres éternels qui ont fait du
le monde leur maison.*

Un bref rapport

Ami lecteur, c'est avec une grande joie que nous nous approchons de ton cœur dans ce véritable recueil de faits et d'émotions.

Après un certain temps de silence, nous sommes de retour, engagés dans cette mission chrétienne, avec le défi particulier de raconter cette histoire qui retrouve les racines du christianisme en Égypte.

Soutenu par l'essence sublime de l'amour de Jésus-Christ et des amis dont je ne pourrai jamais me passer. - surtout Bernard, avec qui j'ai parcouru de nombreux chemins qui ont fait de nous des frères en Christ - Je prie le Seigneur de les éclairer, parce qu'avec eux que je partage tous les mérites de ce travail, et sans eux, j'en suis sûr, il serait très difficile d'aller au bout de ces pages.

Comme toujours, je voudrais rappeler nos objectifs; Il ne s'agit pas de dicter un recueil de règles de comportement ni de manquer de respect aux nobles historiens qui ont la responsabilité de maintenir les événements des différentes générations dans les mémoires de l'histoire.

Notre tâche consiste à rechercher dans les lignes du christianisme primitif l'amour inconditionnel, le pilier qui a formé la doctrine du Christ et conduit les civilisations à changer leurs lois pour comprendre la sagesse de Dieu manifestée dans les actes d'un homme qui, en fait, a été le point de repère éternel de la transformation de la planète Terre, le Nazaréen.

Afin de respecter les individualités et les lieux qui composent ces pages, les personnages et les régions présentés ici ont été conservés

Ami lecteur, tu trouveras ici quelques cœurs éternels qui, au fil du temps, restent unis sous la force de l'idée chrétienne, liés par un amour indescriptible et souverain.

L'apôtre Marc a été l'un des exemples vivants de la foi, que, bien qu'il n'ait pas rencontré Jésus, il a réussi à enregistrer le passage du Maître à travers les récits de Pierre, qui le considérait comme son bien-aimé, y compris les écrits d'Étienne, lorsqu'il était aux côtés de l'apôtre, enregistrant avec amour les paroles de l'ancien pêcheur de Palestine.

Nous cherchons ici à recenser les textes de Marc qui ne sont pas inclus dans le Nouveau Testament et connus aujourd'hui sous le nom d'"apocryphes".

Même si nous les adaptons à notre époque, ils n'ont pas perdu leur authenticité et représentent les enseignements de Pierre tels qu'ils ont été rapportés par le grand apôtre.

Nous notons également les aspects remarquables du processus médiumnique si évident chez les apôtres de Jésus, ainsi que chez Marie. de Magdala, qui, tout au long de l'histoire, ont été omis ou interprétés comme des miracles jusqu'à aujourd'hui..

En réponse aux questions qui m'ont été adressées sur le lien avec le libre psaume de la rédemption, je réalise que cette histoire s'est déroulée parallèlement aux pages de Psaumes de la Rédemption et que les événements relatés ici par l'apôtre Marc scellent l'union de foi avec l'"apôtre du cœur" Bartholomée[1] dans sa

---

[1] (Note de Medium) L'histoire de cet apôtre est racontée dans les pages du livre psaumes de la Rédemption. Nous soulignons ici l'importance de Nathanaël "Bar-Tolmai fils (Bar) de Tolomeo (Tholmal ou Talmai)", né à Canaan et connu plus tard sous le nom de Bartholomé, apôtre de notre Seigneur Jésus-Christ, cité dans Jean I, 45:5 .

mission de diffusion de l'Évangile après la disparition de Jésus-Christ.

Je ne m'étendrai pas plus davantage sur ce prélude et, le cœur plein de gratitude, sans prétention, j'offre ces pages à toi, cher lecteur, afin qu'il y trouver un autre témoignage de la miséricorde du Seigneur, qui soutient, comprend et aide toujours ceux qui cherchent la libération de leur esprit à travers le christianisme libérateur.

Ferdinand

Sao Paulo, 12 août 2013.

Réunion

Chers amis, avec l'esprit baigné de joie et de foi, je retourne à la terre, par l'intermédiaire de l'instrument médiumnique, trasnformant des pages d'espoir et de clarté.

Aux côtés de mon éternel ami Ferdinando et d'autres d'innombrables grands compagnons de mon monde, je partage ce travail historique, en essayant de retrouver les faits qui ont constitué la vie réelle de nombreux cœurs.

Sous les ordres de nos supérieurs, Ferdinando et moi avons cherché des preuves historiques pour enregistrer, contrairement à ce que beaucoup croient, la force de la foi chrétienne en Égypte, selon l'Évangile de Jean écrit en langue copte.

Au fil des ans, en raison des nombreuses persécutions religieuses et de l'imposition de l'islam, le christianisme a fini par être connu sous le nom de "copte". Les Coptes étaient l'un des principaux groupes ethno-religieux d'Égypte. Le terme était utilisé pour tous les Égyptiens et, avec le temps, il a fini par être utilisé pour identifier les chrétiens de ce pays.

L'Évangile de Marc se distingue par sa simplicité et, en même temps, par sa façon claire et

succincte de traduire, par rapport aux autres évangélistes. Jésus-Christ. Sans connaître Notre Seigneur, Il il a réussi à l'éterniser avec brio, en centrant son oeuvre sur sa passion et ses. Marc s'est attaché à exprimer les enseignements du christianisme primitif aux chrétiens issus du paganisme, ce qui l'empêchait d'être complexe dans son langage, optant pour la simplicitè , sans perdre la profondeur du Christ.

En raison des nombreuses versions des évangiles publiées au cours de l'histoire, le Nouveau Testament, la version connue aujourd'huii, se résume à seulement 661 versets, le reste des textes, tels que ceux présentés dans cet essai, ayant été supprimé et censuré au cours du Moyen-Âge.

Enfin, pourquoi associer ces souvenirs à l'"Ankh[2]", que l'on traduit par "Jésus, symbole éternel de la vie" ?

---

[2] (N.M.) "ANKH - CROIX D'ANSATA - La Croix de Vie (au Ankh),était un symbole de réincarnation. Elle représentait, comme son nom l'indique, la vie. Elle était aussi connue comme le symbole de la vie éternelle. Les Égyptiens l'utilisaient pour indiquer la vie après la mort. L'algue ovale qui compose l'Ankh suggère un cordon entrelacé dont les deux extrémités opposées qui signifient les principes féminin et masculin, fondamentael pour la création de la vie. Selon d'autres interprétations, il représente l'union entre les divinités Osfris et Isis, qui a permis l'inondation périodique du Nil, indispensable à la survie de la civilisation. Dans ce cas, le cycle prévisible et inaltérable des eaux a été attribué au concept de réincarnation, l'une des principales caractéristiques de la croyance égyptienne. La ligne verticale qui descend exactement du centre du lac est le point d'intersection des pôles et représente le fruit de l'union des contraires. Malgré ses origines égyptiennes,, l'Ankh a été adopté par différentes cultures au cours de l'histoire. Il a conservé sa popularité même après la christianisation du peuple égyptien à partir du IIIe siècle. Les convertis égyptiens sont connus sous le nom de chrétiens Coptes, et l'Ankh (en raison de sa ressemblance avec la croix utilisée par les chrétiens) est resté l'un de leurs principaux symboles., appelé la croix Copte. Texte extrait de "Centaines de curiosités égyptiennes - partie 2". Disponible à l'adresse : <http://www.khanelkhalili.com.br/curiosidades%202.htm>. Consulté le : 8 avril 2015 -Ankh comme hiéroglyphe : http://www.ancientscripts.com/egyptian.html et Ankh - origine : http://www.ancientegyptonline.co.uk/ankh.html Consulté le : 9 avril 2015.

Réunis dans mon monde avec les amis qui ont contribué à la composition de ces pages, nous avons cherché le symbolisme égyptien qui pourrait nous aider à changer le concept de la mort.

que la croix inspire et fait évoluer en sorte que les chrétiens y voient la continuité de la vie et de l'espoir, le message d'amour que Jésus a laissé lors de son passage sur Terre.

Après la crucifixion de Jésus-Christ, la croix a été choisie pour symboliser le christianisme. et, avec le temps, on a cru qu'elle représentait la mort. À nos yeux, cependant,, la croix représente la vie, car le Seigneur est toujours vivant dans nos cœurs et nos esprits.

Nous avons fait cette allusion à l'"Ankh", le "symbole sacré de la vie "2 utilisé par les anciens Égyptiens pour représenter de puissance et de vie éternelle, en le transformant en "Jésus, Symbole Eternel de Vie"., qui n'est rien d'autre que le christianisme rédempteur.

Je vous invite donc, en tant que lecteur, à plonger avec nous dans ces pages et à voyager à travers l'histoire de notre symbole de vie, le christianisme.

Bernard

Sao Paulo, 12 août 2013.

Excusez-moi, amis ...

Excusez-moi je demande la permission d'inclure cette page dans un livre de Ferdinand et Bernard, car je connais très bien ma position de médium.

Je voudrais remercier beaucoup de personnes sur ce plan physique et le plan spirituel, mais il y en a tellement que je pourrais être injuste et oublier quelqu'un.

Dans ce poème, j'ai trouvé l'harmonie des mots pour vous exprimer ma gratitude et, si j'avais la possibilité de savoir que je mourrais maintenant, je dirais: valeu …

Cela en vaut la peine, car dans ma vie je t' ai rencontrée, mes amis...Et avec toi , je recommencerais, peut-être plus intelligemment.

Gros câlin.

Gilvanize Balbino

Poésie : "Être ton ami" - Jose Fernandes de Oliveira, également connu sous le nom de "Si je meurs avant toi, rends-moi service…"

"Si je meurs avant toi, rends-moi service.

Pleure tant que tu veux, mais ne te bats pas avec Dieu

parce qu'il m'a pris.

Si tu ne veux pas pleurer, ne pleure pas.

Si tu ne peux pas pleurer, ne t'inquiète pas. Si tu as envie de rire, ris.

Si des amis te disent quelque chose sur moi, écoute et ajoute ta propre version.

S'ils me font trop d'éloges, corrige l'exagération.

S'ils me critiquent trop, défends-moi.

S'ils veulent me faire passer pour un saint, juste parce que je suis mort,

montrez-leur que j'étais un peu un saint, mais loin d'être le saint qu'ils dépeignent.

S'ils veulent faire de moi un diable , montrez-lmoi que j'ai peut-être été un peu de diable en moi, mais que toute ma vie j'ai essayé d'être un ami .

S'ils parlent plus de moi que de Jésus-Christ, attire leur attention.

Si je vous manque et que vous voulez me parler, parlez à Jésus et je vous écouterai.. J'espère être avec lui assez longtemps pour continuer à vous être utile, où que vous soyez.

Et si vous avez envie d'écrire quelque chose sur moi, dis simplement une phrase : "Tu étais mon ami, tu croyais en moi et tu voulais que je me rapproche de Dieu".

Après cela, versez une larme. Je ne serai pas là pour l'essuyer, mais ce n'est pas grave. D'autres amis le feront à ma place.

Et comme j'ai été bien remplacé, je m'occuperai de ma nouvelle tâche au ciel. Mais de temps en temps, jette un petit coup d'œil dans la direction de Dieu. Tu ne me verras pas, mais je serais très heureux de te voir le regarder.

Et quand ce sera ton tour d'aller vers le Père, af, sans qu'aucun voile ne nous sépare., nous vivrons, en Dieu, l'amitié qu'il nous as préparée ici.

Croyez-vous en ces choses ? Oui ? ??

Priez donc pour que nous vivions comme des gens qui savent qu'ils vont mourir un jour, et que nous mourions comme des gens qui ont su vivre correctement.

L'amitié n'a de sens que si elle rapproche le ciel de nous., et s'il ouvre la bouche ici même.

Je ne vais pas me laisser surprendre par le ciel... Tu sais pourquoi ? Parce que Parce que... Être ton ami, c'est déjà en faire partie !"

"Degitor sui ipsius nemo esse potest, est quam et fide."[3]

Ferdinand

Les changements qui surviennent dans la vie sont les chemins qui mènent au bonheur, mais sans la foi dans le cœur,
il ne reste que le vide."

Bernard

---

[3] (N.M.) " Nul ne peut se le devoir à lui-même, ni à sa foi."

Chapitre 1

Contexte historique, vies et espérance

> "Il en est du Royaume de Dieu comme de l'homme qui a semé en terre Il dort et se réveille, nuit et jour, mais la grain germe et croît., sans qu'il sache comment. La terre elle-même produit des fruits : d'abord l'herbe, puis l'épi, et enfin l'épi plein de grains. Quand le fruit est prêt, on y plante aussitôt la faucille, parce que la moisson est arrivée".
>
> Marc, 4:26-29

Sur le sol égyptien, la croyance en un Dieu unique diffusée par le peuple juif qui vivait autrefoisdans cette région s'est développée et s'est divisée avec les différentes religions locales et leurs divinités mythologiques, marquées par la quête del'immortalité.

Le christianisme est arrivé dans ces régions lorsque l'évangéliste Marc a évangélisé ce peuple au premier siècle de l'ère chrétienne, et où il a fondé la première église, vers 42 ap.

J.-C. Elle s'est consolidée avec la contribution d'autres apôtres, tels que Bartholomé, André et Philippe, qui ont également joué un rôle important dans cette région. et ils se sont ensuite rendus dans d'autres lieux pour accomplir leurs missions.

Les premiers chrétiens d'Égypte étaient principalement Juifs de la ville d'Alexandrie.[4]

Dans le contexte de cette histoire, nous soulignons l'influence de l'Empire romain, qui dominait cette région.

Après la disparition de Jésus-Christ, ses apôtres, pendant la domination de l'Empire romain, ont été chargés de porter l'Évangile en divers lieux, dans le but de maintenir vivants les enseignement du Maître dans l'histoire, menacés par l'ignorance des civilisations.

Sous la période de l'empereur Néron, l'apôtre Marc fonde l'église et un grand nombre d'Égyptiens se sont convertis à la foi chrétienne. Au fil du temps, cette foi s'est répandue dans toute la région de l'Égypte, propageant ainsi le christianisme aux pays des pharaons...

---

[4] "La ville d'Alexandrie, principal port du nord de l'Égypte, est située dans le delta du Nil, sur une colline qui sépare le lac Mariotis de la mer Méditerranée. La ville a toujours eu deux ports dont celui de l'ouest est le principal centre commercial, avec des installations telles que la douane et de nombreux entrepôts. Le port a été construit avec un imposant brise-lames qui qui s'étendait jusqu'à l'île de Faros, où a été érigé le célèbre phare d'Alexandrie, connu comme l'une des sept merveilles du monde et qui symbolise le statut culturel d'Alexandrie. La ville a été fondée en 331 avant J.-C., par Alexandre le Grand, pour être la meilleure ville portuaire de l'Antiquité. Alexandre a construit une chaussée entre les ports, annexant Pharos à l'île principale. La chaussée existe encore aujourd'hui et constitue l'héritage antique de la ville moderne. La ville est devenue la capitale de l'Égypte avec les Toloméens, qui construisirent de nombreux palais ainsi que la bibliothèque d'Alexandrie. Elle a atteint le niveau d'un centre scientifique et littéraire de l'époque, ce qui se poursuivit pendant les premières années de la domination romaine. Depuis l'an 2000, les archéologues ont trouvé sous l'eau des morceaux de bâtiments officiels, des parties de palais et le port de la ville Antique situé au milieu de la boucle du port oriental.Disponible sur: <http://www.apolo11.com/volta ao_mundo.php?id= dat_20041019212216.inc>. Consulté le : 2 avril 2015.

* * *

C'est ainsi que, vers l'an 52 de notre ère, alors qu' il se rendit à Alexandrie, dans une province proche de Jérusalem, l'apôtre Marc s'arrêta pour rencontrer Pierre.

Ce soir-là, après de chaleureuses salutations , Marc lui présente les dernières inscriptions. des souvenirs de son ami sur le passage de Jésus-Christ, lorsque Pierre intervient :

- Mon ami, je suis heureux que tu aies enregistré mes souvenirs. Je parlais à mon frère André, et il m'a dit que tu es l'écho de ma voix.- en soupirant ,il poursuit : - Tout ce que j'ai vu et vécu aux côtés du Maître, je te l'ai transmis et, grâce au don de tes mains, les générations suivantes connaîtront désormais les hauts faits de notre Seigneur.

- Je vous serai éternellement reconnaissant de la confiance que vous avez placée en moi, car mes dossiers ont été finalisés. et je souhaite votre approbation.

- Vous savez que je suis un homme simple, et que les mots sont très complexes pour moi.

Je n'ai pas la capacité d'écrire, mais je sais parler. Je me rends compte que vous avez fait de votre mieux. Comment puis-je ne pas les approuver ? Beaucoup de vos inscriptions ont déjà été distribuées aux convertis dans les régions où nos amis ont voyagé. Elles sont parvenues à Bartholomé, que j'aime beaucoup - avec un bref sourire, dit il :

- Vos écrits ont servi de sources fondamentales pour Matthieu et Luc pour rapporter à leur tour les faits et gestes de Jésus, les Évangiles.

Jean a travaillé avec ferveur pour que les enseignements de notre Maître ne se perdent pas, en les enregistrant et en les distribuant à un grand nombre de personnes …Jésus a sagement identifié nos dons parmi nous et a confié ses enseignements à chacun ... Malgré les différences et les fortes personnalités, les apôtres remplissent la mission laissée par le Seigneur et les enseignements du Maître Jésus se répandent et s'enracinent dans le cœur de beaucoup de gens.

- J'ai toujours essayé d'être fidèle à ses paroles et surtout à ma foi. C'est pourquoi mon travail s'est déroulé avec tant de facilité car Je me sens utile à l'œuvre du Seigneur.

Après une brève pause, Pierre soupire et change la direction de la conversation.

- Sur la scène politique nous nous apprêtons à vivre une période de grands bouleversements. Nous ne pouvons pas abandonner l'objectif de diffuser et d'étendre les enseignements de Jésus. J'ai conseillé à nos amis de se séparer et de partir au loin, mais nous ne pouvons pas rester vigilants, car c'est le moment de renforcer notre foi et de nous préparer aux malheurs qui peuvent nous arriver.

- J'ai passé quelques années à Rome, où j'ai contribué à l'évangélisation., explique Marc. - Mais après avoir prêché l'Évangile en Égypte et dans les pays voisins, je souhaite m'installer à Alexandrie, un endroit où j'ai réussi à gagner beaucoup de cœurs.

- Tu as toujours été plus qu'un fils pour moi, mon fils bien-aimé, et ton travail est digne dans les milieux chrétiens, ta prédication rapproche les convertis de la perfection de Jésus. Les années de dévouement n'ont pas été vaines, mais j'ai peur du lendemain. Les chefs religieux ne sont pas à l'aise avec la diffusion de notre credo, et de nombreuses rumeurs circulent selon lesquelles ils s'allient aux puissances de Rome pour se renforcer contre nous

- Les difficultés sont nombreuses : ignorance, sectes religieuses qui qui s'opposent au Christ, les intérêts politiques; mais rien ne peut nous faire taire.

- Il n'est pas prudent de rester longtemps dans ces zones s'arrête", a déclaré Pierre. - Nous vivons des moments de grande tension et de fureur. Au-delà des pages où vous avez consigné l'histoire du Christ, il vit dans votre coeur. Souvenez-vous qu'il n'y a pas de christianisme sans sentiment. Distribuez les textes partout où vous irez, sans les garder avec vous. La lumière ne pourra jamais s'éteindre et dans vos mains se trouvent la force et le courage de continuer. De plus, les nouvelles qui me sont parvenues ne sont pas bonnes, parce que notre ami Paulo est toujours en prison et la révolte s'installe dans notre milieu. Je suis inquiet de savoir où nous allons, mais nous ne pouvons pas nous arrêter maintenant…

Les étoiles bordaient et illuminaient le ciel, tandis que ces coeurs amis restaient en conversation banale sur le travail et la prédication du lendemain.

Quelque temps plus tard, un homme d'âge mûr, à la longue barbe et au visage furieux, entra dans la pièce, s'approcha et, avec une grande anxiété, dit :

- Pierre ! Je ne vais plus servir Jésus. Les obligations quotidiennes m'appellent. Ma femme se plaint de ma retraite et dit qu'après ma conversion, j'ai oublié mes responsabilités familiales. De plus, je n'ai rien reçu en retour pour m'être tant consacré au Chris- J'en ai assez de lutter contre l'intolérance religieuse et j'ai peur qu'elle devienne de plus en plus violente et qu'elle puisse me conduire à la mort. Tant de dévouement et Je n'ai reçu en retour que des problèmes et des doutes.

Ma famille continue à pratiquer le judaïsme et J'ai décidé de le pratiquer à nouveau. C'est assez du Christ pour moi pour l'instant.

Avant que Pierre ne puisse prendre la parole, l'homme s'éloigna à grands pas. Marc, comprenant la tristesse de son ami, dit:

- J'ai vu d'innombrables démonstrations de faiblesse comme celle-là. J'ai eu la chance d'être soutenu à Alexandrie par les frères de Damas, Ambroise et Tertius, qui ont beaucoup fait pour la cause chrétienne dans cette région. Cependant, de nombreux convertis, confrontés à des responsabilités, abandonnent pour de très petites causes.

Pierre intercéda de manière réfléchie:

- Ami, de nombreuses personnes, lorsqu'elles rencontrent Jésus, se laissent emporter par les enseignements éclairés et ne se convertissent pas complètement. Ils oublient que pour servir le Seigneur, il est important de faire des choix et de renoncer à certaines choses dans la vie Jésus n'exigeait pas grand-chose, mais seulement un peu de bonne volonté pour construire une œuvre de bien. Nous ne devons pas juger ceux qui ne sont pas encore prêts pour cette mission, mais plutôt nous taire et comprendre. Un jour, j'ai aussi vacillé devant les difficultés quotidiennes et j'ai failli renoncer à suivre le Seigneur - avec des yeux humides, il a continué :
- Il y a une histoire que Je l'ai gardée longtemps, parce que j'avais honte de mes faiblesses. En ce moment, j'ai l'impression qu'elles sont peut-être d'une certaine manière utiles dans vos mains - chercher l'inspiration dans un long soupir, il poursuit :

- Je me souviens[5] d'une nuit inoubliable, lorsque le Maître était encore parmi nous, et son parfum mêlé d'amour a rempli de

---

[5] (Note de l'auteur spirituel Ferdinando) Les informations suivantes font partie des textes tirés des écritures du 10ème concile œcuménique en 1139 après J.-C., au cours duquel le célibat a été instauré pour le clergé de l'Église occidentale. Cela a entraîné la suppression de tous les textes faisant référence à la vie conjugale des apôtres ou à leur vie d'hommes ordinaires ont été exclus afin de renforcer l'image des apôtres.

nombreux cœurs en détresse qui cherchaient auprès de lui chaleur et lumière. Jésus avait un visage fatigué mais il était toujours prêt à éclairer et à éduquer les esprits qui étaient encore attachés à toutes les choses de la vie quotidien.

Je me souviens qu'Il était assis sur le balcon de ma maison quand ma belle-mère s'est fait entendre. Elle me demandait de subvenir aux besoins de ma famille. Elle m'a chargé de responsabilités d'époux et de père, car depuis la présence de Jésus-Christ dans cette maison, les dispositions étaient prises, et ma vie s'était orientée vers l'enseignement de notre Maître, me faisant oublier mes devoirs d'homme ordinaire. Au milieu de ce conflit familial, Jésus est resté silencieux - en soupirant, il a continué : - Comme d'habitude, j'ai agi par instinct, comme un simple et rude pêcheur, j'ai commencé à prononcer des mots exprimant ma colère et rage et m'asseyant, je me suis couvert le visage de mes mains, essayant de trouver un soulagement à ma tempête intérieure.

Pendant ce temps, mon ami Bartholomée et sa femme Ruth, observant les événements, ils se sont approchés de Jésus. Bartholomée, inquiet, dit : "Monsieur, comment pouvons-nous vous aider ? Il est incompris pour t'avoir suivi.. Comment pouvons-nous faire trouver l'équilibre entre notre foi et la responsabilité à laquelle nous sommes tenus aujourd'hui et comment faire en sorte de ne pas abandonner notre foi ?

Comment continuer, Seigneur, si la vie nous appelle d'une part à la raison et à la responsabilité, et d'autre part à la foi qui règne en nous ? Ruth, la femme de Bartholomée, a fait un geste spontané, comme d'habitude, a surpris tout le monde par sa simplicité et son amour, Elle s'est assise à côté de moi et a gentiment essayé de me

---

célibataires. Il en va de même pour les autres textes que nous aborderons tout au long de ces pages. Pour faciliter la compréhension, nous traduirons à partir de l'original, en cherchant à actualiser la compréhension sans perdre l'essence et le contenu du message central.

consoler; "Pierre, nous sommes invités à chercher d'autres parties de la vie. mais Dieu, dans son infinie miséricorde, nous a placés dans une mission temporaire, et missionnaire avec des cœurs qui peuvent grandir , que nous pouvons aider et trouver notre propre paix. Ne laissons pas nos lèvres n'expriment pas de mécontentement à l'égard de ceux qui nous divisent sur la route. Permettez-moi de partager votre tristesse, de taire votre colère et de laisser dans votre cœur la certitude que celui qui offense est aussi une âme tourmentée qui a besoin de soutien et de lumière. Celui qui nous juge peut aussi être un malade qui a besoin de l'attention de Dieu, souvent, lorsque nous regardons et soulignons les déficiences des autres, nous décrivons nous-mêmes les imperfections qui résident encore en nous. Gardez le silence, parce qu'il y a de la foi dans votre cœur.. Faites confiance à la miséricorde divine. Aujourd'hui la difficulté de comprendre les différences existe parce que ton cœur a été choisi par Dieu et rien, à coup sûr, ne manquera. Sans verser une larme, avec respect, j'ai tenu les mains de cette femme aimable et j'ai dit : "Béni soit Bartholomée, mon frère de cœur, qui a pour compagnon sa foi douce et miséricordieuse.

Que Dieu bénisse ton cœur, parce que parmi tous les ddéficiences de ma vie, je pleure parce que je sais que sur ma chemin, je marcherai seul". Jésus-Christ, en nous observant, s'est bientôt approché de nous. Avec des yeux brillants et bienveillants, il est intervenu : "Devant les épreuves naturelles de la vie, les enfants de Dieu se comportent comme des oiseaux blessés, oubliant qu'ils sont les enfants libres et beaux de Dieu qui, en plus de vouloir un nid réconfortant, de la nourriture et de la protection, ils ont la foi en eux et qui sont prêts à prendre leur envol, à partager la plénitude des cieux.

Le mariage est comme deux oiseaux qui volent ensemble, en respectant les limites de chacun et, surtout, en se battant pour apprendre à partager, car personne n'est à côté de l'autre par hasard, mais par la nécessité d'être meilleur que son passé. Dans chaque nouvelle affliction ou de déchirure, il y aura toujours un nouveau départ et une nouvelle expression de courage pour s'envoler vers les cieux et le but de la vie, qui n'est rien d'autre que le cœur de Dieu. La famille est le premier lien de patience et de transformation.

Les difficultés dans les unions reflètent le retour des enfants du passé qui ont besoin d'être régénérés, d'éducation et de douceur pour vivre sous la lumière d'un même toit. L'épouse difficile d'aujourd'hui, qui ne comprend pas les choix sur les chemins de la foi, c'est quelqu'un dont les liens du cœur ont été brisés dans le passé. et peuvent aussi être le moyen utilisé par les ombres pour éloigner ceux qui m'aiment du chemin que j'ai indiqué. La vie apostolique exige des renoncements, mais pas l'absence de responsabilités individuelles. Pierre, regarde dans ton cœur et fortifie-toi, car aussi longtemps que ta route est pleine d'indécision et ta foi est si fragile, tes oreilles entendront toujours les voix des hommes. Quand tu seras ferme dans ta foi et tu crois en sa force, tu te lèveras avec confiance et tu comprendras les différences qui ne t'empêcheront pas de suivre. Quand tu seras sur le point de m'abandonner, je serai toujours là, J'attendrai toujours que tu reviennes, parce que tes doutes feront taire ta peur de suivre le cœur de Dieu ... '"

Marc, ému, écoute attentivement le récit et, après avoir séché ses larmes, il a dit :

- Que les paroles de Jésus-Christ s'enracinent dans nos cœurs. Beaucoup de gens traversent la vie inquiets et indécis. Ils vivent à la recherche de richesses, perdent leur temps et sont inaptes à l'œuvre du Seigneur, oubliant qu'ils sont les oiseaux dont parle le Maître, prêts à s'envoler et à recommencer.

- Chaque jour, je vois des personnes qui se disent converties abandonnent leur foi devant le premier obstacle- ajouté Pierre. - Pleins de doutes, ils se demandent si cela vaut la peine de continuer à servir, surtout lorsqu'ils sont persécutés... Ils se plaignent de leur vie, de leurs richesses, de leur amour. Ils disent qu'ils reçoivent très peu ou presque rien pour avoir suivi Jésus. Ils renoncent, mais réclament des récompenses, Ils se sentent incapables d'apporter leur contribution, mais ils ont les connaissances nécessaires pour l'œuvre de Dieu. Le Seigneur écoute nos prières et nous demande de continuer et de surmonter nos difficultés, même avec un cœur blessé. Souvenons-nous, ami, qu'à chaque nouvelle renaissance, il y a des occasions pour nous d'être heureux, parce que nous sommes des enfants de Dieu et, même face aux difficultés naturelles de la vie, nous devons voler vers la victoire et nous ne devons pas renoncer à notre foi et à nos idéaux.

La nuit a présenté à ces cœurs les étoiles du ciel et, une brève pause, Pierre, après un profond soupir, a prié :

- Seigneur Jésus, apprends-nous à recommencer même lorsque nous sommes fatigués. Donne-nous l'honneur de sentir tes mains sur les nôtres, afin que nous puissions, dans les prières bénies, d'entendre nos voix chanter des psaumes de gloire, exaltant ton amour. Apprends-nous, Seigneur, à donner en ton nom et à accomplir avec raison ce qui est aujourd'hui la vérité de notre vie- ce sont tes enseignements. Si nous nous sentons seuls, donne-nous la chaleur de ton amour. Même quand la peur fait taire l'espoir et que les doutes entravent la marche vers l'avenir, donne-nous, encore une fois, l'occasion de revoir nos pensées et nos actions, afin que nous puissions fidèlement construire une vie qui ne soit pas seulement illusoire, mais réelle et solide, fondée sur le but d'une foi véritable.

Les étoiles bordaient le ciel d'un éclat singulier, tandis que les cœurs restaient en conversation, baignés d'une profonde émotion.

Chapitre 2

La rencontre sublime de la foi et la conversation de Lévi le publicain

> *"Si quelqu'un a des oreilles pour entendre, qu'il entende. Il leur dit encore: Prenez garde à ce que vous entendez. On vous mesurera avec la mesure dont vous vous serez servis, et on y ajoutera pour vous. Car on donnera à celui qui a; mais à celui qui n'a pas on ôtera même ce qu'il a."*
>
> Marc, 4:23-24

Le lendemain après-midi, dans un village reculé, un simple centre a permis de guérir les cœurs qui cherchaient ardemment la guérison, avec les apôtres, l'espoir et la force de guérir leurs blessures intimes.

Après avoir prêché ce jour-là, Pierre et Marc discutaient, lorsqu'une femme visiblement désespérée, au visage marqué par la souffrance et les yeux pleins de larmes, s'agenouilla devant Pierre:

- Monsieur, je suis venu ici pour demander de l'aide. Bien que je sois innocente et que je porte mon cœur sans aucune faute, mon mari, devenu fou, prétend que je l'ai trompé avec son propre frère et qu'il veut que justice soit faite. Je prie le Dieu qui aime et Jésus, le Maître pour m'aider à faire face, même si je suis innocent, la peine à laquelle je vais être soumis. Je prie également que les cadavres de ma famille soient bénis, car ils sont malades.

Entre-temps, la belle-mère de la femme, accompagnée de ses deux enfants, entre dans la pièce et, en criant, dit :

- Comment peux-tu traiter une femme adultère, qui porte visiblement les marques de l'erreur sur son visage ?

- Regardez l'attitude de la femme qu'on dit adultère. - Pierre dit . - Bien qu'elle soit innocente, elle pleure de désespoir et déchire leur cœur. Laissez le temps agir pour vous et avancer comme le vent sans s' arrêter, car la vérité est souveraine et rien n'est caché aux yeux de Dieu. Je ne veux pas punir avec l'émogogue de souffrance et de douleur. Revenez à vos habitudes et portez dans vos cœurs les maximes du pardon. Nous ne pouvons pas occuper les trônes des juges de la loi, alors oubliez l'hallucination temporaire avant que le mal ne s'installe.

Le magnétisme émis par les paroles de Pierre était fort. Le beau-frère, tombant à genoux, se couvre le visage de ses mains et, devant tout le monde, il se confessa :

- Mon frère, pardonne-moi. Il ne s'est rien passé entre moi et ma belle-sœur, elle t'aime et cet amour m'a rendu très jaloux, alors j'ai voulu le détruire. Face à ces hommes, je ne pourrai pas supporter le poids de ce mensonge et de ses conséquences.

Il y eut un grand remue-ménage dans la salle. Marc, essayant de calmer les cœurs, dit :

- L'espoir et la guérison. Ce sont les lois du Seigneur.

Nous ne pouvons jamais nous laisser guider uniquement par les lois des hommes. Nous devons nous rappeler que Dieu pardonne et oublie tous les jugements et qu'il reste simple dans ses attitudes, demandant seulement que nous ayons la foi, parce que personne marche sans elle, de même que personne ne marche comme si c'était la fin.

Nous tous, enfants de Dieu, dans leur unicité, leur beauté et leur amour, savons toujours que notre Dieu de lumière ne fait pas finir la souffrance dans nos cœurs, mais dans nos mains.

Nous devons transformer ce moment en constructions de lumière et recommencer, car notre Dieu bénit le geste d'humilité et la révision des attitudes, sans jugement, en acceptant patiemment les différences qui se manifestent dans les mots qui se manifestent dans les mots, parce que les mots, comme le vent, ils passent, mais ils ne nous laissent même pas une expression de destruction. Les mots prononcés sans raison sont comme les oiseaux du ciel et, sans destination, ils s'envolent souvent, mais ils savent toujours que dans le cœur de Dieu , il y a de la place pour tous ses enfants, même ceux qui font des erreurs.

La pièce s'emplit d'une lumière intense. Marc, après un soupir d'émotion, a prié :

- Seigneur, dans chaque situation, apprends-nous à ne pas juger ceux qui marchent à nos côtés.

Nous devons apprendre à ne pas juger ceux qui marchent à nos côtés, à comprendre les différences et les valeurs religieuses ou comportementales.

Seigneur, apprends-nous à avoir de l'espoir, parce qu'elle nous pousse aussi à de meilleures attitudes et nous change pour que nous trouvions, en chacun de nous la certitude que nous ne sommes pas seuls. Apprends-nous à recommencer, afin que nous puissions construire et ne pas pleurer les pertes d'hier., mais construire aujourd'hui, avec toutes nos ressources que nous avons entre les mains, la ressource de la foi, de l'apprentissage, de la sagesse céleste, de la patience, et, avec sa présence, conscients que nous sommes seuls, mais qu'avec le Seigneur en nous, nous pouvons tout faire et et c'est pourquoi nous t'implorons enfin : Seigneur, donne-nous la certitude que l'espérance de notre vie est la conscience, la conscience chrétienne. Et que le rétablissement n'est rien d'autre que notre transformation individuelle vers un monde meilleur, un monde qui commence en nous-mêmes.

Les paroles de Mark ont marqué les personnes présentes.

Quelque temps plus tard, le groupe s'est dissipé, et les émotions et les bénédictions du ciel sont restées dans les cœurs.

Les paroles de Mark ont touché une corde sensible chez les personnes présentes.

✳ ✳ ✳

Avant qu'ils ne quittent les lieux, Pierre ne pouvait dissimuler son inquiétude. Marc, avec respect, dit :

-Pardonnez-moi, mais depuis que je suis arrivé, je me suis rendu compte qu'il y a quelque chose qui trouble votre cœur. Puis-je vous aider ?

-Mon fils ! Oui, quelque chose de dévastateur consume mon âme. Matthieu est malade[6] et chaque jour il montre des signes de folie. Les rabbins profitent de ce fait pour discréditer l'Évangile qu'il a écrit, et son authenticité.

- Pour l'amour de Dieu, bien que je ne l'aie rencontré que quelques fois, je sais qu'il a toujours été un homme fort. Qu'est-ce qui s'est passé pour le laisser dans cet état ?

- Tu sais très bien que la Palestine est une province romaine et que les impôts qui y sont prélevés sont importants et pèsent

---

[6] (Note de l'auteur spirituel Bernard) Les documents relatifs à l'état de santé de Matthieu sont très précaires et il y a peu de références dans les Actes des Apôtres.

Cependant, nous ne pouvons ignorer que cet apôtre, après des emprisonnements successifs, était farouchement folie. Cet épisode de la vie de ce grand homme n'enlève rien aux mérites de ses paroles dans l'Évangile, car ce que nous avons rapporté dans ces pages s'est déroulé après la conclusion de l'Évangile de Matthieu.

lourdement sur les Juifs. Les collecteurs d'impôts sont connus pour être impitoyables, ils sont donc détestés.

Les Juifs divisent ces hommes en deux catégories : les *gabbai*, ceux qui établissaient les taxes générales sur l'agriculture et le recensement, et les *mokhsa*, ceux qui étaient juifs. Matthieu appartenait à la classe des *mokhsa*, C'est pourquoi le peuple juif l'a méprisé et l'a considéré comme un traître à son peuple. Je me souviens d'un après-midi, quand Jésus était encore parmi nous. Bartholomé et moi revenions de la pêche et étions sur la plage, en train de plier nos filets, lorsqu'un publicain nommé Lévi, fils d'Alphée, s'approcha de nous.

Je vous avoue que mon cœur a tressailli, parce que je pensais que je lui devais quelque chose qu'il allait me faire payer. En effet, Matthieu percevait des taxes auprès des bateliers qui transportaient les marchandises des villes voisines, situées dans la région du lac, et de nous, les pêcheurs, qui vivaient des fruits de la mer de Galilée. l'ami Bartholomé, toujours très humble, gentil, équilibré et juste, m'a surpris par une attitude de bonté que je garde précieusement dans mon cœur. Doucement, il est intervenu : "Non, mon ami, comment pouvons-nous t'aider ? Nous vous devons quelque chose ? "Je ne suis pas venu chercher quelque chose, je suis juste là parce que j'aimerais rencontrer l'homme appelé Jésus, dont on parle beaucoup dans la ville. Chaque fois que je le peux, je l'écoute parler., mais à cause de la position sociale dans laquelle je me trouve, il n'est pas possible de me l'approcher.

Je me rends compte que je ne fais pas partie des hommes qui méritent de le connaître, mais quelque chose de plus fort que moi me dirige vers lui. Un jour, à Capharnaüm, j'ai appris son arrivée, J'ai donc essayé de me déguiser et de m'infiltrer parmi les gens qui l'attendaient, Puis je l'ai vu guérir un paralytique, et après ce que j'ai vu, je n'ai pas pu l'oublier".

Méfiant et désireux de protéger le Maître, je n'ai pas retenu mon souffle. l'élan, j'ai répondu: "Ce n'est pas possible, après tout, que peut bien vouloir un publicain à notre Maître ?".

Bartholomé, plein de bonté et de compassion, mais avec un profond respect, cacha sa surprise et intervint : "Jésus n'a pas choisi les plus sages, les plus riches ou ceux qui occupaient une position sociale importante. Il a simplement tendu la main et accueilli tous ceux qui s'approchaient de lui, avec un cœur plein de désir de connaître son message d'amour. Devant le Seigneur, tous les biens et la gloire appartiennent à Dieu. Tout ce qui est dans le monde passe et ce qui nous sera donné, c'est seulement la sagesse et la foi. Le Seigneur notre Dieu habite dans nos cœurs et Jésus nous exhorte à le manifester par la transformation personnelle et le travail, afin que nous puissions atteindre le royaume des cieux. Avant d'apprendre à connaître Jésus, apprenez à vous connaître vous-même et cherche la force de transformer tes ombres intérieures, parce que lorsque les ténèbres et l'attachement à la matière envahissent nos pensées, tout ce qui nous entoure sera de l'obscurité. Sachez que le simple fait de croire aux actes de Jésus n'est pas suffisant, il faut persévérer dans le bien, apprendre à chaque instant et avoir de la volonté de renoncer à son propre passé. Non, je ne suis pas là pour dicter une norme de comportement au Christ, ni pour condamner qui que ce soit ou porter un jugement sur les actions dans la vie des autres. Les lois divines nous ont toujours dirigés vers le droit chemin, peu importe ce que nous ayons été, mais ce que nous faisons avec la connaissance des enseignements de Jésus. L'imperfection ne doit pas nous empêcher d'avancer, mais elle doit être la raison du triomphe et de la certitude que servir Dieu est un simple acte d'amour.

- Quand Matthieu s'est-il converti ?

- Je me souviens du jour où Jésus marchait dans les rues de Capharnaüm et rencontra Lévi, qui ne se rendait pas compte de la présence du Maître. Lévi forçait cruellement un homme simple à payer ses lourds impôts. Après avoir reçu l'argent du pauvre villageois, alors que Lévi comptait la somme reçue, Jésus s'approcha sereinement de lui. Il le regarda profondément et lui dit doucement : " "Pourquoi réclamez-vous les trésors de votre prochain avec le poids d'un juge, en lui infligeant de lourdes peines ?. Ouvre les portes de ton âme et permets à un homme nouveau de naître maintenant. Soyez de bonne volonté et détachez-vous, soutenu par l'amour, en vous convertissant et en contribuant à la prospérité de l'humanité.. Pour cela, quittez votre passé et suivez-moi[7], en sachant que Dieu vous fait confiance pour apporter la paix et établir dans le sens de mes enseignements".

Une force inexplicable le submergea et, sous la puissance exercée par le Seigneur, il tomba à genoux et pleura convulsivement. A partir de ce jour, il s'engagea définitivement sur le chemin de la foi. Il abandonna son commerce lucratif et reçut un nouveau nom, Matthieu, déterminé par Jésus, changea de vie et se convertit, suivant le Christ jusqu'au dernier jour du Maître parmi nous.

- J'ai reçu de vous tout ce que je sais sur le christianisme, mais les écrits de Matthieu ont été pour moi une source d'information très riche d'informations sur le Seigneur et, parmi d'autres passages sur Jésus, souligne qu'il est le Messie promis. Il a réussi à traduire Jésus dans son essence.

- Du fait de ses métiers passés, Matthieu est un profond connaisseur des lettres, ce qui a conduit Jésus à lui confier la tâche d'enregistrer les premiers actes du Maître, écrivant ainsi les premières pages de l'Évangile. Il accompagna le Maître dans tous ses voyages et ses prédications en Palestine, ce qui lui a permis de connaître la vie et la mort du Christ. Sa contribution est sans aucun doute l'un des piliers du christianisme, mais j'ai peur pour demain.

---

[7] (N.A.E. Bernard) Ce récit de Pierre a donné lieu au chapitre 2, 14, transcrit par Marc dans son Évangile et connu aujourd'hui.

Lorsque Bartholomé s'est rendu en Inde, il a emporté une copie de ce livre et a évangélisé sur la base des écrits de Matthieu.

- Comment Matthieu s'est-il retrouvé dans une situation aussi pitoyable ? - demande Marc.

- Après la mort de Jésus, Matthieu est parti évangéliser la Perse. Là, les prêtres des sectes locales contre les idéaux chrétiens que Matthieu avait adopté, le persécutèrent sans pitié. Là, il fut emprisonné et torturé ; un de ses yeux fut brûlé avec de l'huile chaude avec de l'huile chaude. Un garde converti au christianisme permet à Matthieu de s'échapper de la prison. Il a été Aidé. Il a été aidé par une famille chrétienne et, une fois rétabli, il s'est rendu en Éthiopie où, malheureusement, il a subi le même sort.

Il a subi le même sort. Les sorciers et les prêtres locaux, contrariés par le travail d'évangélisation de Matthew, s'en sont pris à la famille chrétienne. Les sorciers et les prêtres locaux, contrariés par le travail d'évangélisation de Matthieu, commencèrent une nouvelle persécution.

- L'Église d'Éthiopie est l'une des plus actives. Le travail de Matthieu dans ce pays est digne d'éloges, Il a réussi à convertir un grand nombre de personnes au christianisme.

- Oui, cette église a une représentation marquée dans l'histoire de notre ami. Grâce à la grâce divine, il, par la foi, il a réussi à guérir le fils premier-né d'une reine de cette région, qui était presque mort. Comme les gens étaient très superstitieux, l'imposition des mains pour procéder à la guérison, qui, pour nous, est un acte commun, pour eux c'était un acte surnaturel.

Cela a donné à Matthieu un peu de paix et de temps pour évangéliser le peuple, mais les persécutions, l'emprisonnement et le martyre en prison n'ont pas cessé, ce qui l'a conduit à l'état dans lequel il se trouve.

- Où est-il aujourd'hui ?

- Il se trouve dans la ville de Nadaba. Même si j'ai insisté pour qu'il revienne, car je pensais pouvoir l'aider, je n'ai pas réussi, car Matthieu n'a pas accepté et a préféré rester là-bas et a préféré rester là-bas. Je suis de tout cœur avec Matthieu, mais je ne peux pas cacher mon inquiétude.

- Y a-t-il quelque chose que nous puissions faire en faveur de notre ami ?

- Tout d'abord, n'oublions pas que nous sommes enfants de plusieurs vies, et nous portons notre propre histoire cachée, marquée par les actes que nous avons commis dans le passé.

Nous n'échappons pas au processus de réparation qui passe par notre cœur. Bien que Matthieu ait été consacré avec les nobles devoirs de l'Évangile, il n'est pas exempt d'expérimenter les défis de la vie pour son amélioration personnelle. Mettons de côté les difficultés et respectons l'individualité de chaque personne, quelle que soit sa position.

Malheureusement, nous devons accepter les choix des autres. Nous ne pouvons pas toujours interférer les chemins empruntés par nos proches. Soyons conscients que pour servir le Seigneur, nous devons revêtir une solide armure de foi éclairée, pour affronter les ombres de la nuit qui entourent notre travail pour le bien. Le cœur inspire le bien, mais les mains accomplissent la tâche d'amour assignée par le Seigneur, c'est à chacun de nous de montrer le chemin et de s'efforcer d'en faire partie nous aussi. Nous devons revoir ce que nous faisons de notre vie après avoir connu Jésus. Il n'y a pas d'inaction dans l'œuvre du Seigneur. Le travail et le droit, pour consolider la foi, la transformation des cœurs et surtout l'amour., qui nous fait nous aimer et nous améliorer, afin de servir rationnellement ceux qui sont dans le besoin.

- Peter, dit Mark, tes paroles scellent mes préjugés, mais sur quoi devons-nous nous appuyer ?

- Mon fils, répondit Pierre avec patience.

Pour cela, nous devons nous appuyer sur les principaux commandements de Jésus, établis comme le résumé de toutes les lois. Car je me souviens maintenant des paroles du Maître :

"*Le premier est : Écoute, Israël, le Seigneur notre Dieu et le seul Seigneur, et aime le Seigneur ton Dieu de tout ton cœur, de toute ton âme, de toute ta pensé et de toute ta force.*

La seconde est la suivante : *Tu aimeras ton prochain comme toi-même. Il n'y a pas d'autre commandement plus grand que celui-là* "[8]. Nous ne devons pas reculer devant l'œuvre que le Seigneur nous a confiés, parce qu'il nous aime et nous accueille dans son cœur. Même face aux difficultés, aux limites et à la souffrance, nous devons élever nos pensées vers le ciel et remettre nos angoisses entre ses mains.

---

[8] (N.A.E. Ferdinand) Marc, 12:29-31

Chapitre 3

Révélations et apparitions de Jésus après sa mort

> *"Comme ils étaient à table dans la maison de Lévi, beaucoup de publicains et de pécheurs s'y trouvaient avec Jésus et ses disciples, car il y avait beaucoup de gens qui le suivaient."*
>
> Marc 2:15

Avant qu'ils ne quittent les lieux, un messager se précipita dans la salle et, après une brève salutation, Il dit aussitôt :

- Pierre, j'apporte des nouvelles de Paul. Il a été arrêté de Nouveau et il semble qu'il sera très difficile de le libérer.

Rome, qui était si tolérante à l'égard des chrétiens, est devenue hostile aux convertis - haletant, poursuit-il :

- De plus, ils disent qu'ils cherchent des apôtres comme toi, Marc et les autres.

Marc ne peut cacher son inquiétude lorsque le jeune homme s'en alla, l'apôtre lui dit : "Ne t'inquiète pas pour moi, je vais bientôt partir pour l'Égypte

- Après un long soupir, Marc poursuivit : - entre-temps, Je me souviens du premier voyage à Antioche, quand j'accompagnais Paul et Barnabé. Mon désir de connaître l'enseignement du Maître était tel que je me suis soumis à toutes sortes de travaux et de services généraux, sans se plaindre. Je voulais présenter un Jésus qui soit le Fils de Dieu, Je me suis donc concentré sur les miracles qu'il a accomplis. Je crois que cela n'a pas plu à Paul, entre autres... Je ne peux pas nier que j'avais de nombreuses divergences avec Paul, qui, à l'époque, avait encore des restes de son ancienne religion. Lorsque nous avons débarqué dans la petite province de Perga en Pamphylie, dans le sud de l'Asie Mineure, j'ai décidé de me séparer d'eux et je vous l'avoue, pour ne pas provoquer de querelles inutiles, je ne leur ai pas donné d'explications et je me suis rendu à Jérusalem pour vous rencontrer.

J'ai appris plus tard que mon attitude n'avait pas plu à Paul, qui l'a interprétée comme de l'insécurité et de la faiblesse.

Tu sais d'où je viens, j'étais un juif d'une des tribus de Lévi et, pendant un certain temps, j'ai vécu à Tibériade.

- Après une brève pause, il poursuit : -mais depuis le jour où j'ai découvert les enseignements de Jésus, j'ai oublié mon passé et moi-même. J'ai renoncé à l'ancien et j'ai accepté le nouveau sans aucun doute. Je viens des mêmes écoles religieuses que Paul, mais malheureusement, comme le christianisme n'a pas d'organisation structurée, il n'y a pas d'organisation structurée, il essaie d'adapter la discipline juive aux enseignements du Christ, afin lutter contre l'infiltration des concepts des différentes sectes dans le milieu chrétien. Je comprends et je sais que c'est nécessaire, parce que beaucoup de chrétiens essaient encore d'adorer les dieux des anciennes civilisations.

Pierre a écouté patiemment et en silence le récit de Marc, puis il est intervenu avec affection:

- J'ai appris ces faits. Il faut que tu saches que Barnabé t'aimait beaucoup et qu'il voulait que tu sois avec lui, mais il ne l'a pas fait. Malheureusement, Paul, encore bouleversé par ton attitude, n'a pas accepté que tu l'accompagnes dans ses prochains voyages. J'ai été surpris d'apprendre que Barnabé avait voyagé avec toi à

Chypre, tandis que Silas accompagnait Paul en Syrie, en Cecilia et en Grèce.

De plus, je constate que la séparation entre vous a été bénéfique à l'Évangile, les missions ont pu se multiplier en divers lieux, et la diffusion de l'Évangile s'est répandue avec le dévouement des apôtres.

- Je respecte Paul, dit Marc, mais j'avoue que J'ai encore du mal à accepter son impolitesse.

- Paul est un homme qui a toujours fait preuve d'une personnalité, ce qui a parfois provoqué des divergences entre les disciples de Jésus. Cependant, on ne peut pas nier que, depuis sa conversation, sa présence parmi nous a marqué le cours du christianisme d'une manière très positive. Rappelez-vous que tout le monde a une histoire. Paul, comme vous, n'a pas connu Jésus. C'était un citoyen romain de Tarse et, avant sa conversion, était juif. Gamaliel, un enseignant de la loi, l'a instruit et en a fait un grand leader et un rabbin autoritaire, qui a persécuté les disciples de Jésus jusqu'à la mort. Je me souviens des histoires qui l'entourent - après un long soupir, Pierre poursuit : - Paul était aveuglé par le pouvoir.

Possédant une brillante intelligence et des connaissances sur les enseignements de Moïse. À cette occasion, il était déterminé à faire taire le christianisme, qui n'était connu que sous le nom de "Voie" - en séchant une larme timide, Pierre continua: - Oh, mon Dieu, je me souviens du jeune hébreu Jeziel[9] lorsqu'il est arrivé chez moi. Je n'ai pas tardé à l'accueillir comme un fils, comme je l'ai fait avec toi, Marc. Son visage rayonnait quand je lui ai dit que le Sauveur avait été parmi nous.

---

[9] (N.A.E. Bernard) Actes 9:1-9.
(N.M.) Dans le livre Paulo e Estevao, par l'esprit Emmanuel - psychographié par Francisco Candido Xavier - le lecteur trouvera l'histoire de cette grande icône du christianisme, ainsi que l'entretien avec Saul de Tarse. Je vous en recommande la lecture.

Tous les parchemins contenant des informations sur Jésus ont été absorbés par lui avec une rapidité et un amour intenses. Peu après, il le baptisa du nom grec Estevao. J'avoue que je n'ai vu dans aucun converti la force de volonté de ce jeune homme, qui s'occupait des malades avec un grand dévouement. Sa prédication a conquis de nombreux cœurs. Il n'a pas fallu attendre longtemps pour que la colère des rabbins, y compris de Paul, qui était encore Saul de Tarse.[10] Après avoir entendu un sermon prêché par Stephen

---

[10] (N.M.) L'histoire de Saul de Tarse a été racontée dans le roman Paul et Estéve - par l'Esprit Emmanuel - psychographié par Francisco Candido Xavier - "Mais la confusion des sens lui enlève le sens de l'équilibre et il tombe de l'animal, sur le sable brûlant.

Sa vision, cependant, semble s'étendre à l'infini. Une autre lumière baigne ses yeux éblouis, et sur le chemin que l'atmosphère déchirée lui dévoile, il aperçoit la silhouette d'un homme à la beauté majestueuse, lui donnant l'impression qu'il descendait du ciel à sa rencontre.

Sa peau était faite de points lumineux, ses cheveux touchaient ses épaules, en présence du Nazaréen, son regard était magnétique, empreint de sympathie et d'amour, illuminant sa physionomie grave et tendre, où planait une tristesse divine.

Le docteur de Tarse le regardait avec un profond étonnement, et c'est alors quand, avec une inoubliable inflexion de voix, l'étranger se fit entendre :

- Saul ! Saul ! Pourquoi me poursuis-tu ?

Le jeune homme de Tarse ne se rend pas compte qu'il est instinctivement à genoux.

Incapable de définir ce qui se passe, il se serre le cœur de désespoir. Un certain sentiment de crainte l'envahit complètement. Qu'est-ce que cela signifiait ? Que signifiait la figure divine qu'il voyait sur le panneau du firmament ouvert et dont la présence inondait son cœur d'émotions inconnues ?

Tandis que ses compagnons entourent le jeune homme en génuflexion, sans rien entendre ni voir, bien qu'ils aient d'abord perçu une grande lumière dans les hauteurs, Saul demanda d'une voix tremblante et craintive :

- Qui es-tu, Seigneur ?

à Jérusalem, notre ami Paul et d'autres prêtres l'ont malheureusement emmené au Sanhédrin, où il a été accusé d'être un blasphémateur, un calomniateur et un sorcier. Philippe et moi avons été arrêtés, mais nous avons été acquittés parce que nous étions mariés. Estéve n'a pas eu la même chance. Pour donner un exemple et une respectabilité à son credo, Paul a décidé que l'un d'entre nous devait mourir - en séchant ses larmes, il continua : - Alors la sentence fut prononcée et Étienne fut condamné à la lapidation. J'ai assisté au martyre de mon fils bien-aimé, attaché au tronc de l'arbre. Et c'est là que l'un des meilleurs prédicateurs de la "voie" allait être réduit au silence.

- Pierre, dit Marc, Paul ne s'était-il pas fiancé à la sœur d'Estéve ?

- Oui, Abgail était une jeune femme belle et compétente.

Malheureusement, les événements qui ont entouré son cœur ont aussi massacré son corps. Après la mort de son père et de son frère, un voile de tristesse a envahi son cœur et a obscurci ses yeux, remplaçant l'éclat de sa jeunesse par la maladie qui s'est emparée de son corps. Je me souviens qu'après la mort d'Estevao, on l'a emmené dans une pièce où, devant les personnes présentes, son identité a été révélée :

C'était le frère d'Abgail, la fiancée de Paul. Paul, stupéfait et offensé, plein d'orgueil et de vanité, aveuglé et obsédé par l'idée de préserver tous les enseignements, il rompt avec la jeune femme sur-le-champ. En réponse à notre demande et à celle de Gamaliel, Estevao a été dignement enterré dans notre credo.

- Qu'est-il arrivé à sa sœur ?

Auréolé d'une lumière balsamique et d'une tonalité d'une douceur inconcevable,
    le Seigneur répondit :
    - Je suis Jésus ! ...

- Elle s'est convertie au christianisme, mais le martyre de son frère et la rupture de leurs fiançailles l'ont profondément affectée. Ses poumons s'affaiblissent et Paul, informé de son étatè de santé par Zacharie, va lui rendre visite et apprend qu'elle a été enfermée à vie ce jour-là.

- Je ne connaissais pas cette histoire", a déclaré Marcos, ému. - Paulo ne parle pas beaucoup de son passé, surtout de ses problèmes personnels.

- Après cela, il se convertit sur le chemin de Damas, lorsque notre Seigneur lui apparut et lui demanda : "Saul, Saul, pourquoi me persécutes-tu ? E, dès lors, l'histoire de Paul vous est connue...

- Pierre, je te confesse qu'aujourd'hui encore, je porte dans mon cœur ce désaccord et je prie Jésus de m'aider à le transformer en lumière, même si j'ai rencontré Paul à nouveau plus tard au cours d'autres voyages et aussi dans la capitale impériale.

Pierre, regardant l'horizon, chercha l'inspiration et dit :

- Mon fils, je me souviens des premiers jours qui ont suivi le départ de notre Maître J'ai rencontré de nombreuses difficultés contenir l'élan de partisans aux idées si différentes,

freiner la concurrence et même contrôler la soif de pouvoir pour tenter de diriger le mouvement qui avait été comencé. Face à ce scénario conflictuel, un soir, je me suis assis seul sur la plage, seul, en pleurant, et j'ai prié pour être guidé. Comment adoucir nos cœurs et faire en sorte que les enseignements de Jésus ne soient pas l'objet de désaccords ?

Je me sentais inapte à cette mission d'apaisement, j'ai pensé abandonner et partir avec mon éternel ami et frère, Bartholomé. Quelque temps plus tard, une lumière s'est allumée devant moi et, au milieu d'une grande émotion, le Maître[11] serein comme lorsqu'il était parmi nous, et il a dit :

"Pierre, mon ami, pourquoi doutes-tu tant de l'œuvre de Dieu ? Quand j'étais à tes côtés, je ne t'ai pas dit que je serais absent des épreuves de la vie quotidienne. Je ne lui ai pas enlevé

et je n'ai pas voulu qu'il soit différent.

Je lui ai simplement confié la tâche d'unir mes proches et de les diriger selon mes conseils.

Après tout, seuls Jean, Bartholomé et vous avez le don de me voir tel que je suis maintenant.

Dans le cadre des lois de l'amour divin, n'oublie pas que la lampe est celle qui brûle impitoyablement l'huile, mais, en vérité, sa mission est de faire briller la lumière. À chacun le Seigneur a déterminé un travail, que ce soit dans son foyer, dans les temples dans les temples ou dans la vie sociale, à exercer selon son degré de maturité ou de compréhension.

---

[11] (N.A.E. Ferdinando) L'apparition de Jésus rapportée par Pierre est un procédé médiumnique connu aujourd'hui sous le nom de "vision" et d'"audience". Il ne faut pas oublier que Pierre, Bartholomé et Jean l'Évangéliste étaient tous deux doués de ces facultés médiumniques. Parmi les apôtres, après le passage de Jésus, ces facultés sont devenues plus évidentes, se manifestant par la guérison, la vue, l'ouïe, entre autres.

(N.M.) "5. les médiums voyants 167. Les médiums clairvoyants sont doués de la capacité de voir les esprits. Certains jouissent de cette faculté à l'état normal, lorsqu'ils sont parfaitement éveillés, et gardent un souvenir précis de ce qu'ils ont vu. D'autres ne l'ont que dans un état somnambulique, ou proche du somnambulisme. Il est rare que cette faculté soit permanente; elle est presque toujours l'effet d'une crise passagère. La catégorie des médiums voyants comprend toutes les personnes ayant une double vision. La possibilité de voir des esprits en rêve est sans doute une forme de médiumnité., mais ne constitue pas, à proprement parler, ce que l'on appelle un "médium psychique ... "

"Source : Le livre des médiums, par Allan Kardec.

Il est donc important de ne pas douter et de ne pas arrêter la marche à la recherche d'explications qui n'ont pas encore été reçues. La loi va de l'avant et demande la bonne volonté, l'instruction et bien plus encore, la pratique de l'amour, de la compassion et de la miséricorde absorbés tout au long d'une vie. Le travail n'est pas sans épreuves, sans difficultés et même sans souffrances, mais lui seul peut élever les enfants de la terre vers Dieu. La cohabitation au sein d'un groupe nécessite un apprentissage important.. Connaître les différences, se respecter les uns les autres, mais ne pas laisser l'huile contaminer le lac qui s'appelle le cœur. Chacun est libre de penser, de ressentir et d'expérimenter ses croyances et ses valeurs, mais pour ceux qui me connaissent et m'aiment, il ne peut y avoir aucun doute sur leurs responsabilités et le travail assigné à mes disciples.. Alors, séchez vos larmes séchez vos larmes, enlevez les doutes de votre cœur, rétablissez-vous et retournez à votre mission. Les enseignements que j'ai laissés ne doivent pas être réservés à votre seule maison, aussi je vous demande qu'à partir d'aujourd'hui, chacun de mes apôtres partent chacun de leur côté et emportent avec eux le message d'amour que j'ai laissé. Que mon nom ne soit pas enterré avec moi ; que les peuples futurs se souviennent de ces liens et les transmettent de génération en génération, même à ceux que tu ne connaîtras pas dans cette vie, mais aussi dans d'autres... Tiens-toi debout avec foi, Pierre, et suis sans faiblir, Je t'ai choisi parce que je sais que tu supporteras tout pour moi... "[12]

- Mon ami, les paroles de Jésus ont été une bénédiction pour mon âme. Les différences sont les étapes qui mènent au ciel, parce qu'elles nous poussent à nous regarder et à chercher notre transformation vers la paix.

---

[12] (N.A.E. Bernard) Ces récits de Pierre ont donné lieu aux chapitres 1 et 2 transcrits par Marc dans son Évangile connu aujourd'hui.

Les différences sont les étapes qui mènent au ciel, parce qu'elles nous poussent à nous regarder et à chercher notre transformation vers l'avenir- en changeant le sens de la conversation, il a poursuivi :

- Ce passage du Maître avec vous est merveilleux, mais dites-moi : est-ce la première apparition de Jésus après son décès ?

- Non. Pour moi, Jean, Bartholomé et Marie de Magdala, qui avons le don de la vue, il est apparu plusieurs fois. Cependant, une apparition a marqué le cours de nos missions - après une brève pause, il poursuivit :

- Quelques jours après sa mise à mort, il est apparu pour la première fois à Maria de Magdaia, qu'il ne pouvait oublier. Il se rendit auprès d'elle pour la réconforter et lui réaffirmer son amour souverain, ainsi que pour renforcer sa foi et ses dons de guérison et de vision au-delà de la mort.

Cet acte a provoqué beaucoup de jalousie et de désaccords parmi les disciples de Jésus.

Il n'y avait pas d'autre choix et il n'y avait pas d'autre choix que de lui demander de s'éloigner de moi et des lieux où elle et Jésus avaient vécu. Cet acte a marqué mon cœur, mais le Seigneur sait que pour le protéger, c'était le meilleur moyen que je pouvais trouver. l'aube même de l'apparition à Marie de Mqgdala, il m'a demandé de venir chez moi et de me préparer à le recevoir aux côtés de ceux qui ont été affligés et perdus par sa mort. Cette femme, pleine de courage et d'espérance, a obéi au Seigneur, mais beaucoup n'ont pas cru ce qu'elle avait vu. Elle fut l'objet de nombreuses moqueries, mais Bartholomé, dans sa bonté, n'osa pas la contredire. et l'a accueillie avec un amour paternel inconditionnel. Alors moi, Bartholomé, Jean et Marie, la mère de Jésus, nous commençâmes à préparer ce qu'il fallait manger et boire pour servir ceux qui allaient bientôt arriver. Au milieu de la nuit, alors que nous étions déjà réunis, le Seigneur apparut et dit : "Il n'y a pas de mort après la vie, nous sommes des enfants de l'éternité et nous ne pouvons pas croire que le fait que nous soyons silencieux pour une existence, nous mourons et nous finissons ce que nous sommes. Les prophètes ont dit que nous sommes sortis de la poussière et que nous y retournerons, ce qui signifie que nous mourons pour une vie et que nous reviendrons dans des vies successives. C'est pourquoi qui ont le cœur dur, qu'ils ne croient pas en Maria de Magdaia. Les personnes présentes ont reçu leur mission, mais peu de ceux qui sont maintenant sous ce toit supporteront la lutte en mon nom. Beaucoup renonceraient à moi à cause de leurs besoins personnels. Cependant, ceux qui resteront avec moi devront Voyager et établir mon nom dans le monde, en proclamant l'Évangile à tous les cœurs qui sont enfants de Dieu.

Ils devront enseigner ce qu'est la conversation et l'expression du baptême, renoncer aux credo passés et s'immerger dans le nouveau credo que j'ai laissé. Ceux qui continueront avec moi verront leurs dons innés exaltés. Les uns, Ils imposeront les mains aux malades et les guériront comme je les ai guéris. Ils verront les morts et proclameront qu'il y a une vie au-delà du tombeau. Ils plongeront dans le poison mortel de l'enfer pour sauver ceux qui souffrent d'eux-mêmes, qu'ils soient vivants ou morts, et ils ne souffriront de rien, car ils en sortiront intacts, sous la protection des émissaires qui travailleront pour moi. Ensuite, pour obtenir la bonne fortune, ils doivent oublier les causes insignifiantes qui les asservissent sur la terre et, libérés, ils voleront comme les oiseaux du ciel, emportant mon Évangile et le distribuant à l'humanité.

Pierre, ému, poursuit :

-Un peu plus tard, au milieu d'une lumière éclatante, aux côtés des anges, il disparut.

Avec les anges, il a disparu et il est retourné dans le monde, car le Seigneur est aux côtés de Dieu.

- Que s'est-il passé ensuite ?

-Tout ce que j'avais à faire, c'était de guider tout le monde sur une route différente et une destination. C'est ainsi que nous continuons à prêcher dans le monde entier.

- Maintenant, mon ami, ne garde pas le poids des différences dans ton âme, c'est ce qui nous apprend à renforcer notre foi.

Conscient de l'appréhension de Marc, Pierre a prié avec ferveur:

- Seigneur, nous te prions de nous aider à changer ce que nous sommes, car nous sommes conscients de nos blessures, mais pas dans leur totalité. Élargis-nous, Seigneur, notre raison et notre être. Donne-nous le calme pour comprendre de tes pas. Apprends-nous à surmonter l'ego et l'orgueil et, quand nous faisons des griefs au nom d'autrui, quitte-nous, Seigneur, fais-nous prendre conscience que les plaintes que nous formulons à l'encontre de nos semblables ne sont que le reflet des imperfections qui nous habitent encore.

Apprends-nous à regarder nos semblables comme un autre maître, car c'est eux qui nous renforcent et qui nous offrent des opportunités bénies de nous exercer à la sérénité, qui est le remède à nos blessures, en nous faisant voir ce que nous devons changer en nous-mêmes.

Enveloppés par l'émotion du moment, ils sont partis et se sont rendus à la résidence de Pierre.

✶ ✶ ✶

La force de l'amour de cette rencontre m'a encore enveloppée, ils arrivèrent peu après à la résidence de l'ancien pêcheur, Pierre remit à Marc plusieurs parchemins enveloppés dans une peau d'agneau qu'il avait apportés avec lui.

Marc, curieux, ne tarde pas à les feuilleter et les identifia bientôt :

- Par Dieu ! Ce sont les écrits d'Stephen...[13]

- Oui, répondit Pierre, je te les confie afin qu'ils servent à finaliser ses écrits.

Marcos, comme un enfant qui reçoit un cadeau, il lit rapidement les écrits et s'émerveille :

- Il y a ici des détails sur les miracles de Jésus et sur ces procédures de guérison promues par toi et les autres apôtres. Il y a aussi des informations sur la vie du Maître avec Maria de Magdala, l'encourageant à travailler sur son nom et à apaiser les vanités de ses disciples - il a lu rapidement:-Pierre, il y a là quelque chose de curieux.

Regardez, ici il dédie des pages à une jeune femme qui s'appelle Esther[14]. Dites-moi, qui est cette femme décrite ici avec tant de détails et d'amour généreux ? Pourquoi lui consacrer pourquoi lui consacrer du temps ?

- Ma chère, j'en ai rencontré beaucoup au cours de ma vie, mais j'ose dire que seules quelques-unes ont marqué ma vie et, parmi eux, Esther... Elle est arrivée chez moi par l'intermédiaire de Ruth, la femme de Bartholomé, avec une belle femme appelée

---

[13] (N.A.E. Bernard) Stephen serait sans aucun doute un évangéliste et connu aussi comme l'écho de Pierre. Il n'est pas étonnant que dans l'évangile de Marc, nous trouvions l'expression du jeune hébreu Stephen . De son vivant, Stephen a consigné les miracles de Jésus en mettant l'accent sur ses propres expériences de guérison par imposition des mains.de guérison par imposition des mains. Marc s'est sans doute attaché à répertorier les miracles d'une manière plus percutante et plus précise, comme l'a fait Stephen.

[14] (N.M.) L'histoire d'Esther, de Rachel et de Tarquinius Lidius Varro a été racontée dans le livre psaumes de Redemption par l'esprit Ferdinand - psychographiée par Gilvanise Balbino Pereira.

Rachel. La pauvre jeune femme avait été persécutée injustement pour un crime qu'elle n'avait pas commis.

- Si elle était innocente, pourquoi la pauvre femme a-t-elle été accusée ?

- Elle était esclave et servait dans la maison d'un noble romain, dont la femme, Helena, était très malade. Esther possédait un charme particulier et tous ceux qui la rencontraient se prenaient d'affection pour elle. La femme du noble ne tarda pas à établir une relation avec elle. Grâce à Esther, Helena rencontra Jésus et se convertit au christianisme, ce qui causa un grand mécontentement au patricien.

Mais un jour, sa femme est empoisonnée et Esther est accusée de ce crime odieux. Elle est également accusée d'avoir converti Hélène au christianisme. Essayant de se sauver Esther s'est réfugiée dans notre groupe. C'est exactement à cette époque qu'Estevao travaillait avec nous et s'inclinait lui aussi devant les charmes simples de cette jeune femme.. Il a noué un lien d'affection. Ils sont devenus de grands amis, même si ce n'est que pour une courte période lorsqu'ils étaient ensemble, il se consacrait à son enseignement.

-Ils parlaient de Jésus. Ils semblaient être des amis de nombreuses vies antérieures.

— Que lui est-il arrivé ?

— Malheureusement, le Romain, plein de haine, veut venger la mort de sa femme et lève une armée pour l'affronter. Esther est retrouvée, arrêtée et

condamnée à mort. Dans la vigne de Dieu, la vérité est souveraine et le mensonge ne dure pas longtemps.

Alors qu'Esther agonisait dans les bras du Romain, celui-ci découvrit qu'elle était sa fille, l'enfant qui avait été enlevée dès l'arrivée du patricien dans ces contrées.

— Qui est ce patricien ?

— Tarquinius Lidius Varro, fidèle disciple de Bartholemé, qui a compilé, comme tu l'as fait avec moi, les souvenirs de Jésus - après un long soupir, il a poursuivi :

— Après tout, lui et moi sommes analphabètes, et si vous n'étiez pas là, tout ce que nous savions sur le Maître mourrait avec nous.

— Pour l'amour de Dieu, est-ce la fille de Tarquinius ? Il le sait ces lignes ?

— Non, parce qu'il n'aurait pas eu la maturité nécessaire à l'époque pour y accéder. Maintenant, je sais qu'il est plus fort , je vous en supplie : faites-lui connaître ces dossiers de Stephen sur sa fille. Vous savez comment Stephen est important pour moi et c'est ce qu'il m'a demandé quelques jours avant d'être arrêté et condamné à mort. Je ne peux pas partir d'ici et je me sens impuissant à répondre à sa demande.

— D'ici, je devais me rendre directement à Alexandrie, mais je vais changer d'itinéraire et rencontrer Bartholomé et Tarquin. Ne vous inquiétez pas, je ferai ce que vous me demandez, mon ami Tarquinius doit savoir à quel point sa fille était spéciale. De plus, je le respecte beaucoup parce que sa conversion a été commentée par beaucoup et consolidée sur les solides piliers de la chrétienté

Peter, très ému, a déclaré

- Marc, quand Stephen est mort, je n'arrivais pas à y croire. C'était un fils bien-aimé pour moi, pour qui j'avais beaucoup d'affection. Stephen écrivait tous mes souvenirs de Jésus et les utilisait dans ses sermons, et je croyais qu'il deviendrait évangéliste. Mais la vie a prouvé le contraire. Un jour, seule, je suis allée à la plage et j'ai prié, demandant à être guidée, parce que celui qui avait compilé les informations du Maître pour moi n'était plus avec nous. C'est alors que le Maître rayonnant est apparu et a dit : "Pierre, ne t'inquiète pas pour demain, car je t'enverrai un autre fils de Dieu qui prendra avec lui la mission d'enregistrer mes actes ? Et ainsi éterniser mes enseignements. Au-dessus de tous les événements de la vie ordinaire, l'amour de Dieu organise les lois de l'équilibre et de la vérité. La confiance est donc la loi, mais l'action est ce que le Seigneur attend de chacun de nous. Le temps a ses lois et il stabilise les choses apparemment éloignées

de la volonté de Dieu. Restez dans la prière, travaillez et ne perdez pas espoir, parce qu'il y a toujours une nouvelle occasion de recommencer." - Après une breve pause, Pierre, avec un large sourire, a embrassé Marcos avec amour et a dit : - Aujourd'hui, je n'ai aucun doute que cet envoyé promis par Jésus, c'est toi, Marc, mon fils éternel à qui j'ai confié mes souvenirs du Maître...

Chapitre 4

Unis par le coeur, un adieu nécessaire

> *"Personne ne met du vin nouveau dans de vieilles outres, sinon le vin fait éclater les outres, et le vin et les outres sont inutiles. Mais du vin nouveau dans des outres neuves !"*
>
> Marc, 2:22

Deux jours se sont écoulés rapidement.

Ce soir-là, après avoir appris la nouvelle, Pierre s'inquiète de l'avenir de Marc. Avec foi, l'apôtre cherchait dans la prière des réponses à ses doutes. En silence, il prie Dieu de lui donner les bons chemins pour que les doutes et les craintes qui habitent encore son coeur s'évanouissent.

À la fin, il s'est levé et s'est dirigé vers Marcos, l'a serré dans ses bras comme un père et lui a dit :

- L'information selon laquelle votre nom est promu dans ces régions m'a inquiété. Je crains pour votre sécurité. Les disciples de Jésus sont divisés.

Beaucoup traduisent encore les enseignements du Seigneur pour d'autres disciples éloignés de l'amour céleste. Il y a beaucoup d'affrontements ; les juifs cherchent en Christ la force de se battre, d'autres villages et religions se manifestent contre la flamme vivante de l'amour.

Je devais être l'équilibre entre tant de différences - soupirant, il poursui:

- Pour des raisons de sécurité, j'ai même dû me séparer de mon ami bien-aimé Bartholomé et lui demander de suivre d'autres chemins et d'évangéliser la région de l'Inde. Je sais qu'il a rempli sa mission et qu'il se trouve aujourd'hui en Arménie. Je garde en mémoire son courage, en particulier les amis qui l'ont accompagné dans son voyage, comme les convertis romains Tarquinius Varro et Marcellus. Bartholomée était quelqu'un de très important pour moi. Il m'a beaucoup soutenu lorsque j'en avais besoin et j'ai failli vaciller dans ma foi lorsque je me suis éloigné de Paul. J'ai reçu une lettre de lui et j'y ai trouvé la force de continuer. Écoutez les paroles de cet homme digne de notre respect et de notre admiration : "Pierre, ami éternel, heureux celui qui sait que l'erreur corrigée est éternellement une grâce reçue et qui, face aux témoignages les plus courants présentés dans sa propre vie, libère son coeur et repart. Il recommence en regardant à l'intérieur de lui-même, en reconsidérant ses actes, en organisant ses sentiments et la sagessequ'il a accumulée au cours de tant de jours de vie devant la puissance de Notre Seigneur convertie en expressions d'amour. Ainsi, il n'y a pas de crainte à avoir quand on a la foi, l'espérance, ou quand on est appelé à renoncer à tout, ou à se séparer de ses amours et même à revoir sa vie dans ses actes, parce que les activités au nom du Seigneur sont les béatitudes les plus tendres que le Seigneur a mises entre nos mains.

Oubliez le passé car ce n'est qu'un souvenir, c'est maintenant qu'il faut avoir le courage d'avancer vers les portes de l'invisible en sachant que la mort n'est pas silencieuse, mais qu'elle parle au-delà de notre volonté et de notre expression la plus intime.

Souvenons-nous qu'entre la vie et la mort il y a la certitude que la vie l'emporte toujours et que nous nous retrouverons à nouveau dans la chaleur de l'amour de Dieu. Ne laissez pas la douleur du chagrin s'emparer de votre coeur et vous envahir par la peur, car l'amour conquiert la peur et sur les fantômes des tristes souvenirs d'un passé qui ne reviendram jamais. Puissions-nous être celui qui témoigne avec amour de l'oubli des fautes commises, car nous savons que la vie ne s'arrête pas aux portes de la mort, mais qu'elle continue avec la grâce de la lumière du vent et du temps, en retrouvant nos amours, en consolidant notre foi et en sachant toujours que, entre la douleur et la vie, c'est l'amour qui triomphera.-Pierre, ému et émouvant, poursuit après une pause : - Bartholomé atoujours été un homme digne et, même s'il ne savait pas écrire brillamment, il articulait ses mots avec sagesse.

Marc, prenant une profonde inspiration, après une brève pause... sa, a acquiescé :

- Je suis d'accord avec toi au sujet de notre ami. Tu as raison, car chaque fois que nous nous consacrons à notre foi, des obstacles apparaissent devant nous. Nous perdons ceux que nous aimons, nous nous séparons des amis que nous considérions comme des fidèles de nos causes, ceux en qui nous avions confiance nous ont tourné le dos et aujourd'hui nous nous retrouvons seuls face à ce que le Seigneur nous réserve. Nous devons attendre et espérer la force du temps, car un jour viendra où tous nos doutes se tairont dans nos coeurs et, lorsque nous nous demanderons si nos souffrances et nos renoncements au nom du Christ Rédempteur en valaient la peine, nous trouverons nous-mêmes les réponses dans l'oeuvre. Pendant de nombreuses années, je me suis consacré à la construction d'églises chrétiennes en terre hostile. Prenons l'exemple de l'Égypte, une terre léguée à l'idolâtrie totale. Aujourd'hui, je dis qu'elle est le refuge de nombreux chrétiens. Je suis fier de l'Église d'Alexandrie et de sa splendeur. Là, de nombreux chrétiens suivent parfaitement les conseils de l'Évangile.

L'Église grandit de jour en jour. Cela a toujours été mon idéal chrétien : faire en sorte que les convertis se libèrent de leur passé religieux et trouvent en Jésus les bons enseignements pour leur vie. Même si j'ai confiance dans le Seigneur, devant tant d'atrocités, j'ai peur du lendemain.

— Ayons la foi et souvenons-nous des enseignements du Maître : "Regardez les oiseaux du ciel : ils ne sèment ni ne moissonnent, et ils n'amassent rien dans les greniers. Et pourtant, votre Père céleste les nourrit. Ne valez-vous pas plus qu'eux ? "[15]

Pierre prend une grande inspiration. Empli de compassion, il essuie une larme timide et, regardant son ami dans les yeux, lui dit :

— N'ayez pas peur de demain. Je sais que le moment est venu de dire au revoir. Nous ne nous rencontrerons plus dans cette vie, mais nous serons ensemble éternellement. Cependant, j'ai confiance que le Seigneur ne nous abandonnera pas et qu'un jour nous nous retrouverons dans de nombreuses vies. Pierre, cherchant l'inspiration dans son coeur, avec l'affection a dit : "

— Dans les luttes de la vie, persévère pour que la lumière de Dieu tombe sur ton coeur Dans la maladie, crois en la force de l'espérance et résigne toi toujours. Dans l'angoisse, lève-toi en faisant confiance à l'amour de Dieu et à l'amour de soi qui change. Dans le désespoir, attends que la force du temps change le cours de tes sentiments. Dans la souffrance sans cause, priez pour que Jésus soit présent, aidant et encourageant la transformation qui renouvelle. Dans l'abandon, renoncez avec vigilance aux attachements malsains qui vous ulcèrent, afin que le bonheur céleste touche votre coeur. Dans la solitude, remplis le vide de ton coeur avec les baumes de la foi qui envahissent les vallées

---

[15] (N.A.E. Ferdinand) Matthieu, 6:26

intérieures de ton âme et de ton esprit, te faisant lever au service du bien commun.

Dans les ombres du monde, allume la lampe de la paix et partage-la avec la famille humaine. Quand tu trébuches, remets-toi debout sans hésiter, pour que tes efforts soient reconnus dans le passage de la vie. Dans la mort, fortifie-toi pour que ton courage t'indique le bon chemin de soutien et de résistance au nom de Dieu. En toute occasion, sois actif, trouve toujours la motivation, pour que les voiles de l'égoïsme n'aveuglent pas les existences et n'interrompent pas la trajectoire individuelle de chacun. Ressourcez-vous toujours, dit le Seigneur, parce qu'avec l'humilité, le respect, la tolérance et l'affection, la lumière sera présente, même si les ombres persistent à couvrir vos yeux de larmes de désespoir. Concentrons nos énergies sur les hautes valeurs positivistes qui renouvellent notre esprit et travaillons : pour l'amour, même au milieu des coups, des oublis et des insultes ; pour la paix, même au milieu de la douleur de la tempête écrasante ; pour l'endurance de la foi, même au milieu de la souffrance cachée ; pour Jésus, afin que nous puissions sentir germer en nous le sentiment de plénitude et d'espérance, en transformant les faiblesses en silence, en guérissant nos vies et en nous dirigeant vers la victoire sous la lumière et la protection de Dieu...

Marc, réfléchissant, est intervenu :

- J'ai beaucoup à apprendre, j'aimerais rester plus longtemps à vos côtés... Je dois finaliser mes écrits et j'ai besoin de plus d'informations.

Mon fils, dit Pierre, je te voulais aussi à mes côtés, mais les faits nous obligent à être réalistes et je te prie donc de partir au plus vite. J'ai entendu dire que Bartholomé se trouvait temporairement dans la région du Delta, à Louxor. Il y a quelques jours, je lui ai envoyé une lettre disant que vous seriez bientôt à Alexandrie. Il m'a répondu qu'il attendait ta visite. Mon fils, crois-moi, tu pourras finaliser tes écrits. Je suis sûr qu'il aura beaucoup à apporter.

Ainsi, ces hommes, baignés dans une foi et un amour inconditionnels pour le Christ Jésus, continuaient à parler de l'orientation de leur vie, bénis par les étoiles qui bordaient le ciel...

Chapitre 5

En Egypte - Bartholomé et Marc, enseignements et évangile

> "Le mystère du royaume de Dieu vous a été donné ; mais pour ceux qui sont dehors, tout est en paraboles, afin qu'en voyant ils voient et ne comprennent pas, et qu'en entendant ils entendent et ne comprennent pas, de peur qu'ils ne se convertissent et qu'il ne leur soit pardonné."
>
> Marc, 4:11-12

Après ces événements, Marc s'est rendu en Égypte. Après plusieurs jours de voyage, il arrive dans la région de Louxor. Située au sud du Caire, Louxor a été construite sur les ruines de Thèbes, l'ancienne capitale de la civilisation égyptienne. Partout, on peut voir

-La richesse du passé, lorsque la culture pharaonique s'est mêlée aux religions locales, a été réalisée. À cette époque, la croyance croissante en un Dieu unique était en conflit avec les cultes de divers dieux mythologiques.

L'endroit était gratifié de l'imposante beauté du Nil,qui serpentait à travers la ville et la divisait en deux parties :à l'est, où les vivants étaient consacrés et où se concentraient la plupart des temples religieux dédiés aux dieux mythologiques ; et à l'ouest, où les morts étaient consacrés, centralisant les nécropoles de l'ancienne Égypte.

A l'arrière-plan, les imposantes pyramides impressionnaient par leur magnifique et parfaite facture, consolidant le passé dans le présent. Sans tarder, Marc parcourut la ville, qui lui était déjà familière, et arriva à la maison d'une famille chrétienne. Aussitôt, une femme d'âge mûr l'accueillit, l'installa dans un siège confortable et lui servit à manger, tandis que son petit fils allait prévenir son grand-père Joël de l'arrivée de l'apôtre.

À cette époque, Bartholomé avait quitté la región de Palestine et deux convertis l'accompagnaient :Tarquinius Lidius Varro, un Romain de noble lignée qui, après avoir perdu sa fille et son épouse bien-aimées, se consacra à l'oeuvre accomplie par Bartholomé et enregistra les épisodes[16] de la vie de Jésus racontés par Bartholomé ; et Marcellus, un ancien militaire qui accompagna lui aussi l'apôtre dans ses voyages chrétiens, aux côtés de son ami Tarquinius.

Au bout d'un moment, quatre hommes entrent dans lapièce : Joël, Bartholomé, Tarquinius et Marcellus. Après de chaleureuses salutations, les hommes sont allés s'asseoir sur le simple balcon et entre deux conversations banales, Marc disait :

- Bartholomé, mon ami, j'ai été heureux d'apprendre que j'allais te rencontrer et en même temps surpris que tu sois dans cette région.

---

[16] (N.A.E Bernard) Les épisodes cités ici se réfèrent aux textes décrits dans les Évangiles apocryphes, que Bartholomé, par les mains du romain Tarquinius Lidius Varro, a compilés et diffusés dans la région de l'Orient, région dans laquelle le passage de l'apôtre est enregistré.

(N.M.) Elles ont été détaillées dans le livre *Des vérités que le temps n'efface pas*, par les esprits Ferdinando et Bernard – psychographié par Gilvanize Balbino Pereira.

— Mon fils, je suis de passage. Ma destination est l'Inde"[17], mais j'ai reçu une lettre de Pierre me demandant de le rencontrer. Il m'a dit que c'était très important, parce qu'il avait besoin d'informations sur les miracles de notre Jésus que j'étais le seul à détenir. Ma chère, je n'aurais pas osé ne pas répondre à la demande de Pierre, alors j'ai pensé qu'il valait mieux rester ici un peu plus longtemps.

— Mon ami, j'ai reçu de Pierre un amour inconditionnel. Depuis le jour où je me suis converti et où j'ai abandonné le judaïsme, il m'a accueilli comme un fils bien-aimé. Cependant, tu m'as toujours soutenu et protégé des diverses critiques que j'ai reçues. Comment quelqu'un qui n'a jamais rencontré Jésus peut-il avoir l'audace de consigner ses actes ?

-Après un long soupir, il poursuivit : - Je me souviens de Ruth, ta femme, lorsque je l'ai vue pour la première fois, elle s'est empressée de m'accueillir comme une mère aimante.

— Je dis la même chose", dit Tarquinius, les yeux pétillants. - En plus de nous avoir accueillis, Marcellus et moi, tu as été quelqu'un que je n'oublierai jamais. Tu as pris ma fille dans tes bras et tu as été la mère dont elle avait besoin...

— Oui, mon ami, dit Marc, toi aussi. Je suis ici parce que Pierre m'a demandé de lui remettre cette missive. Il ne l'a pas remise d'abord, parce qu'il avait besoin d'être sûr. Il m'a également dit qu'il était sûr de sa conviction chrétienne et, surtout, qu'il serait assez mûr pour recevoir et comprendre les mots écrits ici. Il m'a aussi dit de lui pardonner. Lorsqu'il a écrit cette lettre, l'auteur en a partagé chaque ligne avec Pierre, mais il est maintenant important qu'il en connaisse le contenu.

---

[17] (N.M.) Bartholomée commença son apostolat en Inde vers l'an 59 de notre ère, comme cité dans le livre *Psaumes de la Rédemption*, par l'esprit Ferdinando - psychographié par Gilvanize Balbino Pereira. Chapitre IV (partie II).

Tarquinius, surpris, la reçut et l'ouvrit immédiatement, croyant qu'elle contenait une instruction à transmettre à Bartholomé. En commençant à la lire, il ne put cacher son émotion. Marc, comprenant l'attitude de son ami, dit :

— Chère, permettez-moi de vous le lire. Tarquinius n'a pas refusé, et Marc, doucement, commença :

— "Ami, je commence ainsi parce que, ayant rencontré ta fille Esther, je ne pourrais pas être différent, je dis devant Jésus que tu es mon ami ? Je ne suis pas sûr que cette lettre vous parvienne, mais j'ai appris votre histoire et celle de notre Esther. Une jeune femme que je garde dans mon cœur, comme je sais que tu lA gardes aussi dans ton âme. Il y a quelques jours, je l'ai vue quitter la maison de Peter accompagnée de la garde que vous aviez ordonnée, mais depuis ce jour, je sais combien le coeur de son père va souffrir de l'erreur qu'il a commise. C'est pourquoi j'ai fait part de mon inquiétude à Pierre et j'ai décidé d'écrire ces lignes. Je sais que rien ne peut changer le passé, mais je sais que, dans le présent, vous pouvez réveiller la foi et l'amour pour le Christ Jésus, qui adoucira votre âme après les souffrances que vous avez subies.. J'ai eu l'honneur de pouvoir partager quelques instants avec votre fille Esther et j'avoue que je n'ai jamais vu autant de force, de courage et de foi émaner des yeux d'une femme

simple... J'ai été enchantée d'entendre pour parler de Jésus, parce que je ne connaissais pas le Maîtreet toutes les personnes qui s'adressent à moi pour m'informer sur lui sont importantes. Cependant, même si j'en ai entendu beaucoup parler du Seigneur, c'était différent avec elle, parce que lorsqu'elle parlait du Christ, je sentais, à travers sa douceur et son humilité, que le Seigneur vivait dans son coeur et touchait mon âme. Un soir, Un soir, elle m'a dit qu'elle connaissait de sa condamnation à mort, mais qu'avant de mourir, j'aimerais la regarder dans les yeux et lui dire : "Père, je t'aime et je te pardonne, mais ne te rebelle pas contre Jésus, vis pour lui jusqu'à la fin de tes jours...". Car mon seul souhait est qu'il connaisse notre Maître Jésus. Mon Dieu, je n'ai jamais vu quelqu'un couronné d'une lumière intense rien qu'en prononçant une phrase aussi baignée de pardon et de compréhension. Cette phrase m'a fait pleurer dans mon cœur, d'une manière, tu devais le savoir. Ne vois pas cet acte de ma part comme un jugement. Tu es un homme qui connaît les lois, mais un jour tu connaîtras les lois suprêmes gouvernées par notre Dieu et établies par Jésus. Les choix de notre vie nous aveuglent souvent et nous ne savons pas où nos actes nous mènent. Je respecte votre souffrance. Lorsqu'Esther a été brutalement arrachée des bras d'Hélène et qu'elle lui a été enlevée des mains, il s'est transformé en un homme froid, essayant de se protéger de la douleur qui l'habitait. Avec cette perte, la maladie de sa femme a scellé ses sentiments dans un profond silence.

Pendant ce temps, celle que vous aimiez tant sous la forme de votre fille a été condamnée par vous à l'esclavage. Pardonnez-moi, mais je ne peux retenir les larmes qui marquent volontiers mon visage et l'émotion qui submerge mon coeur, car mon histoire est semblable à celle d'Esther, nous avons toutes deux été esclaves, à une différence près : Esther a servi son propre père et sa propre mère sans même le savoir.

Je me sens obligé de révéler que, oui, Tarquinius, Esther, ainsi que votre fille, était innocente et n'a pas pris la vie de votre femme Helena. Cette jeune femme, qui ressemblait à un ange du Seigneur, acceptant silencieusement l'héritage d'une vie marquée par la folie et la douleur, vous a servis, toi et Helena, comme une esclave, sans même savoir qu'elle avait affaire à tes parents, des gens qui ont tant besoin de la protection du Seigneur. Je sais que la plus grande douleur que l'on puisse ressentir est de savoir que l'on oubliera, avec le temps, les traits de ceux que l'on a aimés.

Je suis désolée que vous n'ayez pas pu connaître votre fille comme vous l'avez fait, mais je prie pour qu'elle soit toujours présente dans vos souvenirs, comme elle l'est pour moi. Le but d'Esther était de vous voir vous convertir au Christ, alors souvenez-vous : "Appelant la foule avec ses disciples, elle leur dit : *"Si quelqu'un veut venir après moi, qu'il renonce à lui-même, qu'il se charge de sa croix et qu'il me suive. Car celui qui veut sauver sa vie la perdra, mais celui qui perdra sa vie à cause de moi et de l'Évangile la sauvera."*[18] Même si la persécution gratuite, la maladie, la solitude et la calomnie s'abattent sur vos épaules à cause de votre conversion, supportez, car rien ni personne ne peut vous faire renoncer à la tâche du renouveau. Rappelez-vous que le temps est le juge de tous et qu'il peut être silencieux et impitoyable, mais pour ceux qui servent le Seigneur, l'amour céleste redonne de l'énergie etbénit les efforts individuels, apportant la paix du devoir bien accompli. Le dévouement au bien, aussi petit soit-il, aux yeux du Seigneur est le témoignage éclairé de l'amour du prochain. L' esprit de sacrifice au nom de Jésus sera toujours accueilli par le coeur du Très- Haut et ne manquera de rien. Je prie pour qu'un jourvous fassiez l'expérience de la grandeur divine en servant et en aimant le christianisme, car je crois que Jésus en a appelé beaucoup, mais en a choisi peu, et vous faites partie de ce petit nombre. Utilise donc tes connaissances en faveur de la cause du Christ, parce qu'elle a besoin de quelqu'un avec ton discernement, celui dont tu as fait preuve lorsque tu étais un homme de Rome. Mais maintenant, j'exalte l'homme nouveau, l'homme du Seigneur. De la part de l'ami et du serviteur de Jésus : Stephen"[19].

---

[18] (N.A.E. Ferdinand) Marc, 8:34-35

[19] (N.A.E. Ferdinand) Stephen, plein de compassion, n'a pas hésité à dire que "leurs histoires étaient similaires sur des routes différentes, Mais tous deux convergeaient vers Jésus", ce qui signifie qu'àl'époque où Esther vivait dans la maison de Pierre, Estève et elle ont établi une relation d'amour. Malheureusement, les faits relatés ici ne se retrouvent pas dans les versions actuelles du Nouveau Testament, car ils ont été supprimés au cours de l'histoire, notamment à l'époque de la Sainte Inquisition. Les évêques, soucieux de maintenir la divinité de Paul, ont supprimé toute approche féminine de l'image d' Estève, afin qu'il ne soit pas possible d'associer son image à celle d'un homme ordinaire.

Tarquinius ne peut supporter l'émotion, il tombe àgenoux et, se couvrant le visage, se met à sangloter comme un petit garçon. Le silence est rompu par les sanglots désespérés ; tous les inertes entendent ces mots et n'omettent pas leur émotion, car la situation du Romain est digne de compassion.

Bartholomé le souleva avec amour et dit :

— J'ai rencontré la jeune Esther et il ne m'a pas été difficile de l'aimer comme une fille. Je comprends la page laissée par Stephen et je partage avec lui la certitude qu'une fois qu'on l'a connue, il est imposible de l'oublier. Je connais aussi tous les détails de son histoire. Nous avons un passé qui est relié au présent par un pont. Nous devons choisir entre revenir sur ce pont et vivre dans le passé ou le détruire et vivre dans le présent afin de trouver de nouvelles opportunités pour aller de l'avant.

Cependant, lorsque nous choisissons d'aller de l'avant, nous devons détruire le pont qui nous ramène au passé. Il ne s'agit pas d'oublier nos amours, mais de nous libérer. Rien n'arrive par hasard. Votre fille a marqué beaucoup de coeurs et a dirigé tout le monde dans les bras de Jésus. Chaque jour, je la vois ton effort pour changer ton existence et tourner tes jours vers le Christ. La conversion est comme un arbre qui a besoin d'être entretenu et taillé.

Son origine romaine était celle d'un homme de loi et de pensée, mais son essence d'enfant de Dieu ne luien levait pas sa foi.

— "Mon ami", dit Tarquinius, les larmes coulant sur ses joues. - Comment Jésus a-t-il pu accepter quelqu'un comme moi ? Un homme qui a condamné sa propre fille à l'esclavage et à la mort. Un homme qui, tout au long de sa vie, est resté silencieux face à une telle folie. Seigneur, quand je me regarde, je ne vois qu'un vide indomptable. Ma seule certitude, c'est que le christianisme est ma

---

(N.M.) Cette histoire a été racontée dans le livre *Psaumes de la Rédemption*, par l'esprit Ferdinand - psychographié par Gilvanize Balbino Pereira.

base, sans laquelle je ne peux pas continuer. Le brouillard s'est dissipé, je vois mieux la réalité de ma vie et je sais que ma foi me conduit à Jésus. C'est ma lumière.

— Tu sais bien, dit Marcellus, que moi aussi je porte dans mon silence la douleur de ma folie, en tant qu'ancien militaire, je ne peux pas cacher que j'ai beaucoup de défauts sur les épaules, mais croyez-moi, Ester a été la grande raison de ma conversion ; si elle n'avait pas été là, je ne serais pas ici. J'ai été formé à la raison, mais Esther m'a fait comprendre l'importance des sentiments. Aujourd'hui, je crois en Jésus et cela me suffit. Les femmes de ta vie ont marqué ton coeur, mais tu dois suivre et je sais que Jésus est déjà une vérité dans ton coeur. Pour moi, tu es un cadeau et je te remercie de m'accompagner sur mon chemin. Nous savons qu'il n'y a pas de mort[20], nous vivons au-delà de cette vie et je sais qu'un jour nous te retrouverons.

Marc est intervenu avec compassion :

— Tarquinius, je comprends votre douleur, mais sachez que je n'ai pas connu Jésus. J'étais un juif prêt à suivre mon sacerdoce, mais lorsque j'ai découvert le christianisme, je ne peux pas omettre le fait que j'ai également été confrontée à un grand conflit intérieur. Avant de décider de me convertir, je me suis aussi interrogé sur qui j'étais, sur mes choix et les craintes qui m'habitaient, d'autant plus que je savais que j'allais laisser une vie derrière moi. Un jour, alors que j'étais assise seule sur la plage, cherchant dans la prière la force de trouver mon chemin, Pierre s'est approché de moi.

---

[20] (N.A.E. Bernard) Les concepts de la pluralité des existences étaient très répandus dans le christianisme à ses débuts, et nous nous sentons donc à l'aise pour les utiliser dans cet ouvrage, car il ne faut pas oublier que l'oeuvre chrétienne a subi de nombreuses adaptations. et des textes de cette nature ont été supprimés pour cause d'insensibilité religieuse.

-Il a dit avec respect : "De nombreux prêtres doués d'intelligence se convertissent et, lorsqu'ils croient avoir atteint le sommet de la connaissance, ils oublient l'humilité et se placent dans une position élevée, loin du Seigneur. Ces mêmes prêtres, face à la misión apostolique, offrent au Seigneur des promesses de dévouement, de fortune et de pouvoir, mais au premier moment de l'épreuve, ils fuient leur tâche et s'abandonnent à leur propre désespoir intérieur, appelé vanité. La norme de foi de Jésus nous éclaire tous. Il s'est adressé à tous sans distinction et s'est efforcé d'enseigner aux gens comment devenir meilleurs. À quoi sert une grande connaissance ou une grande intelligence si elle reste inerte dans le coeur ? Les convertis doivent garder dans leur âme la prière que nous avons apprise du Seigneur :

Notre Père qui est aux cieux;
Que son nom soit sanctifié, que ton règne vienne.
Que ta volonté soit faite sur la terre comme au
ciel. Donne-nous aujourd'hui notre pain.
Pardonne-nous nos offenses comme nous
pardonnons à ceux qui nous ont offensés.
Ne nous soumets pas à la tentation, mais
délivre-nous de la mort...

"Fils, Jésus t'attend, alors ne perds plus de temps dans le doute ou la peur, sache agir et persévère le plus tôt possible, car tu ne veux pas provoquer de changement dans votre vie en croyant que vous serez absent des épreuves. Rappelez-vous toujours que les épreuves sont les fondements d'une bonne pratique de la foi".

Marc, sous le coup de l'émotion, ne cache pas les larmes qui marquent ses joues et, après un long soupir, il poursuit :

— Je ne peux pas cacher qu'au début, j'ai souffert du mépris de mon entourage, mais moins de celui de ma famille. J'ai renoncé à un amour et à mes biens. Mais à partir de ce jour, j'ai fait mes choix et je n'ai pas de regrets, car je suis aujourd'hui un homme meilleur qu'hier. Je sais que le temps réconfortera votre coeur et adoucira votre âme troublée. Pour l'instant, donnez à Jésus ce que vous ne pouvez pas changer et cherchez dans la prière la force de continuer.

✳ ✳ ✳

Quelque temps plus tard, les hommes parlaient encore. Bartholomé, changeant le cours de la conversation, dit :

— Je suis stupéfait par le travail que vous avez avez accompli dans cette région en faveur du christianisme. Comme je suis arrivé avant "vous, j'ai eu l'occasion de connaître Communautés chrétiennes.

— Je ne peux pas nier que quelque chose de très important a contribué à ce succès. Le peuple égyptien connaissait déjà le concept du Dieu unique. Les lois mosaïques ont aidé les dieux mythologiques à céder la place au Dieu d'Abraham. Cela a facilité l'acceptation de Jésus, le Messie.

— Dans la lettre que j'ai reçue de Pierre, il dit que vous êtes presque à la fin de l'Évangile et il me demande de coopérer avec quelques épisodes sur les guérisons de Jésus.

— Oui, j'ai besoin de votre aide. Il y a des faits dont Pierre n'a pas été témoin et il a dit que vous seriez le seul à pouvoir les relater sans les altérer. Je suis prudent avec ces documents, car j'ai été confronté à des rabbins qui accusent les chrétiens de violer les commandements de Moïse. En s'appuyant sur les Écritures, Deutéronome, chapitre 18, qui interdit de communiquer avec les esprits, ils disent que noussommes des sorciers et citent en exemple Jésus qui a guéri un possédé, ce qui a suscité de nombreuses discussions. Pierre a donc jugé bon de le rencontrer pour éclaircir l'affaire.

— Une fois", réfléchit Bartholomé, "j'ai dit à Pierre que lui et moi étions privilégiés. Il t'a toi, Marc, et j'ai Tarquinius, pour enregistrer les souvenirs que nous avons du Maître afin qu'ils ne soient pas oubliés. Nous sommes des hommes simples, mais Jésus reconnaît son don en chacun de nous. En moi, le don de la guérison et non des lettres - il a fouillé dans son vieux sac, en a sorti des écrits et a dit : - Voici une partie des écrits que Tarquinius a compilés et que nous avons diffusés en Orient.

Marc regarde rapidement autour de lui et, sous le coup de l'émotion, s'exclama :

— Ce sont les textes descriptifs des miracles accomplis par Jésus, dont, selon Pierre, vous étiez les seuls à connaître les détails. Entre autres récits, voici la guérison de l' homme possédé par un démon[21]; la guérison du lépreux — ému, il ajoute : " Et voici ce que je cherchais depuis longtemps, la description de la guérison du paraliptique" [22] Entrant de nouveau à Capharnaüm, après un certain temps jours, ils apprirent qu'il était chez lui. Il y avait tant de monde qu'il n'y avait plus de place à la porte. Il leur prêcha la parole. Un paralysé vint à lui, porté par quatre hommes. Comme ils ne pouvaient pas l'approcher à cause de la foule, ils ouvrirent le toit au niveau de l'endroit où il se trouvait et, après avoir fait un trou, ils descendirent le lit sur lequel le paralysé était couché. Jésus, voyant sa foi, dit au paralysé : "Mon fils, tes péchés sont pardonnés". Quelques-uns des scribes qui étaient assis là pensaient en leur for intérieur :

"Pourquoi parle-t-il ainsi ? Il blasphème ! Qui peut pardonner les péchés si ce n'est Dieu? Jésus comprit immédiatement dans son esprit ce qu'ils pensaient dans leur coeur, et il leur dit : "Pourquoi pensez-vous ainsi dans vos coeurs ? Qu'est-

---

[21] (N.A.E. Ferdinand) Les textes reçus de Tarquinius Lidius Varro ont été utilisés par l'apôtre Marc pour compléter son Évangile dans les récits des guérisons promues par Jésus.

[22] (N.A.E. Ferdinand) Marc, 2:1-12

ce qui est le plus facile, dire au paralysé : Tes péchés sont pardonnés, ou dire :

Lève-toi, prends ton lit et marche ? Eh bien, pour que vous sachiez que le Fils de l'homme a le pouvoir de pardonner les péchés sur la terre, je te l'ordonne, dit-il au paralysé, lève-toi, prends ton lit et va dans ta maison". Le paralysé se leva, et aussitôt, portant son lit, il sortit devant tout le monde. Les gens étaient dans l'étonnement, et ils glorifiaient Dieu en disant : "Nous n'avons jamais vu cela de pareil !

— Jésus, dit Bartholomé, lorsqu'il était parmi nous, a démontré avec force le pouvoir de la foi et ce qu'elle peut promouvoir lorsque nous sommes fidèlement disposés à servir. L'imposition des mains était une pratique de nos ancêtres et Moïse était conscient de son importance. Cependant, nous ne pouvons pas lui reprocher d'avoir condamné de nombreuses manifestations impliquant des esprits. Rappelons qu'il avait pour mission d'être le chef d'un peuple que, même s'il était conscient de l'existence du Dieu unique, il restait attaché à ses cultures et exerçait sa foi. les tâches qui y étaient liées. Il s'agit donc de démystifier l'acte miraculeux et à le faire connaître aux gens où nous allions.

— J'ai essayé d'être extrêmement impartial", a déclaré Tarquinius, "en m'appuyant uniquement sur les faits et non sur des histoires qui pourraient transformer la réalité en une illusion pleine d'imperfections. Jésus doit être représenté avec amour, mais nous ne pouvons pas être irrationnels et proférer une foi dogmatique qui pourrait nuire aux objectifs du christianisme. Avant toute chose, nous devons nous rappeler que nous ne sommes que des hommes ordinaires et que nos limites ne peuvent pas changer ce qu'est réellement le Christ, un être parfait, libre de toute pratique inférieure promue par nous mêmes.

— Mon ami, dit Marc, je suis d'accord avec vos paroles. Au-dessus de tout et de tous, il y a le christianisme et nous ne pouvons pas permettre qu'il soit obscurci par les défauts de caractère qui se manifestent déjà parmi nous. Ce que j'ai écrit a été très critiqué par beaucoup et je n'ai pas échappé aux critiques de certains apôtres. Ils disaient que mes pages étaient froides et n'exprimaient pas l'émotion que Matthieu et Jean étaient capables d'exprimer. Je n'étais qu'un écho de Pierre. J'avoue que, n'ayant pas rencontré le Maître, je me renseignais à diverses sources, mais Pierre, et maintenant Bartholomé, étaient les plus fidèles. Beaucoup m'ont décrit un Christ plein de lui-même, ont tracé ses sentiments et ont créé un Seigneur trop éloigné de la réalité dans laquelle nous vivons. Le Christ que j'aime est réel et a fortifié le Seigneur notre Dieu, en résumant les enseignements donnés par Moïse en seulement deux, qui sont la raison de mon existence. Si ces deux enseignements sont gravés dans nos coeurs, que pouvons-nous faire d'autre que de les pratiquer avec amour, raison et foi ? Les voici :

"L'un des scribes qui avait entendu la discussion, reconnaissant qu'il avait très bien répondu, il a demandé:

- "Quel est le premier de tous les commandements ?" Jésus répondit : "Le premier est celui-ci : "*Écoute, Israël, le Seigneur notre Dieu est seul Seigneur, et tu aimeras le Seigneur ton Dieu de tout ton coeur, de toute ton âme, de tout ton esprit et de toute ta force.* Le second est le suivant : *tu aimeras ton prochain comme toi-même.* Il n'y a pas d'autre commandement plus grand que ceux-là. "[23]

— Je suis heureux de vous aider", a déclaré Bartholomé

— Puis, à la première heure du matin, nous nous mettrons en route. Tarquinius, Marcellus et moi, nous quitterons l'Égypte et nous nous dirigerons vers l'Orient. Je prie le Seigneur qu'il accompagne vos pas, mais qu'il guide toujours vos mains pour exprimer la vérité et imprimer l'amour de notre Jésus dans l'âme des convertis...

---

[23] (N.A.E. Ferdinand) Marc, 12:28-31

Marc, ému, embrasse chaleureusement "l'apôtre du coeur".[24] Les deux hommes poursuivent ainsi leur conversation, détaillant leurs projets d'avenir et affermissant dans leur coeur la force du renouveau du christianisme.

---

[24] (N.M.) Dans le livre *Psaumes de la Rédemption*, de l'esprit Ferdinand, en consultant l'auteur spirituel sur cette expression, Ferdinand dit : "Bartholomé était affectueusement connu par ses compagnons de route comme 'l'apôtre du coeur'. Ce terme n'était utilisé que dans son entourage et n'a pas été rendu public dans l'histoire".

Chapitre 6

Alexandrie, Christianisme de Marc

> *Jésus leur dit : "Ce ne sont pas les gens en bonne santé qui ont besoin d'un médecin, mais les malades.*
>
> *Je ne suis pas venu appeler les justes, mais les pécheurs".*
>
> Marc, 2:17

Après ces événements, alors que Bartholomé et sesamis ont pris des chemins différents, Marc est resté dans la région avec pour mission d'évangéliser et de renforcer le travail chrétien à Louxor.

Entre-temps, sous le soleil qui couronne le Delta, au pays des pharaons, au coeur d'Alexandrie, l'Égypte est le nouveau cadre de cette histoire.

La ville a conservé une grande partie de sa splendeur, avec l'une des sept merveilles du monde antique, le phare légendaire et, jusqu'à cette époque, la plus grande bibliothèque du monde, qui, en plus d'être un symbole de culture, était également un centre religieux où se tenaient des cérémonies dédiées aux dieux mythologiques. C'est là que la foi dans les dieux anciens a été remise en question par la foi juive et la sagesse chrétienne naissante.

Ce soir-là, au milieu de l'effervescence commerciale, un marchand nommé Ambrosio, né à Damas mais résidant à Alexandrie, attire l'attention avec son une voix aiguë, se distinguant parmi tant d'autres... C'est un homme d'âge mûr, au teint doré, aux cheveux et aux yeux sombres, aux joues fuselées. Il était accompagné d'Otila, une femme aux yeux brillants et saisissants. Ses cheveux noirs aux boucles neigeuses étaient dissimulés par une cape, qui ne cachait cependant pas sa beauté simple mais forte.

De l'union d'Ambrosio et d'Otila est née une fille unique, Tamara, une jeune fille d'environ dix-sept ans aux cheveux et aux yeux couleur ébène. Son sourire expressif souligne la beauté de son visage doré. Tercio, le frère d'Ambrosio, un homme de petite taille au teint blanc et aux joues rondes, vivait avec la famille et l'aidait à joindre les deux bouts.

À l'époque, Ambrosio voyageait à la recherche de marchandises, laissant ses biens les plus précieux, Otila et Tamara, aux bons soins de Tercio.

Au milieu de l'effervescence commerciale d'Alexandrie, à la fin d'une journée épuisante, Otila et son beau-frère rassemblent leurs affaires et se dirigent vers leur maison.

Pendant ce temps, le ciel bleu laissait place aux étoiles qui annonçaient l'arrivée de la nuit avec la beauté d'une obscurité éclairée par la lumière de cette pleine lune.

Entre deux conversations banales, ces coeurs ont continué à filmer les liens d'amour qui les unissaient...

✳ ✳ ✳

Quelque temps plus tard, Otila et Tercio arrivent à un endroit proche d'Alexandrie.

En arrière-plan de ce paysage pittoresque, les eaux silencieuses du Nil ont apporté à tous un baume de paix. Serpentant la région dans sa maîtrise et sa grandeur, il a été formé par la convergence de trois fleuves : le Nil blanc (Bahr-el-Abiad), le Nil bleu (Bahr-el-Azrak) et l'Atbara.

Une simple maison a montré que les conditions financières d'Ambrosio étaient limitées et qu'il luttait pour subvenir aux besoins de sa femme, de sa fille et de son frère.

Après le dîner, comme d'habitude, pendant que les femmes s'occupaient des tâches ménagères, Tercio s'installa sur le balcon pour organiser les vêtements de cuir qui seraient portés aux magasins le lendemain.

Entre-temps, rompant le silence de la nuit, son frère Ambrosio s'approcha avec un large sourire qui se devinait sous la vaste barbe qui couvrait son visage et le turban qui enveloppait sa tête. Son vêtement était une "abaia", une sorte de manteau Iã, aux couleurs vives, rouge et brun.

Otila le serra affectueusement dans ses bras et Tamara, en voyant son père, répéta le geste de sa mère. Après un salut affectueux, ils s'installent sur les sièges disponibles, tandis qu'Otila lui sert quelques rafraîchissements, le visage de son mari ne cachant pas sa fatigue due à un voyage difficile. Au bout d'un moment, Ambrosio dit joyeusement :

- Mon frère, j'apporte de bonnes nouvelles ! En raison de nos affaires, j'ai été obligé de passer par notre patrie, Damas, et les nouvelles concernant le christianisme sont bonnes. On parle beaucoup de la conversion de l'apôtre Paul. Ses lettres sur Jésus-Christ ont influencé de nombreuses personnes dans et autour de la région. J'ai été très heureux de voir que notre credo se renforce et que de nombreux adeptes sont encouragés à transmettre les enseignements de notre Maître, comme c'est le cas ici dans notre pays. Chaque jour, je remercie le Seigneur d'avoir rencontré Marc

Que serions-nous sans le courage et l'amour de notre Marc, l'apôtre du Christ ?

— Je me souviens du jour où tu m'as invité à rencontrer Marc, le cousin de Barnabé, dit Tercio. -

Je pensais me trouver devant un sectaire, mais en l'écoutant, je n'ai pu m'empêcher de m'incliner devant sa sagesse. Toi et moi sommes des hommes simples, sans richesses, et nous avons été acceptés par les adeptes des enseignements de Jésus avec un grand respect. Lorsque Mark a pris l'initiative de fonder notre église ici à Alexandrie, j'ai cru que ce serait impossible, après tout, de nombreux chefs religieux locaux s'y opposaient encore, mais notre foi l'emporte chaque jour.

Ambrosio, l'air pensif, changea le cours de la conversation :

— Nous devons rester vigilants. Marc reviendra bientôt, mais nous ne devons pas oublier que la domination romaine est évidente ici. Je suis consciente de nos limites, nous ne sommes que des commerçants sans ressources financières, mais après notre conversion, nous avons commencé à vivre de notre foi. Nous ne pouvons pas nous passer de cette réalité. Je suis inquiet pour les responsables politiques et religieux locaux...

- Mon frère, dis-moi ce qui te fait tant vibrer ? - demanda Tercio.

-Vous savez que dans cette région, nous avons le personnage de Servio, le juif du marché. C'est l'un des hommes les plus influents et il domine pratiquement tout le commerce de cette région et de ses environs. Pour maintenir sa richesse, il a forgé des alliances étroites avec les prêtres locaux et les Romains. Mais il est aussi originaire de Damas et appartient à la lignée de Paul de Tarse. Le récit de Paul a suscité la fureur de beaucoup, dont Servio, qui ne cache pas sa haine pour l'apôtre, notamment parce qu'il a abandonné sa foi originelle et s'est converti à la foi prônée par Jésus. Servio essaie, de toutes les façons, pour le rabaisser et le ridiculiser.

J'ai appris que la colère de Servio s'était tournée vers Marc, parce qu'il était le cousin de Barnabé et l'ami de Paul. Servio déteste également Marc et s'est juré de le persécuter gratuitement. Je crains que notre ami ne fasse les frais de cette colère, tout comme je crains que Servio n'intimide notre foi et n'ouvre une période de troubles.

N'oubliez pas que nous sommes connus comme les "frères de Damas", alors n'ayons pas peur", dit Tercio, pensif : "Faisons confiance. Parfois, je me demande pourquoi Marc nous a confié une partie du travail d'entretien de l'église d'Alexandrie. Mais ayons la foi, la foi que nous avons apprise des amis de notre credo, parce qu'ils ont besoin de nous.

- Ma foi me renforce, mais les commentaires sur la haine de Servio envers Marcos sont très forts, alors quelque chose en moi me dit que nous devons être vigilants et renforcer notre travail au nom de Jésus. Je ne peux pas nier que j'attends avec impatience l'arrivée de Marc. Le but du voyage de l'apôtre était de finaliser son Évangile, et j'ai hâte de voir ses nouveaux écrits. En attendant, cherchons dans la prière la forcé de continuer et le discernement pour affronter les défis de la vie avec résignation - il priait avec amour : "Apprends-nous, Jésus : à voir avec raison ; à aimer sans esclavage ; à lutter sans mourir ; à vivre sans briser la foi de notre coeur ; à croire avec précision ; à suivre sans avoir peur de reconnaître ta lumière rayonnante et notre petitesse. Sur les chemins de la vie, nous savons que toutes les concessions viennent des mains de Dieu et que rien n'est insignifiant face aux épreuves et aux défis, parce que chaque souffrance a aussi sa fonction et qu'aucune tempête ne dure toute une vie.

Alors, Seigneur, reçois notre gratitude, parce que nous réalisons que "*je suis la lumière du monde. Celui qui me suit ne marchera pas dans les ténèbres, mais il aura la lumière de la vie* "[25] et sera soutenu par ses mains.

---

[25] (N.A.E. Ferdinand) Jean, 8:12

Tamara, assise à côté de son père, reste profondément silencieuse. Émue par l'écoute de son mari, Otila lui tient affectueusement la main inquiète.

La nuit se prolongeait ainsi pour ces cœurs et les étoiles brodaient une lueur dans le ciel témoignant de la présence du Seigneur parmi eux qui suivaient dans la foi.

Chapitre 7

Un acte de bonté, une confrontation entre l'ombre et la lumière

"Les temps sont accomplis et le Royaume de Dieu est tout proche. Repentez-vous et croyez à l'Évangile."

Marc, 1-15.

Trois jours ont suivi l'arrivée d'Ambrosio. Servio, le marchand juif, menait une vie de luxe et d'excès dans la ville où il vivait, Alexandrie. Craint pour sa position, il était respecté de tous, y compris des prêtres locaux. Jeune encore, il épousa Rabia, avec qui eut un fils appelé Daniel. Cependant, alors que son fils était encore jeune, Rabia contracta une grave maladie et mourut.

Servio, incapable de supporter son veuvage, a ensuite Il épouse Yara, avec qui il partage le manoir. Plus jeune que lui de plusieurs années, elle respire l'exubérance, la beauté et la séduction. Yara menait une vie d'apparences, totalement dévouée aux futilités d'une société souvent moralement décadente.

À l'époque, Daniel était un jeune homme d'environ dix-huit ans, grand, au teint foncé, aux cheveux noirs, au visage fin et aux grands yeux. Il s'apprêtait à devenir rabbin et a étudié sous la tutelle du rabbin Eliezer, ce qui a renforcé l'obsession de Servio pour le maintien des traditions religieuses de la famille.

Ce soir-là, dans le centre comercial d'Alexandrie, Daniel se promène avec un ami nommé Abdias. Ils discutent avec animation lorsqu'une émeute éclate parmi la population.

À proximité des biens de la famille d'Ambrosio, un jeune homme qui avait volé des tissus à un commerçant est passé en courant et a poussé Daniel qui, incapable de tenir en équilibre, a été projeté au sol et s'est cogné la tête. Incapable de supporter le choc, il perd connaissance. Pendant ce temps, Abdias appelle désespérément à l'aide.

Les frères de Damas s'approchent rapidement -pour essayer de l'aider.

- Aidez-nous, s'il vous plaît... - dit Abdias, désemparé - J'ai du mal à expliquer ce qui s'est passé.

Tout s'est passé si vite, ce voyou n'a même pas épargné mon ami.

- Calme-toi, dit Ambrosio en prenant le jeune homme dans ses bras et en l'installant à côté de ses biens. Dis-moi ! Tu habites près d'ici ? - demanda Tercio.

Oui, nous avions terminé nos lectures bibliques, alors nous avons décidé de nous arrêter pour couper, quand nous avons été surpris par cet accident. C'est le fils de Servio et il s'appelle Daniel.

Les frères échangent des regards inquiets, mais la compassion envahit leurs coeurs. Ambrosio dit fermement :

-Ne perdons pas de temps. Tercio, reste ici et je vais confier ce jeune homme à votre père.

Dans une sorte de carrosse, Ambrosio, avec zèle, a hébergé Daniel qui, bien qu'il ait repris conscience, était affaibli par des vertiges et de fortes douleurs à la tête.

Traversant difficilement les rues encombrées, ils arrivèrent à destination. Aussitôt, Abdias appela un serviteur qui courut les aider.

Entre-temps, Yara s'est approchée et, en voyant Ambrosio, sans penser aux conséquences, elle lui a montré son exquise beauté et s'est montrée séduisante, tandis qu'Ambrosio restait respectueusement silencieux.

C'est alors que la figure austère de Servio est apparue dans la salle de réunion. Abdias, agité, résume ce qui s'est passé. Nerveux, il fait les cent pas et crie sans pouvoir contenir sa rage. Ses cris sont entendus dans la salle:

-Qu'avez-vous fait à mon fils ? Je me donnerai beaucoup de mal pour trouver et punir le coupable. Je trouverai le petit voleur et le condamnerai au châtiment le plus cruel, afin qu'il n'ose plus jamais voler qui que ce soit ni s'approcher de moi...

-"Monsieur, dit Abdias, grâce à la gentillesse de cet homme, nous avons été aidés. Sinon, tout aurait pu être pire.

Les yeux de Yara ne quittent pas Ambrosio, qui, totalement mal à l'aise avec la situation, garde la tête et les yeux baissés. Servio, sans se rendre compte de l'attitude de sa femme, plongea son regard dans celui d'Ambrosio et poursuivit avec ironie :

— Je le connais. C'est l'un des frères Damas.

Qu'est-ce que vous en savez ? Un chrétien sous mon soleil... Le dernier maudit chrétien que j'ai côtoyé, c'est mon cousin Saul, qui est devenu fou et a renoncé à notre croyance au profit de cette maudite "secte". Ambrosio, conscient de la tension du moment, a déclaré avec perspicacité :

— Monsieur, maintenant que votre fils est protégé dans sa maison, je dois partir, car des obligations m'attendent. Rapidement et silencieusement, il s'en va, sous le regard impitoyable, sévère et dubitatif de Servio.

* * *

Quelque temps plus tard, Yara appela un serviteur appelé Benjamin et, dans un endroit privé, lui demanda : Qui est l'homme qui a amené Daniel ?

-Madame, il s'agit d'Ambrosio, un commerçant chrétien très respecté ici. On dit qu'il est très charitable. Il vit simplement avec sa femme, sa fille et son frère. Yara, les yeux pétillants et le visage altéré par l'égoïsme, dit :

— Je veux que tu me tiennes au courant de tes moindres faits et gestes. Vous ne regretterez pas de m'avoir aidé. Je suis très charitable avec ceux qui me sont fidèles.

Le serviteur, bien que chrétien et suivant les efforts des frères de Damas et de Marc, est séduit par la possibilité d'un gain facile. Sans en mesurer les conséquences, il lui dit ce qu'il savait de l'homme, décrivant sa famille, en particulier sa femme Otila.

* * *

Les jours passent vite. Yara n'arrive pas à oublier Ambrosio. Ce matin-là,

elle décide donc de se rendre au magasin en compagnie de Benjamin.

Gardant ses distances, il observa ses mouvements en attendant le bon moment pour s'approcher.

Quelque temps plus tard, Otila et Tercio s'éloignent et Yara, se rendant compte qu'Ambrosio est seul, s'approche de lui. L'homme ne pouvait pas cacher son inquiétude et sa surprise face à cette visite, lorsque Yara, pleine d'attributs de séduction, lui dit :

Mon cher, je suis venue ici pour te donner l'occasion d'être avec moi. Depuis que tu es venu chez moi, mes pensées n'ont pas quitté ton image. Tu dois savoir que beaucoup d'hommes sont devenus fous et que d'autres ont perdu la vie en essayant de profiter de quelques instants d'intimité avec moi. Alors sens-toi privilégiée...Parce que je t'ai choisi. Ambroise a compris les intentions de la femme et dit respectueusement :

— Madame, évitons les souffrances indéfinies dues à une passion passagère. Les unions viennent du ciel et nous ne sommes unis à personne par la lumière du hasard. Laissons de côté les fantasmes de plaisirs temporaires et atteignons la paix et le bonheur que Dieu nous a réservés.

Jésus a dit que chacun a un chemin à suivre et que personne n'atteint le sommet sans connaître les difficultés de l'ascension.

Je suis un homme simple, je n'ai pas tout ce que je veux, mais j'ai ce dont j'ai besoin et je remercie le Seigneur pour la femme et la fille bien-aimée qu'il m'a données.... Elles me suffisent. En fait, vous êtes une femme très belle et charmante, mais je vous en prie, assumez les devoirs dévoués d'une épouse. Calme ton âme troublée et ne te laisse pas entraîner sur les chemins des illusions, car la torpeur de la passion blesse profondément le cœur et il faudra peut-être plusieurs vies [26] pour le guérir," renouvelez-vous par la transformation spirituelle de votre esprit, et revêtez-vous de l'homme nouveau, créé selon Dieu, dans la justice et la sainteté de la vérité [27]

-Comment oses-tu me parler ainsi ?

Comment oses-tu me rejeter ? Que sais-tu de moi ? - Complètement transformée et pleine de haine, a-t-elle poursuivi : - Les unions ne viennent pas du ciel, mais de la terre, du pouvoir, de l'argent et de la luxure. J'ai été donnée à Servio très jeune et je ne crois pas à l'amour, mais à la passion. Ne venez pas philosopher sur ce Jésus-Christ, qui est mort pour avoir parlé de bonté, prouvant

---

[26] (N.A.E. Bernard) Il ne faut pas oublier qu'une partie de l'enseignement de Jésus-Christ comportait les concepts de réincarnation, que nous résumons dans le livre *Des vérités que le temps n'éteint pas*, dont les textes apocryphes ont été retirés des pages de l'histoire.

[27] (N.A.E. Ferdinand) Paul. Éphésiens, 4:23-24

ainsi que l'amour n'existe pas, mais qu'il s'agit plutôt de besoins personnels - changeant impitoyablement le cours de la conversation, il a condamné : - Crois-moi, tu regretteras profondément de m'avoir rejeté. Je ferai tout pour te détruire, y compris ta famille. Désormais, je ferai de ta vie une flamme brûlante de désespoir et d'angoisse.

Yara, bouleversée, est partie sans dire un mot, emportant avec elle les mots d'Ambrosio qui, dans son coeur, représentaient la blessure, la vengeance et un avenir plein de larmes.

✳ ✳ ✳

Deux jours ont suivi la visite de Yara.

Ce soir-là, à la résidence d'Ambrosio, les frères étaient sur le balcon en train de bavarder quand cinq hommes sur leurs beaux chevaux sont arrivés. Il s'agit de Servio, de Daniel et de trois hommes qui assurent la garde et la sécurité. Les frères, sans manifester leur surprise, accueillent les visiteurs avec courtoisie et simplicité. Le père et le fils s'installent sur deux sièges lorsque Servio dit :

-Je suis venu ici à la demande de mon fils, qui voulait vous remercier pour ce que vous avez fait pour lui lors de cet épisode absurde dans le magasin.

Depuis que de nombreuses personnes se sont converties au christianisme, je me suis rendu compte que le nombre de criminels qui traînent dans ce quartier a augmenté.

Daniel, réalisant que les mots durs de son père avaient touché ces coeurs, a intercédé :

-Messieurs, j'aurais dû venir plus tôt, mais mon père, inquiet de ma guérison, ne m'a pas permis de poursuivre mes études en dehors de notre maison. Sachez que je vous suis reconnaissant de l'aide que vous m'avez apportée, surtout

Ambrosio, poursuit-il humblement : - si vous ne m'aviez pas aidé, je ne serais certainement pas ici.

Jeune homme, dit Ambrosio, il n'y a pas de raison d'être reconnaissant. Vous avez été victime d'une situation qui s'est produite fréquemment dans le commerce, même avant l'arrivée de Marc, et qui, malheureusement, devient de plus en plus violente.

-Après que Marc, un adepte de ce Jésus-Christ, soit venu ici avec les idées de ce christianisme, de nombreux criminels ont été attirés dans cette région, mais je prends déjà des mesures pour renforcer la sécurité - poursuit Servio en soupirant : - Ce Jésus est venu détruire la loi et la paix, il est de notre devoir est de rétablir le contrôle de notre société.

A plusieurs reprises", dit Tercio, "Jésus a été accusé de rompre la paix, mais dans sa sagesse, il a répondu :

"Ne croyez pas que je sois venu abroger la Loi ou les Prophètes, je ne suis pas venu pour les abroger, mais pour les accomplir..." [28]

- Je vois que tu es un homme très audacieux pour me parler ainsi. Les enseignements de ton Jésus ne sont pour moi qu'un ramassis d'idées sans valeur, je ne crois en aucune d'entre elles", poursuivit Servio avec ironie. Ce terme "chrétien" [29] devrait être

---

[28] (N.A.E. Ferdinand) Matthieu, 5:17

[29] (N.M.) Texte extrait du livre *Saul et Stephen*, par l'esprit Emmanuel - psychographié par Francisco Cândido Xavier – dans lequel Luc (un apôtre) propose le terme chrétien pour identifier les disciples de Jésus "Frères, je vous laisse dans le but de travailler pour le Maître, en utilisant toutes les ressources de mes faibles forces. Je n'ai aucun doute sur l'ampleur de cemouvement spirituel. Pour moi, il transformera le monde entier. Cependant, je sens que nous devons donner la meilleure expression d'unité à ses manifestations. Je veux me référer aux titres qui nous identifient en tant que communauté. Les disciples du Christ sont appelés "voyageurs", "pèlerins", "randonneurs". Mais il y a des voyageurs et des séjournants de toutes les nuances, et le mal a aussi ses voies. Ne serait-il pas plus juste de nous appeler mutuellement "chrétiens" ? Ce titre nous

associé à car ceux qui se sont convertis et qui ne respectent pas les croyances de mes ancêtres ne devraient pas être considérés comme des membres de notre Alexandrie.

— Croyez-moi", a déclaré Ambrosio, "nous respectons les cultes de nos ancêtres. Tout au long de notre histoire, nous avons cru au pouvoir de diverses divinités, mais au-dessus de tout et de tous, il y a une force plus grande appelée Dieu, le Dieu unique déjà prononcé par Abraham et par de nombreux autres prophètes qui sont passés par ici. Jésus-Christ, le Prophète, nous a été envoyé pour établir la foi, l'amour et la sagesse céleste d'un Seigneur qui aime ses enfants et veut qu'ils soient dans les meilleures conditions de compréhension et de transformation. À travers les enseignements laissés par Jésus-Christ, nous recherchons souvent la rédemption et nous continuons à réparer nos pensées et nos sentiments, en cherchant dans la foi rationnelle à briser les afflictions et l'aveuglement de notre propre égoïsme. Même si le Maître était supérieur à nous tous, il est resté humble dans ses démonstrations d'amour et de charité tout au long de son séjour sur Terre.

Les yeux rougis de Servio soulignent sa colère et l'agacement face à la tournure que prenait la conversation. Il s'est levé, a fait le tour de la pièce et a dit :

Mon cousin Saul est devenu fou et s'est converti à cette folie et il semble que lorsque je parle à unchrétien, j'entends sa voix. Vous êtes tous pareils.

La tension était palpable dans l'atmosphère. Entre-temps, Otila, accompagnée de sa fille, s'est approchée, apportant des rafraîchissements. Otila, comme une mère aimante, sert Daniel avec affection.

---

rappellera la présence du Maître, nous donnera de l'énergie en son nom et caractérisera parfaitement nos activités en accord avec ses enseignements".

- Mon fils, lorsque j'ai appris l'événement que tu avais subi, j'ai prié pour ton rétablissement. Je suis heureux parce que je vois que tu as surmonté le triste martyre de cette situation.

Tamara s'assit silencieusement à côté de son oncle. À cet instant, la beauté de la jeune femme suscite chez Daniel un intérêt qu'il ne peut dissimuler. Ses yeux brillent d'un éclat saisissant et elle ne détourne pas son regard.

Enveloppés d'une forte émotion, ils sont tous deux complices d'un sentiment inconnu, mais qui emplit leur coeur d'une force incontrôlable. C'est le debut d'un amour innocent, mêlé de peur, de timidité et de charme.

Servio, visiblement agacé par les propos d'Ambrosio, se lève et dit d'un ton contrit :

- Cela me suffit. Assez d'histoires chrétiennes, j'ai l'impression qu'elles insultent mon credo -regardant son fils, il ordonne : - Daniel, allons-y.

Les jeunes ne pouvaient pas détourner le regard, mais ils gardaient dans leur coeur ce sentiment inconnu, le début d'un grand amour.

Chapitre 8

Marc, arrivant à Alexandrie

> "A Béthanie, comme Jésus était à table dans la maison de Simon le lépreux, une femme s'approcha de lui, portant un flacon d'albâtre contenant un parfum de nard pur, d'un grand prix ; elle prit le flacon et le répandit sur sa tête. Quelques-uns des assistants s'indignèrent :
>
> "Pourquoi ce gaspillage de parfum ? Car il aurait pu être vendu pour plus de trois cents deniers et donné aux pauvres. Et ils la réprimandaient. Mais Jésus dit : "Laissez-la aller. Pourquoi la haïssez vous ? Elle a fait une bonne action pour moi."
>
> Marc, 14:3-6

À cette époque, dans l'Alexandrie chrétienne, la nouvelle de l'arrivée de Marc suscite une grande attente.

Les informations en provenance de l'Empire romain n'annonçaient pas la paix pour les convertis, mais les frères de Damas continuaient à travailler fidèlement au maintien de l'unité et du travail que Marcos avait quittée.

Cette nuit-là, la lune éclaire les routes. Du balcon de la maison d'Ambrosio, dans une simple charrette, ils virent l'apôtre du Seigneur accompagné de deux disciples.

Aussitôt, les frères de Damas sont venus les accueillir. Après un accueil chaleureux, ils sont entrés dans la maison. Otila et

Tamara, avec affection et dévouement, ont essayé de les réconforter après ce voyage difficile.

Quelque temps plus tard, Tercio a dit :

-Nous attendions avec impatience son arrivée, l'église n'est pas la même sans sa présence.

"Ce voyage a été très important pour moi", a déclaré Marcos avec enthousiasme. - J'ai rencontré Pierre et Bartholomé et j'ai rapporté de nouveaux textes à partager avec tous mes amis de la région - en regardant Tamara, poursuit-il : - Pour l'amour de Dieu, quand je les ai rencontrés, elle n'était qu'une enfant qui répétait ses premiers pas. Je suis surpris chaque jour quand je la vois. Aujourd'hui, le temps a passé et j'ai devant moi une femme magnifique, un cadeau du Seigneur.

- Mon ami", intervient Ambrosio. - Vous aves raison, ma fille a été un don du Seigneur et je suis reconnaissant chaque jour que ma famille et, surtout, tout le monde soit impliqué dans le christianisme.

- Dites-moi, dit Marc, quelles sont les nouvelles de notre église ?

-Mon frère et moi, poursuit Ambrosio, essayons de la maintenir dans la ligne de vos instructions. Malgré de nombreux obstacles, notre Maître dans ces lieux est connu et glorifié comme vous l'avez enseigné.

Cependant, quelque chose nous inquiète. Nous nous sommes rendu compte qu'en ton absence, de nombreuses personnes sont apparues qui veulent vivre facilement de la douleur des autres, au nom de la libération des esprits, en demandant de grosses sommes d'argent pour des conseils qui sont très éloignés de la lumière des enseignements de Jésus.

- Mon ami, partout où je suis allé, nous avons identifié de nombreuses personnes qui prétendent posséder les pouvoirs de notre Maître, promouvant des miracles qui n'ont jamais été prouvés.

Ils disent qu'ils sont les élus et qu'ils ont des pouvoirs spéciaux. Malheureusement, ce ne sont que des esprits malades qui ont besoin d'aide. Nous devons rester vigilants et travailler à l'ordre dans les milieux chrétiens. Je me souviens des recommandations de Paul : "*Ayez les uns pour les autres la même estime, sans prétendre à la grandeur, mais avec un sentiment de solidarité avec les humbles : ne vous faites pas passer pour des sages*" [30] Gardons nos préoccupations et consacrons notre temps au progrès et au triomphe du christianisme, car c'est à cela que nous avons été appelés : faire briller la lumière là où règnent les ténèbres d'une foi irrationnelle.

C'est ainsi que ces amis sont restés en conversation, partageant leurs expériences, leurs préoccupations et, surtout, renforçant leur foi.

✳ ✳ ✳

L'après-midi du lendemain, Ambrosio, comme d'habitude, réunit la famille et, en compagnie de Marc, se rendit à l'église où l'apôtre devait prêcher.

Venus de nombreuses régions, les habitants ont cherché à soulager et à comprendre leur douleur et se sont installés du mieux qu'ils ont pu.

Quelque temps plus tard, Marc, sous le coup de l'émotion, se met à prêcher...[31]

Il leur dit : "Si vous ne comprenez pas cette parabole, comment comprendrez-vous toutes les paraboles ? Le semeur sème la Parole. Ceux qui se tiennent au bord du chemin où la Parole a été

---

[30] (N.A.E. Ferdinand) Paul. Romains, 12:16
[31] (N.A.E. Ferdinand) Marc 4:13-23

semée sont ceux qui entendent, mais Satan vient ensuite arracher la Parole qui a été semée en eux. Il en est de même pour ceux qui ont été semés sur un sol rocailleux : ce sont ceux qui, lorsqu'ils entendent la Parole, la reçoivent immédiatement avec joie, mais ils n'ont pas de racines en eux-mêmes, ce sont des hommes du moment : si la tribulation ou la persécution survient à cause de la Parole, ils succombent immédiatement. Et d'autres sont ceux qui ont été semés parmi les épines : ce sont ceux qui ont entendu la Parole, mais les soucis du monde, l'attrait des richesses et les ambitions pour d'autres choses les pénètrent, étouffent la Parole et la rendent infructueuse. Mais il y a ceux qui ont été semés dans une bonne terre : ceux-là écoutent la Parole, la reçoivent et portent du fruit, l'un trente, l'autre soixante, l'autre cent. Et il leur dit : "Qui apporte une lampe pour la mettre sous le boisseau ou sous un lit ?

Ne l'apportez-vous pas plutôt pour la mettre dans le chandelier ? Car il n'y a rien de caché qui ne doive être révélé, rien de secret qui ne doive être mis en lumière.

Si quelqu'un a des oreilles pour entendre, qu'il entende. Jésus

- Marcos a continué - est l'expression vivante de la sagesse et de l'amour, alors dans les jours d'épreuve et de doute : levez-vous avec foi et sachez que tout passe... Se taire avec compassion parce que les mots peuvent être de l'art, mais ils peuvent aussi être des lames de fiel... Aller vers la lumière parce qu'en elle, dans la lumière, tout est plus léger et plus clair... Avoir la patience de comprendre les différences qui sont proches de l'ignorance, parce que ceux qui méditent, écoutent Dieu et ceux qui écoutent les autres oublient combien Jésus est leur lumière... Dans toute situation d'épreuve ou de doute, souviens-toi : tu es maintenant là où tu dois être, tu reçois du ciel plus que ce dont tu as besoin, et tu es en bonne santé pour accomplir une seule et simple tâche : vivre. Je me souviens d'un jour où Pierre m'a raconté que, plein de doutes, il avait demandé au

Maître : "Comment puis-je suivre tes pas, comment puis-je croire tout ce que tu dis ?

Comment puis-je croire en un royaume d'amour, alors que toute cette sagesse tombe sur moi ? Je suis un ignorant, je suis sans instruction, je sais à peine écrire quelques lignes ou prononcer des mots correctement, j'ai une famille troublée et brisée, non seulement dans la chair, mais aussi dans l'esprit. Comment puis-je partager la simplicité de la vie, alors que le Seigneur m'appelle à diriger un empire de Dieu ? Jésus : "Mon royaume n'est pas de ce monde. Il n'est pas pavé dans le marbre des Césars, ni brodé dans le lin qui fait aujourd'hui partie de la toge des sénateurs impériaux.

Mon royaume n'est pas établi sur les trônes des rois qui m'ont précédé, mais dans le coeur des hommes et dans l'esprit de ceux qui se convertissent complètement. La vie avance au-delà des limites de notre regard et de notre esprit. La vie ne meurt pas à la matière, mais la matière meurt à l'esprit. Tant que nous sommes concentrés sur les seules causes de l'apparence, sur ce désir immédiat de n'avoir que des réponses toutes faites et immédiates, nous cultivos le royaume de la terre et non le royaume qui est mon royaume, qui n'appartient pas à ce monde. Je ne parle pas d'un renoncement maladif, mais plutôt d'un équilibre entre la vie terrestre et la vie spirituelle.

Ayons la patience de comprendre ceux qui ne sont pas prêts à recevoir les informations du monde de Dieu. La vie ne saute pas. Chacun reçoit les bénédictions de la maturité céleste.

Une maturité qui ne fait pas payer, mais qui attend et enseigne, qui n'impose pas et qui sait partager, en comprenant les limites de ceux qui partagent l'existence avec nous, en marchant régulièrement à la recherche du bonheur et de la libération des esprits. Tant que nous serons tournés vers l'égoïsme, que nous voudrons toujours plus dans des conquêtes éphémères, nous serons loin du royaume céleste et éternel et, pour changer cela, il faut garder une foi durable, instructive et rationnelle.

Espérons avec vigueur, car dans tous les segments de la journée, nous trouverons une nouvelle occasion de transformer nos coeurs en un royaume parfait d'amour, d'espoir et de paix. La paix est rarement vécue pendant que nous sommes sur terre. Elle ne sera vécue que comme une condition pour ceux qui terminent leur mission et retournent dans le monde de mon Père. Seuls ceux-là pourront connaître la pleine paix d'avoir honoré tous les engagements pris hier.

Marc a poursuivi :

Mes amis, en revenant de ces souvenirs au présent, regardons les enseignements de Jésus et ce que nous faisons de nos jours, de nos coeurs. Combien de fois commençons-nous une bataille aujourd'hui et portons-nous la défaite au lendemain, en emportant avec nous l'amertume des échecs de la veille. Nous cherchons des explications et oublions qu'aujourd'hui est le moment opportun pour trouver un Nouveau départ glorieux. Nous ne pouvons pas transformer les autres, mais nous pouvons nous transformer nous mêmes, et c'est le début de la rencontre avec le Royaume de Dieu qui habite chaque coeur. Nous sommes détenteurs des lois du ciel et, dans notre vie, des lois de la réincarnation[32] qui nous font rencontrer des amours et des dégoûts, des saveurs et des déceptions et témoigner de la foi. Rien ne peut nous éloigner du Seigneur, c'est pourquoi nous renforçons notre foi dans la prière :

---

[32] (N.M.) *Des vérités que le temps n'éteint pas*, les esprits Ferdinand et Bernard expliquent l'utilisation de ce terme.

Voici une note de l'esprit auteur (Ferdinand) : "Nous avons utilisé le mot réincarnation parce que nous n'avons pas trouvé la traduction exacte du mot utilisé par Jésus à cette occasion, mais cela n'invalide pas sa signification et sa pertinence."

"Seigneur Jésus-Christ, nous sommes tous pleinement conscients de ton amour. Permets-nous de transformer ton amour en accomplissement et chaque accomplissement en un nouveau départ, dans chaque nouveau départ le triomphe de tolérer un peu plus.

Apprends-nous à nous exprimer sans imposer ni exiger. À remettre nos coeurs entre tes mains sans les considérer comme du temps perdu. Apprends-nous à transformer les minutes en heures et les heures en éternité chaque fois que nous sommes près de toi.

Permets-nous de nous souvenir du passé comme si nous étions ceux qui ne regardent que leurs propres triomphes, parce que dans chaque triomphe, même plein de larmes, il y a des moments de sagesse, une sagesse qui ne sera jamais retirée de nos existences.

Quand le voile trouble du doute tombe sur les yeux de ceux qui ont été convertis à ta vérité, transforme-les. Apprenez-nous à vouloir sans imposer, à attendre sans oublier l'importance du travail, à prier sans abandonner, à enseigner mais apprenez d'abord à être patients avec nos voisins. Apprends-nous à vouloir sans imposer, à attendre sans oublier l'importance du travail, à prier sans nous évanouir, à enseigner, mais d'abord à apprendre la patience à notre prochain, à lutter sans perdre l'éclat de la lumière de l'innocence, à être chrétien et à tolérer les différences...Et enfin, Seigneur, accorde-nous la certitude d'être toujours ceux qui exaltent ton nom face à ta lumière et à ton amour..."

Les étoiles brodaient déjà le ciel et illuminaient ces coeurs. Quelque temps plus tard, la salle s'est vidée et Marc, accompagné de ses frères de Damas, est parti, laissant derrière lui un parfum de courage et de forcé pour ceux qui étaient là...

Chapitre 9

Différences religieuses, coexistence complexe

> *Il fit le serment suivant : "Tout ce que tu me demanderas, je te le donnerai, jusqu'à la moitié de mon royaume!"*
>
> Marc, 6:23

Les jours suivants ont été plus agités qued'habitude. L'arrivée de Marc a fait beaucoup de bruit dans l'environnement social.

Grâce à sa prédication, devenue plus concluante en raison de l'amplification qu'il avait reçue de Pierre et des révélations de Jeziel (Stephen) et de Bartholomé, le nombre de convertis au Christianisme augmenta et les temples se vidèrent. Cette situation provoque inévitablement le mécontentement des chefs religieux locaux, qui considèrent Jésus-Christ comme un affront aux dieux de leurs ancêtres.

Cet après-midi-là, dans la résidence des services, le Damascène se trouvait dans la bibliothèque et vaquait à ses occupations lorsqu'un serviteur annonça l'arrivée de Rabbi Eliezer.

Quelque temps plus tard, après un accueil chaleureux, il s'est assis dans un siège confortable tandis qu'un serviteur lui servait des rafraîchissements.

- Mon ami, dit Servio, quelle bonne nouvelle t'amène à mon manoir ?

— Je suis venu vous voir car je suis très inquiet pour la secte du Christ. Nos temples se vident et beaucoup se réfugient dans l'église fondée par Marc.

Cet agitateur est revenu parmi nous et maintenant, pour rendre les choses encore plus difficiles, beaucoup l'écoutent et nous ignorent. Nous ne pouvons pas permettre un tel manque de respect pour notre credo.

Nous devons trouver le moyen de faire taire cet homme.

— Je ne comprends pas votre inquiétude, après tout, vous avez détruit de nombreuses religions qui ont tenté de s'établir dans ces régions.

Le rabbin, plein de colère, poursuit :

— Aujourd'hui, c'est différent, cet agitateur a un grand pouvoir sur les gens. Ces esprits faibles ont été dominés par les enseignements de ce Jésus-Christ.

Nous affaiblissons... Ils se sont organisés d'une manière que je ne peux pas comprendre. Les figures des apôtres étaient importantes pour les maintenir ensemble"... Prenant une profonde inspiration, il poursuit : - Je ne peux pas nier que le plus grand choc parmi nous a été la conversion de Saul. En plus d'être une trahison, elle a encouragé de nombreuses personnes à suivre le Christ. L'histoire du chemin de Damas avec la sorcellerie de l'apparition de Jésus était un point de division parmi les rabbins. Il nous a fait honte... De nombreux mouvements ont été lancés pour tenter de le faire taire, mais nous n'avons pas le succès escompté.

Servio se dirigea pensivement vers le portail menant au jardin central et, regardant l'horizon, dit :

— Pour achever un ennemi, il est important de le connaître en profondeur, d'exploiter ses faiblesses et donc de l'affaiblir. C'est ainsi qu'il sera détruit.

Pourquoi ne pas infiltrer une personne de confiance parmi les disciples du Christ ? Avec les informations que tu nous apporteras, nous pourrons organiser une stratégie pour chasser cette caste d'ici et faire taire. Marc, même si c'est au prix de sa mort.

- Dans notre milieu religieux - poursuit le rabbin.

—Les rumeurs sur les miracles de Jésus effraient tout le monde, et nous avons besoin de personnes en qui nous pouvons avoir confiance.

— J'ai beaucoup d'influence ici, et beaucoup de gens me doivent des faveurs. J'ai un homme qui pourrait m'être utile ; il s'appelle Hermès. Je vais envoyer un serviteur le chercher tout de suite.

* * *

Pendant qu'ils parlaient, un peu plus tard, un homme fort et grand, aux cheveux et aux yeux noirs, est entré dans la pièce. Après les avoir salués, il leur a demandé

— Que me voulez-vous ?

— J'ai besoin de votre aide", a déclaré Servio.

Nous avons besoin de connaître en profondeur la doctrine de ce Jésus de Nazareth. Nous voulons que vous vous fassiez passer pour un converti et que vous viviez leur credo. Ensuite, vous nous parlerez de toutes vos faiblesses.

Hermès, visiblement contrarié, dit :

-Je ne comprends pas. Pourquoi voulez-vous savoir ?

Nos objectifs ne te concernent pas", dit Servio d'un ton sévère. - N'oublie pas qu'étant donné que tu me dois beaucoup d'argent, si tu fais cela, je te remettrai ta dette.

-"Pour autant que je sache, dit Hermès, ces hommes ont bon coeur et je ne connais aucun acte qui puisse discréditer leur comportement. Ils ne font rien contre personne, ils sont pacifiques et ordonnés.

- Je ne veux pas croire que je me trouve devant un converti, poursuit Servio avec ironie. Ce qui compte maintenant, c'est que tu as une dette envers moi et que c'est le seul moyen de la payer. Si vous n'acceptez pas, je reprendrai possession du terrain et vous laisserai dans un état misérable.

Hermès, silencieux, désespéré et désemparé, suit les ordres. Visiblement agacé, il s'en va. Servio, agacé, dit :

- Eliezer, mon cher, dès que vous en aurez fini avec ces misérables, prévoyez l'exécution d'Hermès. Je n'aime pas son attitude. Il pourrait être un problème pour nous tous à l'avenir. En attendant, assurez-moi que nous serons tenus au courant des agissements de ces chrétiens. - Soupirant profondément, il poursuivit : - J'ai entendu dire qu'il y avait une agitation à Rome pour faire taire ces infâmes convertis. Demain, j'enverrai un messager à mon ami Versus Lucius Antipas[33], nous avons beaucoup d'affaires en commun. Il pourra nous aider...

---

[33] (N.M.) L'histoire de ce personnage a été racontée dans le livre *Psaumes de la Rédemption*, par l'esprit Ferdinando -psychographié par Gilvanize Balbino Pereira : "Il est romain de naissance, mais a toujours vécu ici. Le gouverneur actuel, conscient de ses ambiguïtés, a décidé qu'il exercerait une fonction publique limitée à ce village, seulement en remplacement temporaire d'un membre de notre société.

Aujourd'hui, il n'a pas le pouvoir d'agir, mais il a une grande influence sur les gens qui le craignent à cause de son commerce d'esclaves lucratif. Je crois que c'est ce qui le retient ici..."

Eliezer eut une expression indigne des adjectifs et dit avec satisfaction :

- Nous agirons en temps voulu pour éliminer Hermes. Ne vous inquiétez pas non plus, j'ai déjà quelqu'un de notre milieu religieux qui infiltre la communauté Marc sur mes ordres - poursuit-il avec ironie : - Après tout, nous avons besoin de connaître le magnétisme qui entoure les paroles de ce Jésus qui fait affront à nos ancêtres.

- Eh bien, ne me dites rien, je suis heureux de l'entendre. Nous devons nous assurer que notre credo est protégé de ces fous - après une breve pause, Servio poursuivit :

- En y réfléchissant bien, nous n'aurons plus besoin d'Hermes !

— Mon ami, nous avons besoin d'Hermès, oui, parce que celui qui est là n'est qu'un jeune homme stupide et peu sûr de lui. Bien qu'il soit mon apprenti, il ne possède pas l'éclat de son fils Daniel. L'avenir de mon apprenti est déjà tout tracé, car il sera à jamais soumis au service des rabbins de haut rang.

— Alors dites-moi : le connaissez-vous ?

— Oui, vous le connaissez. C'est Abdias, un ami de Daniel. Ils étaient tous les deux mes étudiants. Depuis que j'ai appris l'intérêt de votre fils pour ces personnes, je l'ai mis là pour surveiller les activités de son ami.

— Abdias ! Ce frêle jeune homme ? Comment aves vous pu lui confier une si grande mission ?

— Je l'ai utilisé uniquement parce que je n'avais personne d'autre, et il est facile à manipuler, parce qu'il l'a toujours été.

— Rappelle-toi, Eliezer, que derrière tous nos efforts, pour moi c'est devenu une cause personnelle, souviens-toi de la tache que mon cousin Paul de Tarse a laissée sur ma famille avec sa "révolte" intitulée et maintenant la honte que mon fils m'a fait subir en renonçant à une vie noble pour suivre ces créatures insensées

— J'ai aussi mes intérêts dans cette histoire. Je ne peux pas vous dire à quel point je veux nettoyer notre Alexandrie de ces misérables chrétiens. Beaucoup de choses sont menacées par leur présence ici. Je veux les bannir dès que possible. Bien que je sois rabbin, j'ai des affaires dans cette région que je veux préserver.

- Il essuie la sueur de son front et continue à se déguiser:

- Je suis un homme de Dieu, mais je ne suis pas complaisant - dit-il ironiquement :

- Néanmoins, croyez-moi, je vous serai éternellement reconnaissante de votre aide. Sans manifester la moindre commisération, ces hommes restent en conversation animée, traçant l'avenir d'un sombre plan.

Chapitre 10

La conversion de Daniel

> *"Si ta main t'offense, coupe-la ; il vaut mieux pour toi entrer dans la Vie mutilé, que d'aller, avec tes deux mains, dans la géhenne, dans le feu inextinguible."*
>
> Marc, 9:43

Les jours n'ont pas interrompu la marche des personnages de cette histoire. Lorsque Daniel, le fils de Servio, a rencontré Tamara, il n'a pas pu s'empêcher de penser à la jeune femme.

Chaque jour, lorsqu'il quittait ses études, il faisait un détour pour la voir dans la boutique. De loin, il l'admire. Tamara s'aperçoit de sa présence. Timidement échangent des regards et, de temps en temps, bavardent innocemment. Puis l'inévitable se produisit, ils tombèrent amoureux.

Ce soir-là, Otila demanda à sa fille de rentrer tôt pour préparer le dîner, car Marcos se joindrait à eux, triant des fruits frais et du pain dans une corbeille, elle la donne à sa fille qui, sans oser contredire les ordres de sa mère, se met en route.

Soudain, loin de la boutique, elle est surprise par Daniel.

— Pardonnez-moi, dit Daniel. - Je ne voulais pas vous faire peur.

— Vous ne devriez pas être ici, votre père ne l'approuve pas.

— Je me fiche de ce que pense mon père, mais je ne pouvais pas manquer cette occasion de te dire à quel point tu as marqué mon coeur, et je ne peux plus cacher l'amour que je ressens. Depuis le jour où je t'ai rencontré, je sais que tu fais partie de ma vie.

— Pour l'amour de Dieu ! Qu'est-ce que vous dites ? Vous savez que nos croyances nous différencient. De plus, nos pères sont dans des positions opposées. Servio n'acceptera jamais qu'une simple fille comme moi s'approche de son fils, il a sûrement d'autres projets pour toi - poursuit Tamara, les larmes aux yeux : - Je t'en supplie : ne dis rien qui ne soit vrai et qui puisse marquer nos vies du poids de la folie.

— J' ai suivi vos pas depuis des jours, et aujourd'hui le courage a envahi mon être. J'ai décidé d'affronter mes propres peurs et de te révéler mes sentiments en te serrant dans mes bras : - Je ne dirai ni ne ferai jamais rien qui puisse te blesser. Ce que je dis est ce que je ressens et je sais que tu es la lumière de ma vie. Cet accident n'est pas le fruit du hasard, tout comme nous ne nous sommes pas rencontrés par hasard. Je sais que quelque chose de plus grand que notre compréhension nous a réunis.

Je ne suis pas chrétien, je ne connais pas Jésus- Christ, mais pour toi, je suis prêt à apprendre à le connaître.mJ'assisterai aux réunions dirigées par Marcos, mais je le ferai de manière à ne pas être reconnu - il poursuit en soupirant : - Pour nous protéger, ne parlons de nous à personne.

Ils restèrent tous deux ensemble, affermissant leurs sentiments. Quelque temps plus tard, Daniel, proche de la résidence des frères à Damas, s'en va sans se faire remarquer.

Alors que l'image de Daniel disparaît, Tamara, les yeux brillants, élève ses pensées et prie :

— Seigneur Jésus, je te demande de la compassion et je remets mon coeur entre tes mains. Je cherche la sagesse et l'équilibre pour surmonter la peur qui s'approche, en essayant de percer le sentiment inconnu qui naît en moi, et quelque chose me dit que c'est l'amour. Apprends-moi à ne pas perdre la raison face à la foi, parce que l'amour chrétien que j'ai pour toi, celui que j'ai appris de mes parents et de Marc, m'a fait comprendre l'importance de renoncer à la foi et de la manifester dans les actes, le travail et la prière, le devoir de tout chrétien. Apprends-moi à mûrir et à accepter les lois inconnues du Seigneur, car ce sont elles qui ont établi en moi son empire indestructible d'amour, de lumière et de miséricorde.

Cet après-midi-là, comme d'habitude, les frères de Damas, Ottila et Tamara, étaient à l'église avec l'apôtre Marc.

Daniel, comme il l'avait promis, assiste depuis des jours aux réunions et aux entretiens de Marcos.

Les convertis se partagent l'espace, tandis que le fils de Servio reste silencieux et discret. Marcos, cherchant l'inspiration dans l'air, dit :

Mes amis, que la lumière de notre Seigneur Jésus soit présente. Je chercherai l'image de Jésus-Christ dans les souvenirs de Pierre, afin de comprendre les paroles de notre Maître à travers son intelligence, et de comprendre ainsi ses lois et la difficile division religieuse qui compose le paysage politique et social. D'un côté, la force du judaïsme et de l'autre, le christianisme qui lutte pour rester authentique dans sa constitution. En ce printemps inoubliable, Pierre fut abordé par deux nobles Romains qui cherchaient à comprendre l'orientation des enseignements de celui qui était né dans la crèche et avait été réduit au silence sur la croix. Ils comparent la sagesse du Christ aux dieux fictifs d'un empire décadent, aux religions de l'Inde, comme le pouvoir du dieu Shiva et les préceptes de Moïse, mais l'apôtre reste silencieux pour éviter la polémique. Les dieux naissent et meurent tous les jours, mais le Dieu unique demeure. Curieux, l'un d'eux demande :

"Comment pourrait-on résumer l'enseignement du Christ ? Par deux lois seulement : l'amour du Dieu unique par-dessus tout et l'amour du prochain sans distinction dans l'universalité de notre coeur, comme nous nous aimons nous-mêmes. L'âme et l'esprit de Jésus-Christ habitent chacun d'entre nous. Ils passeront par la force du temps, par de nouvelles vies, nous reviendrons et, dans ces nouvelles vies, nous nous ferons vivants dans la communion de notre Seigneur Jésus-Christ. Il n'y a pas de mort parce que la vie continue ; l'amour de notre Seigneur ne se tait pas et rien n'est caché devant la sagesse céleste, parce que nous sommes invités à faire l'expérience de la sagesse du royaume de l'amour et de l'espérance. Et pour que cet amour se perpétue, nous ne pouvons pas nous réserver à une seule existence, c'est pourquoi nous sommes les enfants de plusieurs vies. Il arrive souvent que les enfants de Dieu, confrontés à leur individualité et pleins de doutes sur leur existence, confondent le christianisme avec des structures religieuses formées par les lois des hommes.

Le christianisme n'a pas été élaboré par la main des hommes, mais par le coeur d'un seul être appelé Jésus-Christ, qui a confirmé la continuité de la vie, l'amour universel, les vies successives, la foi rationnelle et, surtout, qui a enseigné qu'avec l'instruction, il n'y a pas de souffrance. À nous tous de nombreuses opportunités ont été données, et les limites d'aujourd'hui sont le reflet de notre passé et ont besoin d'être régénérées, mais le Maître n'abandonnera pas ses convertis sur les routes des larmes ou de la douleur, car il a promis l'esprit de vérité.

Les difficultés rencontrées sont nombreuses : les mariages difficiles sont une occasion de régénération, parce que l'époux ou l'épouse d'aujourd'hui n'est souvent rien d'autre qu'un enfant du passé qui demande de l'attention ; les rapports difficiles avec les enfants, qui sont si éloignés du coeur de leurs parents, offrent également une grande occasion de renouvellement, parce que les pères et les mères, dans un régimen temporaire de tutelle paternelle et maternelle, ont la mission spéciale de mieux délivrer les enfants de Dieu, qui seront demain des hommes et des femmes vivant les rêves d'hier, aspirant au bonheur et s'améliorant de jour en jour vers le Seigneur. Et enfin, pour conclure mes propos, que nos coeurs convertis, lorsqu'ils regarderont en arrière et se demanderont quel chemin prendre, trouvent dans le christianisme la source de l'équilibre de leur vie. Je ne parle pas de segments religieux transcrits par la main des hommes, mais j'évoque la rationalité des coeurs, afin que nous ne perdions pas notre temps à douter de l'amour de Dieu.

Marc, sous le coup de l'émotion, prie :

- Seigneur, nous te saluons et te prions de nous apprendre à supporter le chemin ardu de notre élévation individuelle, car nous savons qu'évoluer signifie affronter nos propres ombres. Apprends-nous à recommencer sans regretter nos pertes, conscients que tout passe, sauf ton amour devant nos yeux et ta sagesse, qui nous suffit pour ne pas nous croire plus grands que Dieu. Apprends-nous à accepter ta volonté, en transformant nos paroles en sentiments et en actions pour l'éternité.

Alors que le groupe se dissipe, Daniel reste inerte, comme si la voix de l'apôtre avait envahi son coeur d'une manière inexplicable. Le jeune homme ne quitte pas Marc des yeux, mais se retire discrètement avant d'être identifié.

Chapitre 11

Arrivée heureuse, séparation difficile

"Personne ne rafistole de vieux vêtements avec du tissu neuf, car la nouvelle pièce resserre l'ancien vêtement et la déchirure le répare."

Marc, 2:21

L'inévitable s'est produit. Daniel et Tamara sont tombés amoureux. Tous deux ont gardé leur relation secrète, afin de ne pas susciter la fureur de Servio.

Jour après jour, le jeune homme se rapproche des enseignements du christianisme, qui marquent peu à peu son coeur d'une manière très particulière.

Daniel a gagné l'amour d'Ottila et, après ses études, il passait tous les jours à la boutique, où il se livrait une conversation banale.

Cet après-midi-là, OtiIa, Tamara et DanieI sont surprises par la présence de Marc. En raison de conflits locaux liés à la religion, l'apôtre évitait les apparitions publiques, mais ce jour-là, il a fait une exception.

Lorsque les femmes l'aperçoivent, elles l'accueillent immédiatement avec leur affection habituelle, tandis que le fils de Servio ne peut cacher un mélange d'embarras et de peur.

Après les salutations, Marc, reconnaissant le jeune homme, pose sa main droite sur l'épaule de Daniel et lui dit :

-Mon cher ! Je sais que vous étudiez la loi juive. Pardonnez-moi, mais j'ai remarqué votre présence dans l'église de Jésus. Est-ce que je me trompe?

— Monsieur, vous n'avez pas tort. J'ai écouté vos sermons et un grand conflit est né en moi - réfléchi, a-t-il poursuivi : - Mon père est très conservateur et attend de moi que je suive la religión de nos origines. Cependant, les concepts de Jésus-Christ me semblent si parfaits. Je ne peux m'empêcher de ressentir un grand doute dans mon âme.

— Jeune homme, Jésus n'est pas venu pour détruire les lois, mais pour les accomplir. Ma formation religieuse était également basée sur les lois du judaïsme, mais lorsque j'ai pris connaissance des enseignements chrétiens, je n'ai eu aucun doute, Il est le chemin, la vérité et ma vie... Les doutes sont importants pour nous permettre de faire les bons choix, et je n'ai aucun doute sur le fait que Jésus nous orientera toujours vers les chemins de sa lumière - a poursuivi Marc en se détendant :

— Je me souviens que les principales lois du judaïsme sont tirées de la Torah, les cinq premiers livres de la Bible (Genèse, Exode, Lévitique, Nombres et Deutéronome); l'amour de l'apprentissage est l'un des fondements de leur foi. Tous doivent servir le Dieu unique en tant que principe monothéiste ; la charité qui naît dans le coeur et se manifeste par des actes envers son prochain ; cependant, ils croient en la venue du *Machia'h* (Messie) et ne reconnaissent pas que Lui, le Messie, a déjà été parmi nous et a établi la promesse de Dieu de sa venue.

— Comment accepter cette vérité si Moïse a été le maître des lois de notre passé ?

Jésus-Christ a résumé les dix commandements mosaïques en seulement deux : "Le premier est : *Écoute, Israël, le Seigneur notre*

Dieu est le seul Seigneur, et tu aimeras le Seigneur ton Dieu de tout ton cœur, de toute ton âme, de tout ton esprit et de toute ta force de tout ton esprit et de toute ta force. La deuxième est C'est : *Aime ton prochain comme toi-même.*[34] Les mêmes principes d'amour, de service de Dieu et de charité sont à la base de la sagesse chrétienne. Cependant, Jésus est le Messie attendu et il nous a laissé l'héritage d'une foi rationnelle, il a enseigné aux pauvres qui manquaient de compassion, il a aimé l'humanité inconditionnellement et, pour cela, il a donné sa vie sur la croix qui l'a consacré grand roi. Il était simple dans son enseignement et grand dans ses démonstrations d'amour, d'espoir et de courage. Il a été patient dans la compréhension de l'ignorance et a su attendre pour semer la graine de Dieu parmi nous. Il a été éternel en distribuant la lumière sans essayer de changer ceux qui sont encore incapables de se débarrasser de leurs ténèbres intérieures. Alors que les prophètes ont énoncé leurs lois, Jésus a illustré chacune d'entre elles avec compassion. Le christianisme naît donc dans le coeur, s'établit dans la conscience et se manifeste dans les actes.

- Le nom de Paul de Tarse, le cousin de mon père - dit Daniel - c'est interdit chez nous. J'ai toujours essayé de comprendre son attitude, mais mes professeurs disaient qu'il avait été transformé par une essence de mat et qu'il avait succombé aux démons. Cependant, après m'être rapproché de vous, je comprends votre décision de suivre le Christ et d'abandonner notre foi. Il est impossible de maîtriser l'élan après avoir rencontré Jésus. Renoncer au passé est une force que nous ne pouvons pas contenir.

- Tu es très jeune, peu importe ce qui t'a amené à connaître le christianisme, mais ce qui compte, c'est que la foi, lorsqu'elle s'éveille en nous, est le fondement qui nous fait prendre conscience de ce que nous sommes et de ce que Dieu a conçu pour nous. C'est

---

[34] (N.A.E. Ferdinand) Marc 12:29-31

cette foi qui a probablement touché l'âme de monami Paul et qui, un jour, touchera certainement la vôtre...

Ils ont donc continué leur conversation un peu plus longtemps et sont partis. Daniel emporte avec lui, outre son amour pour Tamara, les leçons de Marcos dans son coeur.

✽ ✽ ✽

Des jours ont suivi les événements rapportés. Cet après-midi-là, au magasin, Tamara ne se sentait bien. Otila, zélée et soucieuse, la recueille et lui dit :

— Ma fille ! Cela fait des jours que je me suis rendu compte que tu n'allais pas bien.

Dites-moi, que vous arrive-t-il ?

Tamara, se cachant le visage entre les mains, ne peut retenir ses larmes. Entre deux sanglots, elle lui raconte sa relation avec Daniel. Otila, expérimentée, conclut :

— Je pense savoir ce qui vous gêne, car tout indique que vous portez un enfant dans votre ventre.

— Pour l'amour de Dieu ! Pardonnez-moi ! – En pleurant convulsivement, elle continua : - Je n'ai jamais pensé vous blesser ou vous décevoir, vous ou

mon père. J'aime Daniel, malgré nos différences. J'ai peur de la réaction de papa. Il ne l'acceptera jamais...

Otila, l'air inquiet, l'accueille affectueusement. En la serrant affectueusement dans ses bras, elle lui dit:

— Mon enfant ! Il n'y a pas de hasard dans nos chemins. Je reconnais qu'en matière de coeur, on ne peut pas arrêter le cours des sentiments, même si mon coeur n'est pas tranquille maintenant. Il ne peut plus reculer. Je crois en Jésus, il nous montrera comment faire accepter à Ambrosio cette nouvelle situation.

— Maman, je ne me sens pas prête à être mère. Serai-je capable de remplir les obligations que tu me réserves ? Dis-moi, qu'est-ce que cela signifie d'être une mère.?

Otila, soupirant simplement, dit :

- L'esprit éternel qui s'installe dans un corps féminin doit être un exemple de charité, de renoncement, de soutien, d'affection et de compréhension. Ouvrez les portes de votre coeur et accueillez les enfants d'hier, qu'ils soient nés dans le sein qui donne la vie dans la lumière ou dans le coeur qui donne la lumière dans la vie. Envoyez vos enfants dans les bras paternels de Dieu. Utilisez la prière pour leur demander équilibre et discernement afin qu'ils puissent surmonter les expériences difficiles de leur propre vie, même si elles sont temporairement éloignées de votre coeur. Enseignez-leur l'éducation céleste dictée par Jésus, en adoucissant les créatures que vous aimez avec affection, même si vous recevez souvent de la poussière au lieu de fleurs. Offrez la vie maternelle, même si vous ne trouvez pas dans votre voisinage une attitude qui vous soit favorable, et si l'amertume et la tristesse envahissent votre âme, cherchez le réconfort dans les bras célestes qui apporteront la lumière à votre coeur. Ressentez dignement la douleur de vos proches sans la prendre sur vous et lorsque la douleur est trop grande, souvenez-vous de Marie de Nazareth qui a ressenti la souffrance de son fils Jésus dans le silence de la croix. Travaillez avec tendresse et douceur, même si votre travail n'est pas reconnu. La tâche t'a été confiée par Jésus pour que tu puisses instruire ceux qui sont sous ta tutelle sur le chemin du bien, sans avoir le sentiment d'être propriétaire. Trouvez votre bonheur dans les visages et les coeurs de vos enfants, sans stagner et sans attendre de remerciements, en vous rappelant que chacun, dans le processus d'évolution de la Terre, pourra suivre des chemins qui mèneront à d'autres bras et à d'autres coeurs ; il vous appartiendra d'accepter avec résignation les lois réincarnationnistes qui régissent toutes les créatures. Continuez à servir avec dévouement, à aimer sans attachement, à instruire et à guider ceux enfants de Dieu, aux écoles de la conscience. Résistez aux ombres du monde et trouvez dans l'Ami divin la miséricorde de sa lumière, qui soutient votre existence dans l'amour et le courage. "[35]

Enveloppés d'une paix inexplicable, tous deux restèrent là, accueillis par les mains de l'invisible.

* * *

Tandis qu'Otila et Tamara confirment l'amour inconditionnel entre mère et fille, de l'autre côté de la ville, chez Servio, le coeur de Yara, en colère et bouleversé, est en pleine tempête, ulcéré par la haine et l'anticonformisme.

Irritée, elle exprime sa colère dans ses rapports avec les serviteurs. Visiblement hors de contrôle, il appelle Benjamin dans une pièce privée et lui dit :

— Je ne peux pas me débarrasser d'Ambrosio. Aucun homme n'a pu m'émouvoir comme lui. Tous les hommes tombent à mes pieds à ma simple vue. Je ne comprends pas sa résistance, poursuivit-il, les yeux pleins de colère : - Je ne me reposerai pas tant que je ne l'aurai pas pour moi. Après mûre réflexion, je crois qu'il ne veut pas de moi à cause de sa femme. Il me semble être un homme fidèle. Alors pourquoi ne pas me débarrasser de cette femme, ma rivale ? J'ai un plan et je veux que tu le réalises. Tu ne regretteras pas de m'avoir aidée. Je sais reconnaître ceux qui me soutiennent et tu m'as toujours aidé dans mes histoires d'amour.

— Tu sais que je ferai tout ce que tu me demanderas", dit Benjamin. - Dis-moi, que dois-je faire maintenant ?

---

[35] (N.M.) La page "*Message aux mères*", citée ici, a été publiée dans le livre *Chants de lumière*, par l'esprit Raquel - psychographié par Gilvanize Balbino Pereira.

— Il trouvera quelqu'un en qui il peut avoir confiance. Lorsque la femme sera dans le magasin, il l'exécutera. Il simulera un acte marginal, un vol ordinaire, pour ne pas éveiller les soupçons. Tout doit ressembler à un coup de chance et personne ne doit me soupçonner. Ainsi, Ambrosio sera libre et il sera à moi.

— Madame, pardonnez-moi, mais ne pensez vous pas qu'il s'agit d'une décision très extrême ? Je ne vous ai pas vu agir de la sorte à d'autres occasions.

— Pour qui vous prenez-vous pour oser me dire cela ?

— Dans un geste de fureur et de perte de contrôle, elle lui assène une gifle - Je suis généreuse avec toi, alors tais-toi ou je t'exécute toi aussi sans la moindre pitié.

Le serviteur, tête baissée, se tait et, après s'être ressaisi, dit :

— Je ferai ce que vous demandez, je connais quelqu'un qui commettra ce meurtre pour de l'argent. Je vais aller le chercher tout de suite.

Benjamin s'en va et Yara, incapable de contenir son élan, reste enveloppée d'une ombre indescriptible. Seule, elle laisse échapper des mots dans l'air :

— Je ne laisserai pas cet infâme homme menacer mes projets. Dès qu'il aura exécuté mes ordres, je dois éliminer toutes les preuves contre moi, y compris Benjamin... Je sais qu'une fois cette maudite femme morte, j'aurai Ambrosio dans mes bras.

Ensuite, je ferai de mon mieux pour que Frère Tercio et ce Marcos. J'attendrai calmement, car je sais que je triompherai...

✷ ✷ ✷

Avec inquiétude et zèle, Otila attend le bon moment pour annoncer à Ambrosio qu'ils seront bientôt grands-parents.

Prudente, elle a laissé passer quelques jours et a poursuivi ses activités quotidiennes comme si de rien n'était.

En cet après-midi inoubliable et triste, les frères de Damas étaient à l'église avec l'apôtre Marc, tandis qu'Otila et Tamara travaillaient comme d'habitude, toutes deux ignorant les projets de Yara, lorsque trois hommes s'approchèrent.

Suivant les instructions de Benjamin, Yara simule une émeute à proximité de l'endroit où se trouve Otila. Immédiatement, l'un d'eux s'est approché violemment de l'innocente et, sans lui laisser le temps de réaliser ce qu'il faisait, l'a poignardée à l'abdomen. Après cet acte odieux, les hommes ont pris la fuite.

En essayant d'aider sa mère, Tamara a crié au secours en posant sa tête grise sur ses genoux. Les yeux d'Otila brillent. Dans un geste d'abandon, la mère porte difficilement sa main droite au visage de sa fille, tandis que la jeune femme pleure. Comme une bougie qui s'éteint, Otila fait son dernier adieu à cette vie.

✷ ✷ ✷

Alors que dans le monde physique, l'agitation est évidente, dans le monde invisible, deux silhouettes éclairées par une lumière bleutée s'approchent.

Ils étaient les émissaires envoyés d'une demeure spirituelle appelée Jade[36], pour les accueillir avec amour Otila, qui essayait de se libérer des tourments de ce corps ulcéré.

Cette femme, devant un tel malheur, n'osa pas refuser l'affection qu'elle recevait et, peu à peu, elle fut enveloppée d'une

---

[36] (N.M.) "Jade est une ville spirituelle où vivent des enfants de Dieu déjà détachés de leur corps physique. Nous avons spécialement réservé le prochain chapitre de ce livre pour décrire un bref résumé des détails de cette oeuvre extraordinaire de Dieu." Les détails de cette demeure spirituelle étaientrapporté dans les livres *Une aube à recommencer* et *Les anges de jade*, par l'esprit Saul, tous deux psychographiés par Gilvanize Balbino Pereira.

forte stupeur, ce qui permit l'action des émissaires bénis pour qu'elle ne souffre pas d'impressions corporelles aussi hostiles.

Enveloppée par la force de cette lumière, la femme d'Ambrosio fut ramassée et, sans tarder, enlevée de ce lieu, pour être préservée de la souffrance de ses amours avec le soi-disant départ.

***

Quelque temps plus tard, les frères de Damas, accompagnés de Marc, arrivent. Mais ils se rendent compte de la triste réalité : Otila est mort.

Ambrosius ne peut cacher son chagrin. Désespéré, s'est penché et a tenu avec amour la tête inerte de sa femme près de son cœur.

Dans une prière fervente, il dit :

- Seigneur, par miséricorde, aide-moi à surmonter la douleur qui brûle dans ma poitrine comme un poignard qui déchire mon coeur. Apprends-moi à accepter la séparation, car je sais qu'Otila n'est pas morte, mais qu'elle est en route vers sa vraie maison dans ta lumière. Donne-moi la force d'avoir le courage de me réveiller le lendemain matin, en sachant que le Soleil de ma vie ne sera plus à mes côtés. Pardonne-moim si, peut-être, les regrets et la nostalgie... épaule mes jours, donne-moi le travail pour que mes pensées soient toujours tournées vers la construction de ton royaume d'amour et de bonté. Si je le mérite, je te prie avec passion et permets-moi de sentir tes mains sur les miennes, me faisant sortir de ma souffrance, afin de trouver la force de continuer tout simplement...

Cette scène émouvante a fait pleurer toutes les personnes présentes, touchées par une si grande démonstration d'amour.

Réalisant qu'il n'y avait rien à faire, la seule chose à faire était de ne pas perdre de temps. et, sans attendre, ils sont partis préparer l'enterrement d'Otila.

Chapitre 12

Après le départ, il est temps de passer à autre chose

"Le ciel et la terre passeront. Mais mes paroles ne passeront pas."

Marc, 13:31

Cinq jours se sont écoulés après l'enterrement d'Otila. Cette nuit-là, dans la résidence des frères à Damas, Ambrosio était seul sur le balcon, regardant les étoiles, quand Marcos s'est approché. Lorsqu'il s'est rendu compte de sa présence, il a séché les larmes qu'il avait versées.

— Mon ami, dit Ambrosio, je remercie Jésus parce que je suis à tes côtés et que le christianisme fait partie de ma vie, mais je t'avoue qu'il est difficile de comprendre pleinement les pertes de notre vie. La mort d'Otila me brûle la poitrine et j'essaie de trouver le courage de continuer, mais je n'y arrive pas. Je prie le Seigneur de pardonner ma faiblesse, mais je ne peux pas cacher une telle douleur.

Marcos, avec respect et en essayant de soulager la douleur de son ami, a fait remarquer :

— De nombreuses difficultés et souffrances nous hantent, en particulier lorsque nous sommes confrontés à des pertes dans notre vie. Je ne me concentre pas seulement sur les pertes subies que nous sommes souvent invités à subir pour grandir en tant qu'individus.. Il y a des hommes qui se consacrent à leur mariage mais, pour de multiples raisons, l'union se brise et ceux qui exprimaient tant d'amour suivent aujourd'hui des chemins différents. Il y a des femmes qui ressentent le poids de la séparation et qui, avec la perte, se ferment à l'amour. Il existe diverses pertes qui se produisent naturellement. Beaucoup de personnes perdent des biens terrestres parce qu'elles pensent les posséder, mais personne ne possède la matière, le grand propriétaire de toutes choses.

Sagement, le Seigneur prête des biens de manière temporaire pour l'élévation de chacun. Face à ces pertes, les gens transforment leur vie en larmes et en désespoir, ne regardant que ce qu'ils ont perdu et ne trouvant pas la force de recommencer. Le Seigneur offrira toujours un nouveau jour pour commencer un nouveau travail, et ainsi tous, sans exception, conquerront de nouveaux défis, ce qui appartient à la loi du temps, à la loi de Dieu et au prêt que le Seigneur fait quand chacun est mûr pour absorber les dons de Dieu. Il est difficile de comprendre les pertes causées par la mort, mais il est important de réaliser que la vie n'est pas dans le contrôle des hommes, mais dans les mains de Dieu. Il est difficile de faire l'expérience des leçons que la mort apporte dans nos vies. Les amours partent à un âge mûr ou non, mais le plus grand défi est d'accepter les desseins de Dieu. Nous devons continuer même si nous ne pouvons pas défier la mort, qui arrive avec ses lois et dit parfois "la fin". Le plus grand défi n'est pas la peur de la mort, mais la peur de perdre les amours qui se sont établies sur le chemin. Mais les amours ne se perdent pas, elles se perpétuent, et lorsque nous mettons la peur de côté, nous nous rendons compte que la vie continue. La vie ou la mort ne rompt pas avec ces amours, mais reste toujours en direction du ciel. C'est là que nous conformons nos âmes et nos esprits, car tout comme la mort est un grand défi de peurs et de pertes pour les incarnés, pour nous, les esprits, naître est la même chose. Il est important de ne pas stagner dans le regret, mais d'apprendre à affronter les pertes, quelles qu'elles soient, avec maturité, sécurité et courage. Transformons la perte en un nouveau départ, comme la grande force qui pousse les enfants de Dieu à aller de l'avant, sans pleurer ce qui est passé. Le seul avantage du passé, c'est qu'il est passé. Faisons confiance à Dieu parce que le Seigneur sait que nous sommes prêts à aller de l'avant, revêtus de foi, de courage et d'espérance, à nous lever et à aller de l'avant.

Enveloppés d'une lumière inexplicable, ils restèrent éveillés toute la nuit à parler de l'avenir et à apaiser leurs coeurs.

✷ ✷ ✷

Deux jours se sont écoulés après les événements rapportés. Sans Otila, la présence d'Ambrosio et sa coopération avec son frère et sa fille étaient nécessaires pour travailler dans les magasins.

Cet après-midi-là, Yara n'a pas lésiné sur les moyens pour se parer de beauté et d'excès. Elle prépare son image, abuse des bijoux et des parfums et se rend à la boutique, accompagnée de Benjamin et dûment escortée par le garde qui veille à sa sécurité.

A son arrivée, il s'est approché d'Ambrosio qui, gêné, lui a demandé :

— Pour l'amour de Dieu ! Qu'est-ce que vous faites ici ?

— Vous devriez être heureux de me voir, après tout, je suis venue vous présenter mes condoléances pour votre perte - poursuit-elle, débordante de sensualité : - Maintenant que tu es libre, tu peux commencer une nouvelle histoire d'amour. Je t'ai pardonné de m'avoir rejeté une fois, mais je suis ici pour t'offrir une nouvelle chance à mes côtés. Je suis une femme très riche et nous pouvons tout quitter pour aller ailleurs.

— Le fait qu'Otila soit décédée ne me dispense pas des responsabilités familiales qui sont les miennes.

De plus, je crois que les relations doivent être établies sur les bases de l'amour, du respect et du renoncement. Pour des raisons que nous ne connaissons pas, tu es aux côtés de Servio et avec lui tu dois mettre fin à l'histoire qui a commencé il y a des années. Par ailleurs, je reconnais devant moi une fille de Dieu qui a besoin de lumière et de soutien. Retourne donc à tes devoirs d'épouse et continue à être soutenue par Jésus.

"Pour la deuxième fois, j'ai été rejetée par un homme méprisable", dit Yara, visiblement bouleversée, enveloppée d'une ombre de haine et de vengeance.

Tant que je vivrai, je ferai tout pour le détruire, à commencer par sa misérable famille. Je ferai tout pour que tu ne sois plus jamais heureux. On dit que votre maudite croyance, le christianisme, suppose d'autres vies, la réincarnation[37], alors croyez-moi, si c'est vrai, je ferai partie de toutes ces vies jusqu'à ce que vous vous prosterniez devant moi...

Furieuse, elle est partie, emportant avec elle le goût amer du rejet et, dans son esprit troublé, les plans de la vengeance baignés de fureur et de haine.

Le même jour, le soir, dans la maison des frères, Tamara servait le repas à son père, qui semblait distant et pensif. Tercio, se rendant compte de l'inquiétude de son frère, lui dit :

— Aujourd'hui, dans les magasins, je n'ai pas pu m'empêcher d'entendre la folie de Yara, la femme de Servio. Il faut être plus vigilant, car le coeur blessé d'une femme peut être un réservoir de fiel, de haine et de mort.

— Mon frère, je sens qu'une grande période d'épreuve commence pour moi. J'ai confiance dans le Seigneur et je ne

---

[37] (N.M.) Voir note numéro 32.

succomberai pas aux caprices de quelqu'un qui est si malade devant Dieu. Que Jésus ait compassion de ce coeur malade et lui apporte la lumière de la raison et de la paix...

Lorsque Tamara entendit les paroles de son oncle, elle sortit et se rendit sur le balcon. Quelque temps plus tard, Marcos s'approche de la jeune femme avec discrétion et affection :

— Je la connais depuis qu'Otila l'a portée dans son ventre. J'ai vu mon enfant grandir et maintenant elle est presque une femme adulte. Ses yeux ne sont plus ceux de la petite fille qui était une enfant pour moi. Ils ont maintenant l'éclat mature de quelqu'un qui porte un grand secret. Dis-moi, jeune fille, qu'est-ce qui trouble ton coeur ?

Tamara ne put retenir ses larmes et courut spontanément embrasser l'apôtre, cherchant courage et réconfort dans ses bras amicaux. Après avoir repris ses esprits, elle a répondu :

— Il y a eu tant d'événements qui ont entouré nos coeurs... Mais je ne peux plus omettre quelque chose que je porte en moi. Daniel, le fils de Servio, et moi sommes tombés amoureux. En raison des différences religieuses et sociales qui nous séparent, nous avons décidé que nos parents ne devaient pas savoir - les larmes coulant sur ses joues, elle poursuit entre deux sanglots : - Je porte l'enfant de Daniel dans mon ventre. Je l'ai dit à ma mère avant qu'elle ne meure Elle m'avait promis de m'aider avec mon père. Sans ma mère, je me sens perdue et j'ai peur. J'ai peur de te faire du mal...

Mon enfant, quel que soit le moment où nous sommes appelés à vivre une épreuve, nous devons savoir que la vie a ses lois, et il est important de savoir que les pages d'une existence doivent être vécues dans leur intégralité, parce que le Seigneur connaît nos coeurs et nous offrira toujours des épreuves en fonction de notre maturité - en soupirant, il a poursuivi : - Je ne suis pas très au fait des sentiments qui envahissent le coeur, car lorsque je me suis converti au christianisme, j'étais un jeune homme plein d'idéaux.

Mais avant d'adhérer aux enseignements de Jésus, de rencontrer Pierre et de décider de suivre Paul dans certains de ses voyages, j'étais prêt à fonder une famille, selon les préceptes de mes origines. Je me suis marié avec une jeune femme comme moi, mais je savais que ma foi criait plus fort en moi, alors j'ai décidé d'écouter l'appel de Jésus. Le jour où j'ai annoncé ma décision, ma femme, dans un mélange de chagrin et de soulagement, m'a dit qu'elle m'avait épousé sur l'ordre de son père et qu'elle ne m'avait jamais aimé comme une femme aime un homme. Il n'avait fait que suivre les ordres de son père, même si son coeur appartenait à un jeune homme, le fils d'un fermier. Nous avons dû faire face à de nombreuses disputes, mais nos familles ont compris qu'elles ne pouvaient rien faire, alors elle a épousé le jeune homme, a eu des enfants et j'ai suivi mon destin. Je ne regarde pas le passé avec le coeur lourd, car chacun a une tâche à accomplir dans la vie.

Certains ont suivi les causes de Dieu, d'autres les causes du coeur, mais tous seront bénis lorsqu'ils trouveront en eux-mêmes leur voie et la raison de leur existence. Nous ne pouvons pas regretter nos choix. Les actions entraînent des réactions. L'enfant dans votre ventre a une tâche à accomplir, il est donc temps de regarder la vérité en face et de trouver le courage de suivre son chemin.

- Que Jésus me donne la force d'accepter ses plans pour ma vie.

Sans s'en rendre compte, Ambrosio, debout sur le pas de la porte, a entendu les paroles de sa fille et est resté inerte.

Marchant lentement, elle s'est assise sur un siège à proximité et s'est couvert le visage de ses mains pour cacher ses larmes...

Tamara a couru vers son père, s'est agenouillée à ses pieds et lui a dit :

Pardonne-moi, je n'ai jamais pensé à te faire du mal, mais j'aime Daniel et je ne sais plus quoi faire.

Par pitié, pardonne-moi. Rempli de compassion et d'amour pour ces trois là, dit Marc, en essayant d'adoucir le coeur de ses amis :

-Lorsque nous sommes pris dans des souffrances ou des situations qui nous dépassent, nous devons apaiser notre coeur afin de trouver en Dieu la force de continuer. Jésus, notre Maître bien-aimé, ne nous a pas abandonnés, même lorsqu'il a été renié et oublié par ceux qu'il avait tant aidés par sa bonté. Il n'a pas exigé de changements de la part de ceux qui ne pouvaient même pas comprendre le sens du recommencement. Il n'a pas imposé de lois à ceux qui ne pouvaient même pas comprendre la beauté de la liberté. Il n'a exigé le pardon de personne, mais a enseigné que l'indulgence est synonyme de paix intérieure et d'amour éternel. Mon ami, je te prie de ne pas suivre le chemin de l'ignorance, en jugeant ta fille au tribunal de tes lois. Crois au Seigneur et confie ta douleur, tes doutes et ta tristesse entre les mains de Dieu, car il connaît ton coeur et te supplie maintenant d'être un père et non un bourreau qui condamne le mal par le mal. Embrassez votre fille dans les chaînes de l'amour et portez ses peines sans qu'elles soient pour vous le poids d'une triste défaite.

— Il a poursuivi en montrant un amour sans limite et sans prétention : - Tu n'es pas seul, Jésus habite en toi et, avec lui, tout est triomphe.

— Mon frère", dit Tercio. - Marcos a raison, ma nièce a besoin de soutien. D'ailleurs, nous sommes ici à ses côtés et, avec Jésus, nous allons vraiment triompher.

Cherchant la force, il caresse les cheveux de Tamara.

Face à la difficulté du moment, il a déclaré :

— Je remercie Dieu de partager mes journées avec toi, l'amitié et l'amour qui nous unissent me fortifient - en regardant sa fille avec compassion, il a continué : -Oh, ma fille, je t'en prie, pardonne mon ignorance, car je n'avais même pas réalisé que tu avais grandi. Mon égoïsme voulait que tu restes la petite fille que je portais dans mes bras. Daniel est un bon jeune homme, et crois-moi, je ne t'abandonnerai pas, quoi qu'il arrive, je ne te quitterai pas. Je ne mépriserai jamais ni toi ni le fils que tu portes. Nous trouverons un moyen de résoudre la situation. Maintenant, adoucis ton coeur, Otila n'est pas avec nous et Dieu, dans sa bienveillance, nous a donné un de ses fils à garder...

Comme me l'a recommandé mon ami Marcos, pour l'instant, je confie mes soucis à Dieu...

L'atmosphère était enveloppée d'une paix indescriptible, de sorte que ces cœurs ont continué à converser, établissant les luttes de leur vie pour demain.

Chapitre 13

L'égoïsme marque des vies et altère l'avenir

> *"Je vous le dis en vérité, cette génération ne passera pas avant que tout cela n'arrive."*
>
> Marc, 13:30

Les jours passent vite. Comme d'habitude cet après-midi-là, Tamara et Daniel se sont rencontrés à l'abri des regards, dans un endroit privé. Après des salutations chaleureuses,

Daniel lui dit, en essayant de la consoler :

— Ma chérie ! J'aimerais pouvoir entrer dans ton coeur et faire disparaître la douleur de mes propres mains, mais maintenant nous devons aller de l'avant, après tout, notre fils va bientôt naître et nous devons penser à l'avenir. Je veux te fréquenter et je suis prêt à affronter mon père. Nous sommes unis par les liens du coeur, et je vais voir mon père aujourd'hui pour l'informer de notre consortium.

— Vous savez qu'il n'approuvera pas, d'autant plus que vous le préparez à devenir rabbin, et que notre union heurtera sa religion et sa position sociale.

— Dès le premier jour où j'ai rencontré Marc, mes convictions religieuses ont été mises à l'épreuve.

Je ne sais plus si je crois aux écritures des traditions de ma famille, j'ai l'impression que les enseignements de Jésus ont touché mon coeur de manière à me faire croire que je suis un homme renouvelé dans la foi. J'ai l'impression que Dieu m'a appelé à suivre un autre chemin. L'autre jour, j'ai rencontré un rabbin qui était un ami de Saul de Tarse. Son nom a été banni dans notre milieu car il est considéré comme un traître aux traditions religieuses. Mon ami m'a dit qu'il avait tout abandonné pour suivre les enseignements de Jésus. On dit qu'il était un grand persécuteur des chrétiens, mais un jour, le Christ lui a demandé : "Pourquoi me persécutes-tu ? Depuis ce jour, il s'est converti et on entend beaucoup parler de ses actes dans les milieux chrétiens, mais son nom est interdit parmi nous. Tous ces faits renforcent ma volonté de suivre Jésus. Je sais que si je prends cette décision, mon père ne comprendra pas et sera mon plus grand persécuteur. Je prie pour que Dieu éclaire mes choix, car je lui confie mon coeur.

— Sache que je serai toujours à tes côtés. Quoi qu'il arrive est ton choix, je ne serai pas absente de ton coeur - tenant les mains de Daniel, pleine d'inspiration, elle a prié :

-"Seigneur, en esprit, soyons lumière, en corps, soyons travail, en amour, soyons division, en division, soyons frères, en fraternité, soyons lumière, en lumière, brillons pour toujours, dans la vie éternelle, soyons forts ; dans la force, que nos mains brillent ; dans l'éclat, soyons l'humilité ; dans l'humilité, tolérons ; dans la tolérance, vivons ; dans la vie, luttons ; dans la lutte, ayons du courage.

Dans chaque situation de notre vie, réalisons que tout passe, mais que son royaume éternel d'amour, de justice et d'égalité, qui gouverne nos vies avec bonté, ne passera jamais... [38]

---

[38] N.M.) La page "*Tout est lumière*", citée ici, a été publiée dans le livre Mémoires d'automne, par l'esprit Ferdinand - psychographié par Gilvanize Balbino Pereira.

Ces coeurs innocents, enveloppés par l'émotion du premier amour, ont senti les bénédictions du ciel déposer dans leur esprit le courage d'affronter les pages que le destin leur réservait.

* * *

L'après-midi même, chez lui, Daniel attendait l'arrivée de son père et, parmi diverses pensées, il essayait de trouver la force de l'affronter dans la prière.

Quelque temps plus tard, Servio arriva accompagné du rabbin Eliezer. Immédiatement ils s'installent dans des sièges confortables où ils ont une conversation animée. Entre-temps, Daniel est entré dans la pièce et s'est approché de son père avec un mélange de peur et de courage.. Après les salutations, il a dit :

— Papa, il faut qu'on parle de quelque chose très important qui m'arrive.

— Maintenant, mon fils, qu'est-ce qui a pu se passer dans ta vie sans que je le sache ?

Je ne poursuivrai plus mes études religieuses, j'ai appris à connaître le christianisme et je m'y installerai. Je vais aussi épouser une jeune femme qui porte mon enfant dans son ventre.

Le visage de Servio change. La colère s'empare de son être et, entre deux cris, il dit :

— Il a perdu la tête. Je ne lui permettrai jamais de mettre en péril son avenir de rabbin, tout comme je n'ai jamais permis à une jeune femme de l'aveugler au point de tout abandonner pour un amour éphémère. Allez, dis-moi qui c'est. Ce doit être une pauvre malheureuse, que quelques billets éloigneront de vous.

— J'étais aveugle, mais maintenant je vois et je sais où aller. La jeune femme dont vous parlez avec tant de dédain est quelqu'un de très spécial et elle n'accepterait pas pour de l'argent qu'on lui propose de rester loin de moi.

— Allez, dites-moi qui c'est ?

— Tamara. C'est la fille du marchand Ambrosio, celui qui m'a sauvé la vie. Je veux que vous sachiez que je vais l'épouser.

Fou de rage, il se jette sur son fils et, par coups successifs, lui ouvre le supercilium. Le rabbin tient Servio et, essayant de le retenir, dit :

— Daniel, tu es très jeune et tu ne sais pas de quoi tu parles. Un jour, j'ai été témoin d'un geste très similaire au vôtre, fait par Saul de Tarse. Nous pensons qu'il s'est trompé et j'espère qu'il ne répétera pas ses actions, parce qu'aujourd'hui il est haï et expulsé de notre milieu.

— Je ne réitère pas l'exploit de Saul, car je ne l'ai pas connu, je suis simplement ma conscience et mon coeur. Je ne renoncerai pas à mon choix, car il est désormais ma raison d'être.

— Si tu suis cette voie, crois-moi, tu n'es plus mon fils. Tu n'auras aucun droit à l'héritage familial et je ferai tout pour effacer ton nom des actes de la famille.

Quitte ma résidence maintenant et ne t'avise pas de revenir, tu es banni de ma famille.

Avec difficulté, Daniel part sans rien emporter, laissant derrière lui une histoire de famille, qui va maintenant donner lieu à d'autres pages, nécessitant beaucoup de courage pour les écrire.

***

Yara, troublée mais silencieuse, observe la triste scène puis s'approche de lui. Le rabbin, mécontent de l'attitude de Daniel, ne mâche pas ses mots et ajoute de la malice au coeur endurci de Servio qui, sans cacher sa haine, pousse des cris sauvages :

— Je détruirai ces soi-disant commerçants sans la moindre pitié et surtout Marc, qui a dû provoquer ce désordre dans la tête de Daniel. Je n'aurai aucune compassion pour cette maudite jeune fille, j'effacerai les noms de sa famille et je ferai tout pour qu'ils sentent le poids de mes poings. Je ne laisserai pas mon propre fils me défie ainsi. Personne n'a jamais osé faire ça, croyez-moi, je ne les laisserai jamais m'humilier de cette façon.

— Daniel était mon élu, j'avais mis toute ma confiance en ce jeune homme et voilà qu'il me rend la pareille en me trahissant. Putain de chrétiens. Nous devons immédiatement freiner leur influence parmi nous.

— Nous mènerons une guerre silencieuse, et je compterai sur le soutien de Versus, qui a déjà confirmé qu'il serait à nos côtés. Préparez une réunion avec tous les anciens les plus influents, car nous bannirons Marc et ses partisans de cette région.

— Ne vous inquiétez pas", dit le rabbin avec haine.

—Hermès, malgré son agacement, continue d'infiltrer les chrétiens et me tient au courant de ses déplacements. Avec cela et l'aide de Versus, nous pourrons détruire ces misérables Yara, enveloppée dans un manteau de méchanceté et portant toujours sa haine pour Ambrosio, a dit :

— Il ne faut pas oublier la famille d'Ambrosio qui devra également être punie car Tamara sera la mère de l'enfant de Daniel. Pour frapper nos ennemis, nous devons blesser ceux qu'ils aiment.

Alors pourquoi ne pas faire condamner Ambrosio, le père, par sa fille ?

— Vous avez toujours été une femme audacieuse et rusée, des qualités que je vous reconnais, mais l'intelligence n'a jamais été votre point fort, alors écoutez-moi : que suggérez-vous ? — demanda Servio.

— Ma chère", poursuit Yara avec ironie :

— Croyez-moi, j'ai un plan pour votre vengeance. Je vous demande seulement de me soutenir avec la garde et de me laisser agir, car très bientôt Ambrosio sera arrêté et condamné à mort. En attendant, continuez à jouer du plan contre les chrétiens, car ce n'est pas mon combat.

Les yeux rougis, Servio accepte l'aide de Yara et continue à détailler les plans pour contenir les chrétiens et surtout pour faire taire Marcos.

* * *

Le soir du même jour, Daniel arrive au domicile d'Ambrosio. Tamara, inquiète, l'accueille et l'installe immédiatement pour soigner ses blessures.

Marcos, Ambrosio et Tercio écoutent en silence le récit du jeune homme. Puis Daniel conclut :

— Monsieur Ambrosio, je vous prie de comprendre ma situation actuelle, je ne suis plus un jeune homme noble, j'ai été banni de ma famille et je n'ai rien à offrir, mais je vous demande de m'accorder votre fille afin que nous puissions former notre famille sous votre protection et aussi sur des piliers chrétiens.

— Mon fils, a dit Ambrosio, nos jours ont a été pleine de surprises et même de tristesse, mais je le considère comme un jeune homme honnête depuis le premier où je l'ai vu. Ce n'est pas un hasard si l'accident s'est produit près de chez nous et si j'ai rencontré ma fille. Le coeur est une terre inconnue, même pour nous. Sache que tu seras désormais mon fils, celui que la vie n'a pas offert, mais que j'accueille dans mon coeur.

— Je sais que je ne peux pas encore me dire chrétien, car j'ai encore beaucoup à apprendre", dit humblement Daniel. - Cependant, il me suffirait de recevoir une bénédiction de Marc.

L'apôtre, avec simplicité, a joint les mains des jeunes et, avec affection et plein d'inspiration, a dit:

— Seigneur Jésus, devant moi se tiennent deux enfants de Dieu qui ouvrent les portes de leur coeur à la nouvelle de l'amour.

Que les bénédictions célestes tombent sur leurs coeurs et qu'ils se reconnaissent désormais comme un seul coeur, battant sur les piliers du respect, de l'amour et de la persévérance. Dans le sein de cette jeune femme, une vie s'éveillera et, sur les chemins de la vie qui l'ont conduite à cette rencontre de lumière, permettez-lui de s'oindre de la force du courage et de la foi. Car nous savons que les unions des coeurs viennent du ciel, et ceux qui entendent l'appel céleste et persévèrent dans les chemins du bien sont accueillis par tes mains. Maître éternel, que le manteau de ta compassion tombe sur nous lorsque les nuages gris nous empêchent de voir la lumière... Ou lorsque les nuits semblent interminables... Ou quand la vie perd l'espoir... Ou lorsque notre conscience brûle pour ce que nous avons fait et ce que nous n'avons pas fait... Puissions-nous nous rappeler que les difficultés sont une annonce que Dieu nous donne une nouvelle occasion de revoir notre comportement et d'ajuster notre rythme, alors, au nom de Dieu, reprenez votre vie et, dès que possible, pardonnez-vous et allez de l'avant, sans vous arrêter dans la marche d'hier et les plaintes vides, parce que le Seigneur comprend toujours, voit tout et bénit les enfants de Dieu qui se tiennent devant moi, alors que je les confie à son coeur aimant.

Ainsi, le coeur reconstruit, Daniel et Tamara ont commencé leur vie avec Ambrosio et Tercio, sous l'égide de Marcos, qui a accueilli le jeune homme avec amour et miséricorde.

Le temps a fait son travail et a passé rapidement, sans que la famille Ambrosio ne change grand-chose.

Daniel s'adaptait aux règles d'une vie simple, et son visage montrait déjà l'imposition d'une maturation irréversible et brève, imposée par le travail et le dévouement aux côtés de Marc, dont il apprenait les enseignements du Christ. En plus de son travail d'évangélisation des Alexandrins et des habitants des villages proches et lointains, soucieux de trouver un peu de soulagement pour leurs coeurs souffrants.

En ce jour de printemps, le ciel était d'un bleu intense. Un parfum particulier de vie se mêlait à celui des fleurs et envahissait l'atmosphère.

Le moment est enfin venu pour le fils de Daniel et Tamara d'entrer dans la lumière d'une nouvelle existence.

Pendant des heures, la jeune femme n'a pu cacher sa souffrance, mais son visage, illuminé par la force féminine, n'a pu cacher sa beauté douce et courageuse.

Une femme âgée qui vivait à proximité a habilement aidé Tamara et s'est occupée de ses besoins, remplaçant la présence de sa mère... Pendant ce temps, Ambrosio, bien qu'inquiet pour sa fille, tente de calmer Daniel, qui ne peut cacher son inexpérience et sa peur dans un moment aussi important.

Tercio se plie aux exigences de son vieil ami, qui lui ordonne fermement d'aller chercher de l'eau et des vêtements pour réconforter sa nièce.

Quelque temps plus tard, un cri aigu retentit dans la pièce, annonçant l'arrivée du petit enfant.

Daniel, surpris, se précipite aux côtés de sa femme, qui a l'air fatiguée mais un large sourire aux lèvres. Il s'approcha et s'assit à côté d'elle, caressant ses cheveux trempés de sueur.

La vieille femme, après avoir mis au point les procédures de base pour le nouveau-né, l'a enveloppé dans un tissu doux et l'a bercé avec expertise dans les bras de sa mère.

— Ma fille, voici ton fils, un petit garçon fort comme toi est né... - Émue, elle n'a pas caché ses larmes et a dit : "Tamara, ta mère serait si fière de toi en ce moment , et je ne peux qu'imaginer à quel point elle te bénit, toi et cet enfant.

Des larmes non retenues marquent les visages de chacun. Quelque temps plus tard, Tamara, avec difficulté, installe son fils dans les bras de Daniel, qui le prend dans ses bras avec une intense affection.

Ambrosio embrasse le front de sa fille, et son oncle répète le geste.

— Mes amis, dit la vieille femme. - Tamara doit maintenant se reposer...

Ambrosio et son frère partirent vaquer à leurs occupations, Daniel resta aux côtés de son fils et de sa femme, sans se rendre compte que, dans le monde invisible, les bienheureux émissaires, suivant les ordres des sphères supérieures, restaient là, imprégnant la demeure d'amour et de paix.

✸ ✸ ✸

Trois jours ont suivi après la naissance du fils de Daniel.

Ce soir-là, Ambrosio et Tercio discutent sur le balcon, tandis que les jeunes restent ensemble pour s'occuper du nouvel arrivant.

Marc revenait d'un voyage dans un village voisin où il était allé partager l'enseignement de Jésus. Après l'avoir salué, ses amis l'ont mis au courant de la bonnenouvelle. Les yeux pleins d'eau, il s'approche deTamara, qui était assise sur un siège dans le salon simple, à côté de Daniel.

L'apôtre de Jésus, submergé par l'émotion, prit respectueusement le petit garçon dans ses bras et dit :

- A cause de ma foi, j'ai renoncé à construire la famille consanguine que je voulais, mais j'ai trouvé ici la famille dont j'avais besoin. Daniel et Tamara sont les enfants que la vie ne m'a pas donnés, mais ils vivent dans mon coeur en véritable et haute estime.

Parmi vous, j'ai trouvé la paix et j'ai été accueillie comme une grande amie, mais surtout comme un membre de la famille.

Devant Tamara, que j'ai vu naître, devenir femme et maintenant mère, je ne peux m'empêcher de ressentir de l'émotion

... Séchant la larme qui avait volontairement marqué sa joue, elle a demandé : - Quel nom lui avez-vous donné ?

-Nous attendions votre retour, dit Daniel, car nous avons tous décidé que ce serait un honneur pour mon fils de porter le nom que vous avez choisi.

Marc ne cache pas son émotion, il reste un moment silencieux et, cherchant l'inspiration, il prie :

-Seigneur, c'est avec un coeur plein de bonheur que j'accueille dans mes bras un de Tes fils qui revient à la terre avec la tâche de commencer une nouvelle histoire. Garde son regard sous ta protection et enregistre les enseignements de Jésus avec l'encre de ton amour pour qu'il n'oublie jamais d'où il vient, de ta demeure de lumière. À chaque pas, aide-le à trouver le courage dans chaque défi que cette nouvelle existence t'apportera. Sans les souvenirs du passé, Seigneur, que cela ne vous empêche pas de ressentir Votre amour séculaire et, lorsque les larmes touchent votre visage, que l'espérance soit le mouchoir qui sèche les larmes et vous propulse en avant.

Chaque jour est une nouvelle page à écrire avec l'expérience et la sagesse, mais sans son amour, il sera impossible de respirer, alors donnez-lui le courage d'être un émissaire de joie pour rappeler à tant de personnes que le sauveur des consciences est né un jour parmi nous, Jésus-Christ. Tant que le souffle de vie sera vrai parmi nous, nous serons ceux qui n'oublieront jamais de louer son nom et d'aimer son coeur éternellement... Enfin, j'implore Ta bénédiction sur celui qui, désormais, sera connu sous le nom de

David, celui qui loue et louera Dieu. Alors, Seigneur, éclaire de Ta lumière la plus sacrée tous mes amours...[39]

À ce moment-là, dans l'invisible, un émissaire béni s'est approché de Marc, se dilatant dans une lumière dorée, l'enveloppant d'un amour intense, bénissant ce moment au nom de Jésus et, au milieu de tant d'autres êtres éclairés et anonymes qui ont travaillé avec les apôtres, afin qu'ils puissent poursuivre leurs missions au nom du Christ.

---

[39] (N.M.) Nous vous recommandons la lecture de *L'Évangile selon le Spiritisme*, chapitre IV : "Nul ne peut voir le royaume de Dieu s'il ne naît pas de nouveau" Dans ces pages, vous trouverez des éclaircissements sur les concepts de réincarnation.

Chapitre 14

Au milieu de la prison, la foi forcée

"Va, ta foi t'a sauvé."

Marc, 10:52

Une soixantaine de jours se sont écoulés rapidement. David a grandi au milieu de l'affection de tous, et l'amour a grandi entre eux. Entre travail, évangile et espoir.

Mais l'orgueil, la jalousie, la vanité et la haine vont bientôt faire voler en éclats ces jours paisibles.

Yara, qui avait toujours l'intention de se venger d'Ambrosio, n'a pas tardé à mettre son plan à exécution.

Avec l'appui de son mari, elle engage deux hommes pour l'accompagner dans les boutiques.

Portant un gros collier de lapis-lazuli, elle s'approche de l'endroit où Ambrosio et Tercio échangent leurs marchandises. Elle leur dit d'un ton séducteur :

- Nous ne nous sommes pas vus depuis longtemps, depuis la mort de ta femme - essayant une fois de plus de l'envelopper de ses charmes, elle poursuit : - Aujourd'hui, j'ai décidé de passer voir si tu avais changé d'avis, après tout, le veuvage est synonyme de solitude, et un homme comme toi ne mérite pas de vivre seul.

— Ma chère, une fois de plus, je reçois votre visite avec respect et compassion, certaine que le Seigneur accueillera votre coeur avec les bénédictions du ciel.

* * *

Yara a discrètement enlevé le collier et l'a caché parmi les peaux qu'Ambrosio vendait. Elle crie qu'elle a été volée. Guidés, les hommes s'approchent d'Ambrosio et, en fouillant dans sa marchandise, trouvent le collier. Hommes, arrêtez ce voleur !

— Messieurs, dit Tercio, au milieu de la grande confusion. - Ma main est innocente. Par pitié, il est innocent.

Sans être prévenus, ils emmènent Ambrosio à la prison. L'homme résigné n'a pas contesté l'ordre et, sans violence, est parti vers son destin inconnu.

Quelques heures plus tard, Yara s'est rendue à l'endroit où Ambrosio prescrivait et lui a dit :

— Pourquoi m'as-tu rejetée comme ça ? Aucun homme ne m'a jamais traitée comme ça. Tout le monde aurait tué pour avoir ma compagnie, mais pas toi, et tu as toujours défendu quelqu'un de plus haut placé que moi. Je t'ai aimé et il n'y a pas de récompense pour ça.

Maintenant que nous sommes ici, nous pouvons te laisser partir. Nous pouvons nous échapper de cet endroit et vivre une vie juste pour nous deux.

— Femme, je te dis encore une fois que la solitude de mon veuvage a fait taire les pensées d'un homme ordinaire, laissant la place à ma foi, qui me donne l'équilibre pour supporter l a souffrance de mon coeur. Je ne nie pas que tu sois la plus belle femme que j'aie jamais rencontrée et je sais que beaucoup sont morts pour ton amour, mais crois-moi, face au "1" ! oui, tu es comme un enfant de Dieu, qui a besoin de soutien et de lumière.

— Bon sang, ce n'est pas assez d'avoir agi de manière à ôter la vie à votre Ottila ? Maintenant, tu m'entraînes sur le même chemin. Si ce n'est pas la mienne, ce ne sera celle de personne d'autre, la mort sera ma récompense.

— Pour l'amour de Dieu ! Qu'en dis-tu, femme ?

Otila a été victime de bandits...

— Des bandits qui étaient sous mes ordres... Ambrosio, incapable de supporter le poids de sa souffrance,

Il s'est mis à genoux et, sans oublier ses larmes, il a écouté ces mots comme des lames qui déchirent son coeur.

Yara ne cache pas ses larmes non plus, mais la haine est sa conseillère. Sous le coup de la colère, elle le condamne :

— Crois-moi, tu regretteras de m'avoir rejeté... Ta mort m'apportera la paix, car je sais que je posséderai ton âme...

En silence, il s'en va. Ambrosio, cherchant à soulager son coeur, pria :

Seigneur, devant ta lumière, je te demande la force de supporter ce moment où la vérité se décolore durement devant mes yeux. Donne-moi le courage de comprendre que la souffrance nous conduit à la vérité, que la force éternelle vient toujours du ciel, que l'amour enveloppe nos coeurs, que la difficulté nous apprend à voir au-delà de nous-mêmes, que l'espoir nous soulève du sol... Même si je sais que tu es éternellement sur nos chemins, que tu nous diriges vers le ciel, je t'en supplie, ô Maître bien-aimé, permets-moi d'être avec toi.

Laisse-moi sentir tes mains sur les miennes, alors que je confie ma vie à ton coeur...

✸ ✸ ✸

Ambrosio, en prison, n'avait pas le droit de recevoir de visites, mais sa préoccupation pour sa famille était évidente. Il ne pouvait supporter de voir la souffrance de ceux qu'il aimait tant.

Daniel se rend chez son père . à l'insu de tous. Il essaie d'intercéder en faveur de son ami. Il emmène son fils avec lui pour rencontrer son grand-père.

A son arrivée, un serviteur l'accueille et s'étonne du changement physique du jeune homme. Quelque temps plus tard, Servio, qui se trouvait avec son fidèle ami Rabbi Eliezer dans la bibliothèque, ordonna à son fils d'entrer. Portant son fils, Daniel les salua respectueusement. Son père lui dit d'un ton sévère :

— Qu'est-ce qui vous amène dans ce lieu que vous avez vous-même renié?

— Mon père, je suis venu pour deux raisons : vous présenter votre petit-fils et intercéder en faveur d'Ambrosio. Il a été emprisonné innocemment et je vous demande de la compassion.

Yara, pleine de haine, en apprenant l'arrivée de son beau-fils, s'approche de lui et reste silencieuse, attendant la réponse de son mari.

Servio, après un long rire ironique, dit :

— Comment osez-vous entrer dans ce manoir, m'amener ce bâtard. Et comment oses-tu me demander de libérer ce paria ? Il a renoncé à nos traditions, il a échangé le confort de cette famille pour vivre parmi de misérables chrétiens, il a renoncé à la noblesse des rabbins pour vivre aux côtés de l'ignoble Marc, qui semble maintenant être son maître dans cette secte, que je verrai un jour fermée - s'approchant de son fils, la main sur son large menton, il poursuivit : - Regarde-toi. Regarde ton apparence, tu ressembles plutôt à un malheureux berger digne de pitié. Tu ne ressembles même pas à mon fils, celui qui était bien traité, accepté et respecté parmi nous. - Avec un profond mépris, il demanda :

— Et cet enfant ? Il est né dans cet environnement et vous voulez que je l'accepte comme mon estimé petit-fils ? Vous avez perdu la tête.

— Père, je t'en supplie, si tu punis Ambrosio à cause de moi, par pitié, libère-le. Dites-moi, que dois-je faire pour l'aider à être libéré ?

Le rabbin s'est approché de son ami et, après quelques instants, a dit d'un ton pensif :

— Mon ami, si votre fils est ici, pourquoi ne pas le ramener ? Je le ramènerai parmi les rabbins, mais il faudra qu'il abjure Jésus-Christ devant tout le monde.

Cela serait très utile pour démoraliser la secte. Laissez l'enfant à ces gens impressionnables et n'osez plus jamais dire qu'il est votre petit-fils. De plus, l'attitude de Daniel n'a été pour moi qu'un moment de folie.

— Tiens, tiens, pourquoi n'y ai-je pas pensé ? Je veux bien le reprendre, libéré Ambrosio, si désormais tu oublies ce christianisme fou et surtout cette histoire de père de ce garçon.

Mon père", dit Daniel, les yeux brillants. Ambrosio est un homme généreux, que j'ai appris à aimer comme un père depuis le jour où il m'a soutenu comme un fils, alors que la mort semblait une certitude. Il est le père de la femme que j'aime, Tamara, la mère de mon fils David, qui, qu'il le veuille ou non, est son petit-fils, et qui est né dans un environnement chrétien.

Jésus vit dans mon coeur et dans mon âme. Je ne peux pas abandonner ma foi, car elle me soutient, et il n'y a pas de négociations dans ce choix, car je suis sûr de ce que je suis et de ce que je veux. Je ne peux pas oublier la sagesse de notre Maître parce qu'il est en moi et qu'il est la raison de mes jours. Le jour où j'ai décidé de suivre mon chemin, pour la première fois, la force de Dieu a vécu en moi.

— Quelle arrogance", a déclaré le rabbin Eliezer.

— Il ne ressemble même pas à l'un d'entre nous.

— Non, je ne suis pas l'un d'entre vous. Je ne comprends pas non plus votre étonnement, c'est vous qui m'avez appris à aimer ma foi et à ne pas renoncer à ce en quoi je crois. Alors, avec la force de mon âme, je vous dis que j'aime le christianisme. Je crois en Jésus-Christ. Je renonce à notre credo et je vis selon la sagesse et les enseignements chrétiens démontrés dans les exemples laissés par Celui dont, un jour, j'ai même douté qu'il soit vraiment le Sauveur. Désormais, je vis à la recherche de l'instruction pour me libérer de l'ignorance. Je te remercie d'avoir connu les lois juives, mais maintenant j'ai choisi ma voie et elle s'appelle l'amour.

Le rabbin, bouleversé par ce qu'il vient d'entendre, ne peut contenir sa rage et, hors de lui, gifle le jeune homme. Un instinct paternel exacerbé pousse Daniel à protéger astucieusement son fils qui ne souffre de rien.

La lèvre en sang, le fils de Servio reçoit l'acte insensé en silence et avec humilité. Complètement furieux, Servio soutient son ami et hurle son fil :

— Quittez ma maison immédiatement et emmenez ce bâtard avec vous, car il ne sera jamais mon petit-fils, tout comme vous n'êtes plus mon fils.

Daniel, berçant affectueusement son fils dans ses bras, trouva la force de porter la dignité qui était la sienne et partit en silence et avec résignation, quittant définitivement l'histoire qui le liait à ce manoir.

L'attitude pacifique de Daniel exaspère encore plus son père. Servio hurle et ordonne au gardien en chef de la prison où se trouve Ambrosio d'aller discuter avec lui.

* * *

À son arrivée, après les salutations, Servio a immédiatement orienté la conversation vers ses objectifs :

— Je sais que vous êtes un homme ambitieux et je suis prêt à vous payer autant qu'il le faudra pour vous débarrasser d'un détenu de la prison locale dont vous êtes responsable. Il s'appelle Ambrosio.

— Monsieur, je suis effectivement responsable de cet homme, mais je suis prêt à le laisser partir car nous n'avons pas trouvé suffisamment de preuves pour l'incriminer. De plus, des noms influents ont également intercédé en sa faveur.

— Comment se fait-il qu'il n'y ait pas de preuve ? - dit le rabbin, déconcerté. - Et le collier que Christian le sanglant a retiré ? N'est-ce pas suffisant pour le mettre à mort ?

— Arrêtons les bavardages et allons droit au but, intervient Servio. - Je suis généreux et l'argent ne sera pas un problème. Je suis prêt à te donner tout ce dont tu as besoin pour faire tuer le prisonnier.

La seule chose à faire est d'organiser son exécution et de simuler un simple suicide. Personne ne nous soupçonnera et je serai enfin débarrassé de ce misérable.

Le patron, pensif, ne peut dissimuler l'avidité dans ses yeux et, sans la moindre compassion, dit :

— Je ne perdrai rien, alors j'accepte. Pendant quelques instants encore, ils restèrent à ajuster l'odieux projet. Lorsque le chef s'en va, le rabbin dit :

— Il faut penser à se débarrasser de cet homme. Je ne pense pas qu'il soit judicieux qu'il reste parmi nous après avoir accompli cette tâche.

— Tu as raison, je ferai en sorte que, dès que nous recevrons la nouvelle de la mort d'Ambrosio, il soit lui aussi exécuté d'une manière très spéciale.

Entre deux verres de vin successifs, les hommes trinquent sur leurs pianos, enveloppés d'une densité qui invisibilise l'atmosphère ; tandis que Yara, montrant les signes souffrants de la folie, reste inerte, dans l'attente des nouvelles du lendemain...

✻ ✻ ✻

Deux jours se sont écoulés rapidement.

Cet après-midi-là, une charrette conduite par Tercio s'approche lentement de sa résidence. A son arrivée, le frère de Damas, oublieux des plans de Servio, en descend, séchant les larmes abondantes qui marquent ses joues. Aussitôt, Marcos, Daniel et Tamara accourent et constatent que le corps inerte d'Ambrosio annonce le pire.

— "Mes amis, dit Tercio sans cacher ses larmes, aujourd'hui encore j'ai essayé de libérer mon frère, mais quand je suis arrivé à la prison, le gardien-chef m'a dit qu'il ne pouvait pas supporter l'humiliation de l'emprisonnement et que, sans aucune explication, il s'était suicidé. J'avoue qu'à ce moment-là, je n'arrivais pas à y croire. La douleur dans mon coeur m'a fait fléchir les genoux. Lorsque j'ai repris mes esprits, je les ai suppliés de me laisser lui donner un enterrement digne de ce nom. Le chef s'est d'abord montré réticent, puis il m'a demandé de le sortir de là immédiatement. voilà donc avec mon frère mort bien-aimé. Oh, mon Dieu ! Aie pitié de nous tous... Pardonnez-moi, Seigneur, mais je ne pense pas qu'Ambrosio se soit suicidé, quelque chose en moi dit qu'il a été tué.

L'expression de la douleur de ces enfants de Dieu était digne de miséricorde. Daniel aidait Tercio à préparer les funérailles d'Ambrosio. C'est alors que Marc, submergé par l'émotion, dit :

.Mon coeur marqué par une forte émotion, je vais chercher dans les paroles de nos ancêtres les mots qui me manquent aujourd'hui : "Nous louons les hommes illustres, nos ancêtres, dans l'ordre de leur succession. Depuis les temps anciens, le Seigneur a créé une gloire immense et manifesté sa grandeur. Des hommes ont exercé l'autorité royale et se sont fait un nom par leurs actes ; d'autres ont été sages dans leurs conseils et se sont exprimés par des oracles prophétiques. D'autres ont gouverné le peuple par leurs conseils, l'intelligence de la sagesse populaire et les sages discours de leur enseignement ; d'autres ont cultivé la poésie ; d'autres ont été riches et dotés de ressources, vivant en paix dans leurs demeures.

Tous ont été honorés par leurs contemporains et glorifiés en leur temps. Certains ont laissé derrière eux un nom qui est encore cité avec éloge. D'autres n'ont laissé aucun souvenir et ont disparu comme s'ils n'avaient pas existe. Ils ont existé comme s'ils n'avaient pas existe, ainsi que leurs enfants après eux. Mais voici les hommes de bien dont les bienfaits n'ont pas été oubliés. En leurs descendants, ils trouvent un riche héritage, leur postérité. Leurs descendants restent fidèles à leurs commandements et, grâce à eux, leurs enfants aussi. Leur descendance est éternelle et leur gloire ne s'éteindra jamais. Leurs corps seront enterrés dans la paix et leurs noms seront perpétués de génération en génération. Les peuples proclameront leur sagesse et l'assemblée proclamera leur louange." [40]

Après une brève pause, Marc a retrouvé sa force face à la douleur d'une perte irremplaçable et a continué :

Mais je me tourne vers Jésus pour réconforter nos coeurs blessés par l'absence de l'ami que nous chérissons dans nos coeurs : Seigneur Jésus, grande est ta lumière. Il est souvent nécessaire de perdre ceux que nous aimons afin de cimenter cet amour. Aujourd'hui la douleur n'est pas absente de nous car un homme digne repose dans tes bras, un amour éternel que la vie nous a fait reconnaître comme des frères. Apprends-nous à continuer encore un peu et à accepter l'absence de ton fils. Apaise notre douleur et transforme-la en foi et en espérance. La mort est un nouveau départ

---

[40] (N.A.E. Ferdinand) Ecclésiastique 44:1-15

et la vie pour ceux qui restent est une nouvelle occasion de recommencer...

Emportés par la forte émotion de ce moment, les larmes n'ont pas manqué sur les joues de chacun.

Leur foi en Jésus ne leur permet pas de douter ou de juger la situation. Dans leur coeur, il y avait un doute sur la véritable cause de la mort d'Ambrosio, mais c'était à eux de continuer leur chemin, en faisant confiance au lendemain...

Pendant ce temps, dans l'invisible, à Jade, Ambrosio est accueilli à la lumière de la bonté céleste que les émissaires de Dieu exercent en faveur de ceux qui franchissent les portes de cette grande Station de l'amour.

Chapitre 15

Daniel, le converti d'Alexandrie

> *"Pourquoi avez-vous peur ? Ils eurent très peur et se dirent l'un à l'autre : "Qui est celui-ci, à qui obéissent le vent et la mer ? Qui est celui-ci, à qui obéissent le vent et la mer ?"*
>
> Marc, 4:40-41

Les jours passent vite.

Marc s'était attaché à Daniel et, tel un père aimant, passait des heures à l'instruire des enseignements de Jésus.

Cependant, la santé de l'apôtre se détériore de jour en jour. Les années et les difficultés d'une vie restreinte ont eu raison de son corps fragile.

Cet après-midi-là, la famille d'Ambrosio se trouvait dans l'église d'Alexandrie, attendant la conférence de Marc. L'apôtre avait perdu ses forces, mais ses poumons le faisaient souffrir de crises respiratoires.

Parce qu'il était faible et qu'il avait confiance en son nouvel apprenti, Marc demanda avec amour à Daniel de l'accompagner dans l'auditoire. Après une sublime prière, Marc posa sa main droite sur l'épaule du jeune homme et dit :

— Mes amis, mon esprit est fort, mais mon corps est fragile et limite mes pas. Aujourd'hui, je donne ma parole à Daniel, mon fils de coeur, et je vous demande de l'accueillir comme vous l'avez toujours fait pour moi.

— C'est le fils de Servio, nous ne voulons pas de lui ici", a déclaré un villageois.

— Ce temple accueille tout le monde", a déclaré Marc

- S'il m'aime, comme il me l'a dit un jour, prenez-le dans vos coeurs et écoutez ce qu'il a à dire sur Jésus.

Après ce petit tumulte, même certains de ceux qui étaient contre se sont tus. Parmi les personnes présentes se trouvait Abdias, qui s'était infiltré dans la communauté selon les instructions du rabbin Eliezer.

Il tenait le rabbin et Servio au courant de tout ce qui se passait chez les disciples du Christ.

Daniel, surpris et effrayé, mais avec courage, a cherché la force et l'inspiration pour commencer la conférence du jour :

Je comprends l'attitude de chacun ici, rejetant mes origines et voyant le fils de Servio dans ce temple de l'amour. Oui, j'ai été élevé pour être un jour rabbin et suivre les origines de ma famille selon notre credo, le judaïsme, mais lorsque j'ai découvert les enseignements de Jésus-Christ à travers Marc, je n'ai pas pu m'empêcher de croire qu'il était enfin le Sauveur promis. Cependant, j'avais beau écouter, j'étais sourd; j'avais beau voir, j'étais aveugle ; j'avais beau parler, j'étais muet ; parce que mes paroles étaient vides, sans la profondeur que Jésus demandait à tous ceux qui l'écoutaient. Croyez-moi, j'ai entendu, j'ai senti et j'ai oublié mon passé pour vivre aujourd'hui ma conversion... Par amour pour le Maître, j'ai renoncé à ma vie et me voici, non pas comme un maître, mais comme un apprenti qui porte dans son coeur la soif d'apprendre et la compassion pour ses enfants de Dieu. Jésus, dans sa grandeur, n'a caché à personne son amour et sa sagesse ; il a cherché dans la simplicité de l'expression le moyen de rapprocher Dieu du coeur des vivants, en quête de régénération et de foi.

Les enseignements du Maître sont nombreux, mais l'un d'entre eux a touché mon âme le jour où Marc l'a partagé avec nous : "Il se remit à enseigner au bord de la mer. Une foule très nombreuse vint à lui, de sorte qu'il monta s'asseoir dans une barque qui était sur la mer. Tout le peuple était à terre, au bord de la mer. Il leur enseignait beaucoup de choses en paraboles.

Dans son enseignement, il leur disait : "Écoutez, voici le semeur qui est sorti pour semer. Comme il semait, une partie de la semence tomba le long du chemin ; les oiseaux vinrent et la mangèrent. Une autre partie tomba sur un terrain pierreux ; la terre manquant, elle poussa aussitôt, parce qu'il n'y avait pas de terre profonde; mais quand le soleil se leva, elle fut brûlée, et comme elle n'avait pas de racine, elle se dessécha. Une autre partie est tombée parmi les épines ; les épines ont poussé et l' o n t étouffée, et elle n'a pas porté de fruit.

D'autres sont tombés dans la bonne terre et ont porté du fruit, ils ont poussé et se sont développés; l'un en a porté trente, l'autre soixante et l'autre cent.[41] Le semeur recueillera les paroles de l'enseignement de Jésus et devra se rendre compte qu'il les sèmera souvent dans des coeurs qui ne sont pas encore prêts à les entendre, qui succombent à la moindre difficulté, et que leurs faiblesses arracheront à leur être. Beaucoup de coeurs sont comme des pierres et, parmi les épines, ils reçoivent avec bonheur les paroles du Seigneur, mais sans racines profondes, lorsqu'ils sont confrontés à la persécution ou à l'angoisse, ils sont vite submergés par la faiblesse et ne se ressaisissent pas. Là, il y a des coeurs purs prêts à recevoir l'enseignement et là, il est cultivé avec amour, travail et foi.

---

[41] (N.A.E. Ferdinand) Marc, 4:1-9

Alors Jésus conclut : "Qui apporte une lampe pour la mettre sous le boisseau ou sous un lit ? Ne l'apporte-t-il pas pour la mettre dans le chandelier ? Car il n'y a rien de caché qui ne soit révélé, rien de secret qui ne vienne à la lumière. Si quelqu'un a des oreilles pour entendre, qu'il entende.[42] La parole de Jésus est comme une graine semée en terre. Elle ne germera que le jour où nous serons prêts à la laisser s'enraciner dans notre être. En attendant, nous serons ceux qui entendent sans écouter, qui parlent sans parler et qui aiment sans aimer. Lorsque Jésus franchira les portes de nos coeurs, nous aurons alors un monde structuré par l'amour, la miséricorde et la foi...

Le silence s'abattit sur les personnes présentes.

Dans le monde invisible, une lumière bleutée enveloppait les personnes présentes, les apaisait et leur apportait un sentiment de paix qui les touchait en plein coeur.

Au bout d'un moment, les personnes présentes sont parties, Marc, visiblement heureux, a serré Daniel dans ses bras et lui a dit :

Aujourd'hui, ma journée a été bénie. En écoutant vos paroles, mon coeur a été couronné d'une immense fierté, car je sais que Jésus repose dans votre coeur et votre esprit.

Avant qu'il ne puisse terminer sa phrase, le jeune Abdias s'approche lentement de Daniel. Surpris, son ami l'accueille chaleureusement et le prend dans ses bras:

— Que Jésus soit loué ! Allez, mon ami, dis-moi, si tu es ici avec nous, c'est que tu t'es converti au christianisme.

Abdias reste inerte, il ne s'est pas converti et ne fait que suivre les ordres de Rabbi Eliezer. Habilement, il dit :

— Ne vous méprenez pas, je ne suis pas un converti, je suis juste ici pour en apprendre un peu plus sur ce credo

---

[42] (N.A.E. Ferdinand) Marc, 4:21-23

Soupirant profondément, il change le cours de la conversation.

- Depuis le jour où il a démissionné, chaque fois que je le peux, je viens ici pour assister aux conférences de Marc. Aujourd'hui, j'ai été surpris de te voir, mon ami, avec une telle maîtrise des enseignements chrétiens. - Il poursuit en regardant Tamara : Je me rends compte que l'amour entre toi et la fille du marchand a porté ses fruits. Je ne comprends pas ce qu'il y a en Jésus-Christ pour que toi et d'autres abandonniez votre vie et viviez dans des conditions restreintes, en intégrant la foi comme raison de vivre. Dans tout ce que j'ai vu parmi nous, il n'y a rien de comparable aux démonstrations de foi que j'ai vu ici. Même si les rabbins ont fait remarquer que sa conversion n'était qu'une attitude de jeunesse et qu'il reviendrait bientôt à la parole juive

—Il regarde son ami et poursuit : -Regarde, ton apparence a changé, tu ne ressembles plus à quelqu'un de notre quartier. Daniel tient silencieusement son fils dans ses bras, a déclaré avec fierté :

— Oui, c'est mon fils David et c'est à lui que j'offrirai les enseignements qui sont aujourd'hui la raison de mon existence, le christianisme. Je ne suis pas devenu fou, mon attitude n'a pas été irréfléchie ou inconséquente ; je sais ce que je veux et je ne reviendrai pas à professer les paroles jueves auxquelles je ne crois plus, même si je les respecte.

Ambrosio, lorsqu'il était parmi nous, disait toujours : "La vie ne nous offre pas toujours ce que nous voulons, mais j'ai tout ce dont j'ai besoin". J'affirme que c'est vrai, et j'ai tout ce dont j'ai besoin : mon fils, ma femme et la compagnie de Marcos et Tercio, dont je reçois les instructions du christianisme avec simplicité mais avec la force du ciel. Je suis heureux comme je suis et avec ce que j'ai. Je ne manque de rien.

— Je ne comprends pas un tel courage pour cette conversion. Dans ces contrées, malgré l'expansion croissante du christianisme, on entend déjà des rumeurs de l'Empire selon lesquelles des persécutions sanguinaires ont été lancées contre les chrétiens. N'avez-vous pas peur de demain?

- Je ne vais pas vous répondre par un enseignement chrétien, car je sais que vous ne me comprendrez pas, mais je cherche les mots que vous connaissez dans les écritures de nos ancêtres?

"Le Seigneur est mon berger, je ne manquerai de rien. Il me fait reposer dans de verts pâturages. Il me conduit vers les eaux tranquilles et me redonne des forces, il me guide dans les sentiers de la justice, à cause de son nom.

Même si je traverse une vallée sombre, je ne crains aucun mal, car tu es à mes côtés, et ton épaule et ton bâton me rassurent.

Tu dresses la table devant moi, devant mes oppresseurs ; tu oins d'huile ma tête, et ma coupe déborde.

Oui, le bonheur et l'amour m'accompagneront tous les jours de ma vie ; ma demeure est la maison du Seigneur pour des jours sans fin.[43]

— J'ai toujours admiré votre force", a déclaré M. Abdias.

Depuis l'époque où nous avons étudié ensemble, tu as fait preuve d'une grande différence, même si tu es le fils de Servio. Mon ami, pardonne-moi d'avoir cru que je pourrais te faire changer d'avis.

— "Je comprends votre position, dit Daniel, et je sais que vous êtes ici à la recherche de votre vieil ami, mais ce que je peux vous offrir, c'est mon Nouveau coeur de chrétien.

Quelque temps plus tard, Abdias s'en va, le sourire aux lèvres. Marc, réfléchissant, a entendu la conversation et a dit :

— Tu sais que, pour moi, tu es un fils dont je suis très fier. En si peu de temps, ton dévouement est déjà visible dans cette

---

[43] (N.A.E. Ferdinand) Psaume 23

communauté – en respirant avec difficulté, il a continué : - Ces jours ont été difficiles pour moi, et je sens que bientôt je ne serai plus là. Votre ami a raison en ce qui concerne les dures persécutions lancées contre le Christ. Beaucoup profitent de la folie de Rome. J'ai donc peur du lendemain, mais j'ai confiance en Jésus, car je sais qu'il ne mourra pas avec les abus que nous avons tant vus au fil des ans. Vous êtes jeunes, mais vous portez un vieil esprit, et la seule chose que je vous implore de faire, c'est de ne pas perdre la foi face à n'importe quelle situation. Tout passe dans nos vies, mais l'important est de savoir quoi faire de ce qui reste ou de savoir s'il faut repartir à zéro. Même face à une persécution injuste, nous devons garder l'esprit sur le Seigneur. Personne n'ignore la volonté de Dieu, et tout s'équilibre avec le temps. Le temps est l'émissaire du Seigneur et tout se rétablit. Ce qui reste, c'est ce que nous avons appris et la certitude que Jésus ne nous a pas abandonnés. Il est toujours avec nous. Il est la source vivante de notre espérance et la force de notre foi. Le vent souffle et passe. La pluie arrose et passe. La mer agitée se calme et passe. Le froid gèle et passe. Le soleil brûle et passe. La nuit apporte des ombres et passe, parce qu'un nouveau jour naît toujours. Jésus fait confiance à chacun d'entre nous, alors gardez toujours dans votre cœur la certitude que dans la vie terrestre, tout va et vient, mais que la foi, consolidée par l'amour et l'espérance restera.

Chapitre 16

Marc devant les rabbins

"Suivez-moi et je ferai de vous des pêcheurs d'hommes."

Marc, 1:17

Ce matin-là, à Alexandrie, les rues étroites étaient bordées d'une luxueuse caravane venue de Rome, amenant Versus Lucius Antipas à la demande de Servio.

S'arrêtant devant la résidence, Versus entra immédiatement à l'intérieur, ignorant les serviteurs qui tentaient de l'aider. En entrant dans la bibliothèque, Servio, qui l'attendait, le salua et lui proposa son aide.

-Un rafraîchissement lui est offert. Après les salutations, Versus est passé directement au sujet qui l'avait amené là.

Mon ami, je suis romain de naissance, mais je suis cofondateur.

Je connais très bien cette région de Palestine. Mes affaires ont été compromises, notamment mes transactions d'esclaves, parce que l'empire a envoyé des hommes pour vérifier l'état du commerce. Malheureusement, le mouvement chrétien dans ces régions a eu une très grande influence sur mes affaires. Les ports d'Alexandrie sont stratégiques pour moi, je ne permettrai donc pas que ce christianisme ait un impact sur nos négociations. Je m'efforce de déplacer la traite des esclaves ici et je ne suis pas heureux de savoir qu'un dirigeant chrétien pourrait la menacer.

-Vous savez que nous partageons la même opinion. Ici, les chrétiens se répandent comme la peste et les travailleurs du port abandonnent leur poste pour suivre l'un des apôtres de Jésus, Marc, qui les influence avec ses idées d'amour du prochain, de renouveau de la foi et autres balivernes. Même mon fils Daniel s'est plié à ce mouvement - plein de haine, a-t-il poursuivi: - J'ai demandé votre présence parce que je veux que vous m'aidiez à faire taire es salauds.

- Amenez-moi cet homme, je veux le rencontrer. En fait, je veux rencontrer tous ceux qui prétendent être apôtres du Christ. Un certain Pierre m'a surpris par son arrogance, et Marc aurait été son disciple. Après tout, il faut connaître l'ennemi pour pouvoir l'exterminer - soupire-t-il : - Ce sera très facile pour toi, car tu as une forte influence sur les rabbins. Forcez-les à emmener le chrétien au temple juif pour une simple discussion, une mise au point sur le comportement du christianisme dans ces contrées - avec des yeux rouges, sans pitié, il poursuivit:

Rappelez-vous que nous ne pouvons pas nous laisser intimider par ces gens infâmes, et que nous ne pouvons pas non plus être affectés dans nos affaires. Ne m'obligez pas à agir contre vous, je sais très bien ce que je fais de mes ennemis et de ceux qui me trahissent.

-Je serais idiot de m'opposer à vous, je sais de quoi vous êtes capable. D'ailleurs, mes intérêts sont très clairs : la richesse.

-Et son fils Daniel ? Il s'est converti.

En plus de l'argent, ne s'agit-il pas de vengeance ?

Servio, visiblement agacé par la question, répond :

-Il m'a défié et a abandonné tout ce que je lui avais donné en échange de cette maudite foi. Pouvez-vous croire que j'ai accepté cette situation pacifiquement ? Je ne me reposerai pas un seul jour avant de voir ce Marcos humilié et tué. Je travaille déjà pour que ce moment arrive. N'oublie jamais que je viens aussi de ton école et que je comprends très bien le sujet de la vengeance.

Ainsi, La journée s'est poursuivie, Versus et Servio ont articulé leurs plans, cherchait, avec les rabbins locaux, suffisamment de force pour intensifier la persécution des chrétiens.

Deux jours se sont écoulés.

Cet après-midi-là, un messager se rend à la maison des frères à Damas pour leur remettre une lettre. Marc, affaibli, est soigné par Tamara et Daniel, tandis que Tercio fait du commerce. Après la lecture à haute voix, le visage de l'apôtre montra son inquiétude. Daniel dit respectueusement :

- Je ne comprends pas cette convocation immédiate, surtout venant de Rabbi Eliezer. Ce n'est pas un homme à bavarder, j'ai été témoin de nombreuses démonstrations d'inflexibilité de sa part, qui ont conduit beaucoup de gens à des épreuves indéniables - après une brève pause, il a continué : - Quoi qu'il en soit, nous devons y faire face. Alors je t'accompagne, ta santé ne te permet pas de t'exposer.

- Ma chère, quoi qu'il en soit, j'irai, car je ne peux pas les craindre. D'ailleurs, on m'a déjà demandé plusieurs fois de me présenter devant eux. Malheureusement, ma santé est fragile, mais je ne refuserai pas.

-Pour l'amour de Dieu", dit Tamara, visiblement inquiète. - Cette lettre m'a touchée au cœur et je ne peux pas omettre mon inquiétude, quelque chose en moi me dit qu'elle n'est pas infondée. Je crains pour notre sécurité à tous les deux.

-Ma bien-aimée", dit Daniel, après avoir déposé un baiser sur le front de sa femme. - Nous nous en sortirons. Pour l'instant, je veux que tu t'occupes de notre David et que tu préviennes ton oncle de ce qui se passe.

Sans tarder, ils disent au revoir à Tamara et se rendent au temple juif, où l'attendent les rabbins conduits par Servio. Dans la galerie, Versus garde les yeux rouges et brillants, mais en silence.

En entrant, Daniel soutient affectueusement son ami. Cette scène exaspère encore plus Servio, qui passe immédiatement le mot au rabbin Eliezer.

Nous ne pouvons pas nier que son influence est une réalité dans ces régions. Nous avons appris qu'en plus des questions religieuses, elle s'immisce désormais dans les affaires locales. Nous avons entendu dire que les dockers quittaient leur emploi en raison de leur foi chrétienne - a-t-il poursuivi avec arrogance : - Ils prônent l'égalité, l'amour, la compassion, des concepts stupides que seul ce Jésus était capable de prononcer. Pour moi, c'est de la folie. Et maintenant, nous vous appelons ici, parce que nous voulons savoir si vous encouragez l'action organisée de ces hommes.

L'apôtre, avec humilité mais un courage indéniable, a dit :

-Mes amis, depuis le passage de notre Seigneur Jésus-Christ parmi nous, je me suis efforcé de transmettre sa vie et ses enseignements, en démontrant par mes actions que, en tant qu'enfant de Dieu, je peux être un homme vrai et meilleur. Tant que le souffle de vie sera en moi, je proclamerai et témoignerai de la bonne nouvelle dans laquelle je suis établi.

-Dis-nous, dit Eliezer. - D'où viens-tu ?

-Je suis né en Palestine et je suis issu d'une bonne famille.

-Mon nom hébreu est Jean, mais avec le nom romain de Marc, je me souviens du jour où j'ai rencontré les premiers disciples du Seigneur à Jérusalem. C'est là que Pierre, auquel mon âme s'incline et avec lequel j'ai enregistré de nombreux faits de la vie du Maître, s'est réfugié après avoir été libéré de la prison froide.

Versus, incapable d'intervenir, reste silencieux et pensif. Le rabbin poursuit avec colère :

-Vous, les chrétiens, vous êtes honteux et insolents. J'ai rencontré beaucoup d'hommes insolents, mais je pensais ne jamais les revoir. Je suis frappé par votre arrogance. Je dis que vous n'êtes pas authentiques, vous n'êtes qu'un écho de Pierre, que j'ai entendu à quelques reprises.

-Cela ne me dérange pas que les gens pensent cela. Pour moi, Pierre est un père bien-aimé, et tout ce que j'ai écrit à Rome sur Jésus aurait été impossible sans son aide. J'ai essayé d'enregistrer tous ses souvenirs des enseignements du Seigneur, surtout parce qu'il était celui qui était le plus proche de lui. Il a partagé ses journées avec le Christ, ses joies et, surtout, il a été témoin de ses actes. Je n'ai pas écouté le Seigneur, je ne l'ai pas accompagné, mais Peter, oui, il avait toutes les informations nécessaires pour traduire et enregistrer.

-Ce qui me surprend chez ces chrétiens, dit le rabbin, c'est leur résistance. Ils vivent dans notre monde et professent une foi irréelle. Ce Jésus parle d'un royaume sans même en avoir eu un, parce qu'il était un homme ordinaire et qu'il n'avait rien de céleste. Il n'était pas non plus roi.

Marcus, en quête d'inspiration, a dit :

-Je me souviens d'un enseignement du Maître qui disait : "Mon royaume n'est pas de ce monde. D'où je viens, mon royaume n'est pas pavé du marbre des Césars, Il n'est pas non plus brodé avec le lin qui fait aujourd'hui partie de la tenue noble des hommes importants de la société. Mon royaume n'est pas établi sur les trônes des rois qui m'ont précédé ; il est établi dans le cœur des hommes et dans l'esprit de ceux qui sont pleinement convertis et qui mettent de côté les causes minimales. Beaucoup, au nom de la religion, choisissent des positions de premier plan et utilisent le nom de mon Père pour les causes de la vie corporelle et leurs besoins personnels. Cependant, ils oublient que l'existence de chaque personne dépasse les limites de l'œil et de l'esprit, parce que ce dernier ne meurt pas à la matière, mais la matière meurt à l'esprit. Tant que les gens se concentreront uniquement sur les causes immédiates, en cherchant des réponses immédiates dans leurs credos, ces hommes qui prétendent être les représentants de Dieu cultiveront le royaume terrestre et non celui transmis à travers les âges, structuré par l'amour et la compassion. La sagesse de mes paroles vaincra la fureur des temps, elle remplira de lumière les maisons pleines de colère... et les cœurs de ceux qui sont vides seront éclairés par les leçons que je laisserai sur la Terre, mais je sais que personne ne change d'un jour à l'autre, la maturité spirituelle vient au temps de Dieu, parce que le Seigneur ne fait pas payer, mais il attend, enseigne et comprend les limites de ceux qui sont loin de mon cœur. Je crois qu'un jour ils se libéreront l'esprit, mais ils respecteront ceux qui m'ont précédé, avant d'arrêter mon arrivée sur le terrain. Gardons une foi rationnelle, durable et instructive pour que les choses terrestres ne changent pas le cours des cœurs de ceux qui se disent ouvriers de Dieu. Chaque jour est une nouvelle occasion de transformer les chemins de la vie en un royaume parfait d'espérance et de paix, de trouver dans chaque acte la certitude qu'un jour tu reviendras sur la terre avec la conscience de la mission que tu as entreprise et accomplie devant Dieu et devant l'humanité."

-Soyez maudit", dit le rabbin. - Vous ne pouvez pas me tromper. Essayez-vous de porter un jugement sur les attitudes de nos anciens ancêtres? Vous parlez d'un royaume éternel de lumière et vous insultez la sagesse des pages d'Abraham. Moïse a travaillé avec des mains puissantes et a fait se prosterner l'humanité à ses pieds. Ces terres ont été marquées par les empreintes de Moïse, qui a scellé parmi nous la force de toute une vie. Au cœur de notre livre saint, nous trouvons l'histoire parfaite de nos origines, la création du monde, notre origine, Abraham se consacrant à Dieu dans une alliance d'amour, la libération des enfants d'Israël d'Égypte et le pèlerinage de quarante ans vers la terre promise. Sans Moïse, nous ne serions pas là, car il a reçu la mission d'enseigner à un peuple ignorant, dont Dieu avait confié la garde temporaire. Ne m'apprenez rien, car je n'ai pas besoin des leçons du charpentier, dont je ne crois même pas à l'existence. Vous avez envahi nos terres comme une peste qui se répand sans entrave, mais croyez-moi, aucune peste ne vit éternellement, et nous allons faire taire ce Jésus sur le sol égyptien.

Comprenant que Daniel allait prendre la parole, Marcos freine son élan d'un geste spontané en lui saisissant le bras. Avec une expression sereine et mature, il lui dit :

Non, je ne manque pas de respect au passé, car il a été important pour nous tous, mais Moïse lui-même a dit qu'un jour Dieu enverrait celui qui a été promis, et c'est Jésus. J'ai appris tout au long de ma vie que nous commençons beaucoup de batailles, mais que nous ne pouvons pas garder l'amertume d'une défaite pour demain. Je ne cherche pas à expliquer les événements d'hier, je les respecte. Aujourd'hui, il est temps de chercher de nouvelles voies et de recommencer. Pour que les graines de la sagesse germent, le cœur doit être préparé à la nouveauté. Cette transformation est la nôtre, pas celle de ceux qui nous suivent à nos côtés. Nous sommes les gardiens des lois célestes, mais nous ne sommes pas les propriétaires. Nous sommes les gardiens des lois célestes, mais nous n'en sommes pas les propriétaires. Nous sommes d'authentiques chrétiens et nous aimons Jésus parce que nous sommes le résultat de nombreuses vies, parce que notre foi nous établit fermement sur le sol appelé vie. En conclusion, même face aux lois du passé représentées par cette tribune, je vis et je mourrai en disant "Salut, Christ", parce que nous marchons dans tes pas. Dans son cœur, nous ressentons et dans ses enseignements, nous restons fermes, parce que nous l'aimerons éternellement.

À ce moment-là, les personnes présentes se sont senties visiblement mal à l'aise. Une agitation se produisit, mais Rabbi Eliezer, essayant de contrôler la situation, dit :

-Malheureusement, j'ai été trahi par quelqu'un à qui j'ai consacré mes journées, mon étudiant est devenu chrétien et soutient ce voyou. Alors, que la loi soit respectée pour tous les deux. Sortez-les d'ici.

Marc, soutenu par Daniel, se retire discrètement, tandis que les hommes continuent à se rassembler. Après de nombreux commentaires, Servio intervient :

-Chers amis, cet homme est un affront à notre société. Nous devons agir rapidement.

-"Messieurs, dit Versus avec une haine visible, je suis de passage dans cette région et je repars demain, mais si vous voulez faire taire le mouvement chrétien d'Alexandrie, le seul moyen est de faire taire le chef. J'avoue que je m'attendais à un homme fort, mais celui qui se présente ici n'est qu'un malade en fin de vie. Si Mark meurt, le courage de ses partisans mourra avec lui. Les dockers devront être punis et contraints de retourner au port. Ainsi, le pouvoir religieux local restera entre leurs mains. - Je vous suggère de ne pas perdre de temps, car s'il meurt de mort naturelle entre les mains des chrétiens, son nom sera renforcé. Mais s'ils en font un exemple entre leurs mains, ils auront le contrôle de la situation.

Une nouvelle discussion s'engage, Servio dit froidement :

-En effet, Versus a raison, il faut agir habilement et bannir cette caste maudite de ces lieux. Vous aurez mon soutien, il suffit que la rue trouve une accusation, une seule accusation fatale, pour que Marcos soit conduit en prison. Là, nous pourrons agir de manière très particulière. N'oublions pas que l'homme que nous avons vu ici tout à l'heure est très malade. Nous pouvons utiliser sa maladie comme cause de sa mort pendant qu'il est en prison. Le corps vous sera remisafin que vous puissiez faire un exemple de vos pouvoirs auprès du peuple.

- Tu as raison, dit Eliezer, nous ferons en sorte qu'il soit réduit au silence le plus rapidement posible.

Ainsi, ces hommes ont continué à définir la pour emmener l'apôtre en prison...

Chapitre 17

Dernière prédication de Marc à Alexandrie

> *Il leur dit : "Allez par tout le monde, et prêchez l'Évangile à toute créature".*
>
> Marc, 16:15

C'était au début de l'année 68.

Le temps a suivi son cours, et les personnages de cette histoire ont lutté jour après jour pour continuer à écrire les pages de leur vie.

À la résidence Servio, l'agitation est évidente. Après la mort d'Ambrosio, Yara a montré de sérieux signes de démence. Après tout ce qui lui est arrivé - ses actes contre Odila et Ambrosio - la dure peine du remords et le poids de sa solitude lui sont devenus insupportables. N'ayant plus la force de continuer à vivre, il épargne la vie de Benjamin, son serviteur, mais pas la sienne.

Ce matin-là semblait être le début de la journée

Les cas les plus fréquents, mais les cas les plus graves ont été annoncés.

Un serviteur entre dans les appartements de Yara et la trouve allongée sur le sol. La scène de deuil témoigne de la triste réalité : elle s'est suicidée en ingérant un puissant poison.

Après une grande précipitation, Servio s'est approché et a réalisé :

-Elle est morte - ordonne-t-il en regardant un serviteur : - Va chercher Rabbi Eliezer, car un médecin ici n'aura rien à faire.

Sans oser le contredire, il part immédiatement accomplir ses ordres.

✳ ✳ ✳

Quelque temps plus tard, le rabbin pénètre dans les couloirs de la résidence de son ami et se rend à la bibliothèque où se trouve Servio :

-Mon ami, je suis venu aussi vite que j'ai pu.

Allez, dites-moi ce qui s'est passé.

Après une brève description des événements, ils se rendent dans la chambre de Yara.

A leur arrivée, ils trouvèrent une scène modifiée, que Servio avait ordonné aux domestiques d'arranger de manière à effacer les preuves du suicide, laissant le corps inerte sur le lit. Servio, avec la froideur inhérente à sa personnalité, dit, sans compassion :

-Elle s'est suicidée. Nous l'avons trouvée allongée sur le sol, et il semble qu'elle ait mélangé du poison à une boisson gazeuse. Je n'ai appelé personne d'autre, parce que je ne peux pas leur dire que ma femme est morte comme ça.

Réfléchi, le rabbin dit après quelques instants :

-Ne vous inquiétez pas, nous dirons que la cause de la mort est une maladie soudaine, et je l'appuierai moi-même. Je vous dirai que j'en suis la preuve vivante, car j'ai vu tout ce qui s'est passé ici, et je serai votre alibi.

Je pense que c'est mieux ainsi. Notre union n'était qu'apparente et je ne veux pas que cela affecte mon image dans la société. Fais tout ce que tu peux pour que cela reste entre nous.

Lorsque la nouvelle parviendra à notre société, je devrai représenter la figure d'un homme en souffrance, condamné par deux fois à la triste douleur du veuvage et de la trahison de son fils unique.

-C'est d'ailleurs le meilleur moyen de ne pas ternir votre image.

Ils sont partis rapidement et se sont dirigés vers le jardin.

* * *

Installé dans un siège confortable, tout en étant servi par les domestiques qui restent silencieux, le rabbin dit d'un air inquiet :

-Je sais que ce n'est pas le bon moment, mais je viens de recevoir des nouvelles de Versus sur le mouvement chrétien dans l'Empire romain.

Cela m'intéresse beaucoup, allez, dites-moi. Une grande persécution des chrétiens a commencé.

Ils disent que l'organisation de l'empereur Néron n'accepte plus le christianisme sur leurs terres à cause de la rumeur selon laquelle ils seraient responsables de l'incendie criminel de Rome. Les chrétiens sont arrêtés et martyrisés dans les arènes.

-Allez, ne me dites pas que c'est trop né pour nous. Il faut utiliser ce moment en notre faveur. Les apôtres sont probablement la cible de cette fureur.

-Oui, il affirme qu'Alexandrie doit être incluse dans ce contexte, parce que les noms des apôtres sont synonymes de persécution.

-Alors qu'attendez-vous ? Pourquoi ne pas annoncer Marcos ?

-J'ai déjà pris des dispositions pour que cela se fasse. Enfin, nous aurons à nouveau un pouvoir religieux sans l'influence de cette caste - après un long soupir, le rabbin a poursuivi:

-Il ne reste plus qu'à attendre demain.

✳ ✳ ✳

Les jours ont passé après la réunion de Servio et le rabbin.

Ce matin-là, un messager est arrivé à la résidence des frères à Damas et a été accueilli par Tercio et Daniel. Après les avoir salués, ils se rendent dans la chambre de Marc.

En raison de la détérioration de son état de santé, l'apôtre s'allonge dans un simple lit, tandis que Tamara lui sert affectueusement le petit déjeuner et que le petit David dort paisiblement à ses côtés.

Quelque temps plus tard, le messager a dit :

-Malheureusement, les nouvelles que j'apporte ne sont pas bonnes. Beaucoup se précipitent dans toutes les fondations chrétiennes, comme moi, pour annoncer la mort de Peter. Ils disent que notre ami a beaucoup souffert et qu'il a été soumis à une terreur extrême. Cela ne se passe pas seulement à Rome. Je suis venu vous dire que son nom est considéré comme un exemple pour les communautés chrétiennes.

Sa pâleur laisse place à l'éclat des larmes non retenues qui marquent les joues de Marcos. Son visage ne cachait pas sa tristesse face à la perte de son grand ami. Après s'être remis de sa forte émotion, il dit :

-Pierre a été ma base et, grâce à ses enseignements et à sa patience face à mon ignorance du Christ, il a fait de moi une meilleure personne.

-Il a fait de moi ce que je suis. Je lui dois tout ce que je sais de notre Maître

Jésus, ainsi que la certitude que mon chemin s'appelait christianisme.

Beaucoup m'accusent de n'être qu'une copie de la voix de cet homme, mais c'est impossible, car il fait écho à la force de la foi. En ce moment, j'ai l'impression qu'on m'a froidement arraché un morceau de mon cœur sans aucune pitié, c'est comme si j'étais mort, mais je dois continuer à respirer. Il était mon père, non par le sang, mais par l'esprit, et en tant que fils, en ce moment, je ne peux que prier.

À ce moment-là, l'apôtre, submergé par l'émotion, chercha l'inspiration dans l'air, changea l'orientation de la prière de la lamentation à l'évocation de la force et continua :

Seigneur, comme chaque jour de ma vie, je redécouvre la grandeur de Ta lumière, mais je Te demande de la compréhension, car je sais qu'il est souvent nécessaire de perdre tout ce que nous aimons pour trouver le plus grand amour, l'amour céleste. Je sais que Pierre, exemple de persévérance, de discipline et de foi, repose dans Tes bras, mais enseigne-nous à accepter les lois qui dépassent notre entendement et que, même en portant la douleur profonde de ce départ, je puisse trouver le chemin et continuer. Avec Pierre, j'ai appris, Seigneur bien-aimé, que ton nom sera toujours béni parmi tous les césars, gouverneurs et empereurs de la terre, parce que tu seras toujours le grand Roi de toutes les créatures. Et toutes les religiosités qui naissent ne sont pas en mesure d'effacer ton souvenir du cœur de l'humanité. Permets-nous de nous incliner devant ton amour fraternel et, lorsque nos cœurs sont épuisés et prêts à abandonner, de te supplier de nous donner la main... Permets-nous d'être ceux qui te tiennent la main et qui soupirent non seulement de plainte mais de gratitude, gratitude parce que la mort nous rappelle la vie, la vie nous rappelle les nouveaux commencements et le Seigneur nous rappelle la foi ! Donne-nous donc une raison suffisante pour nous lever avec confiance. Donne-nous la force de la lumière divine pour que nous ayons, non seulement dans le cœur, la volonté de continuer, mais la certitude que le Seigneur est le but pour nous tous. Tant que nos larmes sont si nombreuses que nos yeux ne voient plus la destination, permettez-nous, Seigneur, les assécher pour que, dans le désert de la solitude, nous puissions voir au-delà de la souffrance et trouver ceux qui implorent toujours un peu plus de ton amour. Donne-nous quelqu'un avec un visage sale pour réchauffer nos cœurs quand nous n'avons plus la compagnie de ceux que nous aimons. Donne-nous, Seigneur, quelqu'un qui a les pieds nus pour que nous puissions, à chaque pas, le diriger vers l'éducation du ciel. Accorde-nous, Seigneur, ceux qui seuls sont coupés de la terre par la mort, pour que nous puissions, en chacun, être le miroir de ta force et de ta lumière et enfin, Seigneur bien-aimé, sois toujours l'espérance vivante dans nos âmes, parce que tu seras toujours la source qui nous renouvelle et nous oriente éternellement.

✶ ✶ ✶

À l'époque, en raison de la dégradation de son état de santé, Mark ne se rendait pas aussi souvent aux réunions chrétiennes.

L'après-midi de ce jour-là, l'apôtre demanda à Tercio et à Daniel de le conduire à l'église.

Lorsqu'il arriva, les personnes présentes furent ravies de voir Marc. Sans se plaindre de ses souffrances, il s'installe sur un simple siège et, après la prière, commence à parler avec difficulté mais avec affection :

- Mes amis, je me souviens d'un après-midi chez Pierre, à mon retour de Rome, qui, évoquant les souvenirs des jours vécus avec Jésus, disait : "Ce fut un printemps inoubliable où la figure du Christ était vivante et présente parmi nous. Ce matin-là, avant de commencer sa prédication, Jésus reçut de Ruth, la femme de Barthélemy, un sac contenant du pain et de l'eau. Entre-temps, une femme frappe à la porte. Sa souffrance s'exprime par les larmes brillantes qui marquent ses joues, ajoutant à la tristesse de son visage marqué. Lorsqu'elle a vu Jésus, elle s'est jetée à ses pieds pour implorer son aide, se disant innocente. Peu après, son mari entre dans la pièce, furieux, et ordonne que personne n'accueille cette femme qui a commis de nombreuses fautes. Ruth, pleine de compassion, se penche et serre la femme dans ses bras comme une mère serre son enfant. Quand l'homme vit son geste, il se mit à crier avec voracité, disant que c'était une femme adultère qui s'était livrée aux plaisirs d'un amour démesuré avec son frère, son beau-frère. Il demandait justice et voulait la faire comparaître devant la justice pour qu'elle soit jugée et condamnée pour le crime d'adultère. Entre-temps, le frère de l'homme est entré dans la pièce, le suppliant d'arrêter cet acte de violence et lui a dit : "Mon frère, pardonne-moi. Ce n'était qu'une invention de ma part. Je voulais ta terre, alors j'ai décidé que si tu apportais l'information d'une calomnie impliquant ta femme, je la détruirais et prendrais ta propriété. Lorsque j'ai appris que tu t'étais présenté devant Jésus, que j'avais souvent écouté et, je l'avoue, avec qui j'avais sympathisé, je n'ai pas pu supporter ce mensonge. Ta femme t'aime et ne t'a jamais trahi, ni à moi ni à personne. Jésus observe silencieusement la scène et, d'une voix calme, dit : "Homme, observe l'attitude de ta femme, même si elle se dit innocente, elle est prête à recevoir les peines qui vont tomber sur elle, mais elle me supplie de laisser Dieu être le juge de sa vie. Apprenez à écouter les faits sans vous mettre en position de juge des consciences, car nous ne sommes pas toujours capables de comprendre tout ce qui se passe dans nos vies, mais mon Père n'abandonne personne dans la souffrance. Chacun porte les ulcères de ses propres erreurs et la punition de sa propre conscience. L'espoir et les nouveaux départs. Nous ne pourrons jamais emprunter les chemins des hommes en oubliant les lois souveraines de l'amour qui régissent tous les enfants de Dieu. Ceux qui souffrent du mépris du monde, mais qui vont de l'avant en oubliant leurs fautes, leurs mensonges et leurs jugements, reçoivent du Seigneur les bénédictions de l'espérance, car personne ne marche sans espérance ni sans foi. La souffrance sert à pousser chacun à la transformer en amour, et les mains peuvent construire un nouveau départ. Acceptez avec patience les différences, qu'il s'agisse d'attitudes ou de paroles, mais n'arrêtez pas la marche vers l'amélioration. Les offenses exprimées sont comme le vent qui passe ou les oiseaux qui volent sans but, mais ils se tournent toujours vers Dieu et réparent ce qui a été détruit... Lève-toi, même face à la souffrance qui t'est imposée, et reprends la vie avec foi, car devant Dieu, il ne tient qu'à toi d'avoir l'espérance de recommencer, tout simplement. L'homme ne put cacher ses larmes et, honteux, baissa la tête devant Ruth et sa femme. Ruth prend affectueusement la main de la femme et la joint à celle de l'homme. Les yeux tournés vers Jésus, elle prie : "Apprends-nous, Seigneur, à avoir l'espoir de faire évoluer nos attitudes vers le chemin de la lumière, en changeant nos erreurs et en les transformant en paix et en un nouveau départ, parce que nous savons que nous ne sommes pas seuls. Apprends-nous à recommencer et à construire une vie sans chagrin et sans les marques de notre propre folie, en portant dans notre cœur les enseignements du ciel. Donne-nous la patience et établis en nous une conscience chrétienne, car chaque nouveau départ signifie une transformation individuelle vers un monde intérieur meilleur, qui est le début de beaucoup, beaucoup d'existences".

Le silence s'est installé dans la salle et, après les prières, le groupe s'est mis en route dispersé.

Quelque temps plus tard, l'apôtre, Tercio et Daniel reviennent à la résidence, portant dans leur cœur la flamme de la foi et l'espoir d'une aube nouvelle.

Chapitre 18

La marche contre les chrétiens d'Alexandrie

> *Car "le Fils de l'homme n'est pas venu pour être vendu, mais pour servir et donner sa vie en rançon pour beaucoup".*
>
> Marc, 10:45

Offensés par les efforts de Marc pour convertir les Alexandrins qui pratiquaient la religion hellénique traditionnelle, les iaUins alexandrins locaux et les païens de la ville profitèrent de ce moment conflictuel, marqué par d'irrésistibles persécutions et, sans perdre de temps, s'organisèrent pour tenter de faire taire le mouvement chrétien, avec l'appui des chefs religieux des régions environnantes.

Les chrétiens ont été persécutés et les églises ont été envahies.

L'après-midi même -Tercio arrive à son domicile, accompagné d'Hermes. Hermes, celui-là même que Servio avait forcé à l'aider en l'infiltrant dans les milieux chrétiens pour obtenir des informations sur Marcos.

Cependant, Hermès, qui s'était déjà converti, continua à pratiquer sa foi et, grâce à sa communion avec les frères de Damas et aux leçons de Marc, il soutint l'Église d'Alexandrie.

Pour épargner sa propre vie, il se fait discret et ne s'affiche pas en public, même s'il a déjà révélé à Marcos les intentions de Servio.

Après les salutations, Tercio, avec une expression de peur et d'angoisse, a dit :

-Les nouvelles que j'apporte ne sont pas bonnes. J'ai appris que les fondations chrétiennes d'Assiout et de Minya ont été détruites. De nombreux chrétiens sont tués et, très bientôt, le soulèvement atteindra notre pays. Beaucoup craignent pour la sécurité de Marcos. Nous devons trouver un endroit sûr pour le tenir à l'écart des rabbins.

-Nous avons tout organisé. Il y a un endroit à Tanta où nous pouvons le mettre en sécurité", dit Hermès. - Là-bas, nous le garderons secret et nous veillerons à ce que Marcos reste en sécurité. Ici, il est exposé et les rabbins ne l'épargneront pas.

-Mes amis, dit l'apôtre, je vous remercie de votre sollicitude, mais je ne pourrai pas aller bien loin d'ici. -Je vous remercie de votre sollicitude, mais je ne pourrai pas aller bien loin d'ici. De plus, tout dit que si je ne meurs pas à cause d'une lame dans la poitrine, je mourrai à cause d'un ulcère dans le corps. Jésus vit dans mon cœur. Je n'ai pas eu le mérite de promouvoir des miracles, mais ma mission était d'être le gardien des enseignements du Seigneur et de transcrire toutes les informations que Pierre m'a confiées. Je vous ai déjà transmis tout ce que je sais et, si je devais mourir maintenant, je serais heureuse parce que les enseignements du Seigneur sont enregistrés et diffusés en de nombreux endroits.

-Je partage les préoccupations de chacun dit Daniel. - Nous devons sortir Marc d'ici le plus vite possible - le jeune homme prit affectueusement la main fine de l'apôtre et continua :

- Tu es un père pour moi et je ne vois pas ce qui pourrait te faire du mal. La chrétienté a besoin de vos leçons. Nous n'avons pas de temps à perdre. Les rabbins savent où vous êtes et nous serons tous exposés à la folie des hommes qui n'ont pas de pitié dans leur cœur. Faites-nous confiance.

- Mon fils ! Chaque jour, quand je me réveille, je remercie le Seigneur d'avoir des amis comme toi à mes côtés.

Sans perdre de temps, Tamara, avec l'aide des hommes, organise les quelques affaires. Avec beaucoup de difficultés, Marcos s'installe dans une sorte de carrosse.

Ils sont donc partis et ont quitté la maison qui avait été le centre de nombreuses histoires, amours et croyances.

✶ ✶ ✶

Les jours de voyage ont intensifié le poids de la maladie qui consumait le corps frêle de Marcos.

À leur arrivée à Tanta, ils sont accueillis par un pasteur du nom de José, qui a abandonné sa maison pour accueillir l'apôtre.

Trois jours plus tard, Daniel est surpris par la présence d'Abdias ce matin-là.

-Mon ami, que fais-tu ici ?

-Pardonnez-moi, je vous ai suivi sans que vous vous en rendiez compte. L'église d'Alexandrie a été envahie et pratiquement détruite. Marc est recherché avec voracité. Les rabbins ont profité du mouvement antichrétien lancé par Néron pour promouvoir une vaste recherche des apôtres de Jésus, et ils n'ont pas été cléments. Marc est l'un des rares à avoir survécu, et ils ne se lasseront pas de le rechercher.

- C'est pourquoi je suis venu ici pour vous demander de quitter l'Egypte. Parce que toi et Tercio êtes également recherchés et dans le couloir de la mort - après un court soupir, il poursuit :

- Daniel, ta conversion a défié les milieux religieux, tout comme celle de Saul, le cousin de ton père.

- Je ne vais nulle part", répond Daniel nerveusement. - Je n'abandonnerai pas Marcos à toutes les violences. S'il le faut, je mourrai à ses côtés, mais je ne l'abandonnerai pas.

-Daniel, je comprends ton amour pour Marcos-dit Hermès, "mais ton père soutient les recherches et sait bien à quel point ta conversion l'a offensé.

Il n'aura de pitié pour personne, pas même pour toi, ton fils et ta femme.

Je suis prêt à vous soutenir dans ce voyage pour que vous arriviez à destination, mais comprenez que vous devez partir. "Ami Hermès, tu as raison au sujet de mon père, c'est un homme sans pitié", dit Daniel qui, visiblement désespéré, s'agenouille et supplie : - Oh, Jésus, aide-moi à comprendre le moment et à prendre la meilleure décision... Fais de moi ton serviteur et conduis ma vie sur la voie que tu penses être la bonne. Marc est intervenu pensivement après quelques instants :

-Hermès a raison, Daniel, tu dois quitter ces lieux et protéger Tamara et son fils :

- J'ai été béni tout au long de ma vie d'avoir connu Pierre, les frères de Damas et cette famille, qui a été un don du Seigneur. Tu es un fils bien-aimé que Dieu m'a réservé tout au long de ma vie solitaire. Bien que nos liens de sang ne soient pas les mêmes, tu es spécial ; nous nous sommes choisis l'un l'autre pour vivre un lien appelé amour et, dans ce sentiment, je sais que tu es la famille bénie que Dieu a donnée à mon cœur. Votre acte, au nom du christianisme, de renoncer à la vie d'un garçon de luxe qui se préparait à devenir rabbin, a été un geste qui a marqué mon cœur. Tout ce que Pierre m'a appris sur notre Jésus, je l'ai écrit et je le lui ai transmis. Je prie pour que vous surviviez à cette situation et ne laisse pas mes écrits mourir avec moi. Sur ces terres où régnaient les pharaons, Jésus a triomphé et je ne doute pas que nous remplirons notre mission, mais toi, Tamara et le petit David avez encore une vie à vivre dans les concepts chrétiens. Vous savez très bien que je ne peux plus bouger d'ici car bientôt je sais que je n'appartiendrai plus à ce corps ulcéré. Ne vous inquiétez pas pour moi, car j'ai remis ma vie entre les mains de Jésus. Je vous prie de quitter ces lieux le plus tôt possible et d'emporter les écrits et les enseignements chrétiens dans votre esprit et votre cœur.

- Oui, Marcos a raison, dit Tercio, toi et ma nièce devez partir. Je vais rester avec lui et je te promets de ne pas te quitter. Tamara pleure abondamment tandis que Daniel, inquiet et confus, écoute ses paroles, mais son cœur, déchiré entre rester ou partir, le trouble.

-Vous devez aller à l'Est, dans une ville appelée Byzance[44] - dit Abdias. - Je t'ai apporté des provisions pour le voyage, qui ne sera pas facile. Comme moi, Hermès a été contraint d'infiltrer la communauté chrétienne sur ordre du rabbin Eliezer et de Servio, mais lorsqu'il a rencontré Marc, il s'est converti et maintenant il s'est mis à leur disposition pour les aider. N'hésitez pas à accepter cette aide, car vous en aurez besoin. De plus, j'ai suivi le travail à Alexandrie pendant plusieurs jours et je peux maintenant dire que j'ai été touché par les paroles et la gentillesse de Marc. Grâce à lui, j'ai connu Jésus et je n'ai aucune sympathie pour lui l'attitude des rabbins. Cette persécution est injuste et le sang versé ne fera pas taire le christianisme. Je n'ai jamais été témoin d'un tel courage. J'ai vu des hommes, des femmes et des enfants mourir en silence ou en chantant au nom de Jésus. Cela a changé le cours de ma vie. J'ai donc pris mon courage à deux mains et je suis venu ici. Sachez que

---

[44] (N.A.E Bernard) Après avoir quitté l'Égypte, Daniel s'installa à Byzance où, avec Hermès et Théodore, il fonda l'Église et convertit de nombreuses personnes au christianisme. Ils furent d'importants précurseurs...

(N.M.) Dans le livre *Lanternes du temps*, des auteurs spirituels Ferdinand et Bernard - psychographié par Gilvanize Balbino Pereira- l'histoire de l'empereur Constantin et de la transformation de cette ville en ce qui est connu sous le nom de Constantinople.

je resterai aux côtés de Marcos et de Tercio et que je les aiderai autant que je le pourrai. Allez-y, il n'y a pas de temps à perdre.

Daniel, qui pleurait abondamment, s'est agenouillé devant Marc et lui a dit :

- Je prie le Seigneur de me donner la force de relever les défis que la vie m'impose désormais. Je préserverai mes amours, et tu en feras toujours partie. J'emporterai avec moi les enseignements que j'ai reçus et je promets que ma famille et moi ne laisserons pas mourir le nom de Jésus. Quelque temps plus tard, convaincus mais le cœur triste, Daniel, Tamara et David, escortés par Hermès, a fait face aux tristes adieux et est partie.

✼ ✼ ✼

Le lendemain du départ de Daniel, Abdias n'a pas osé quitter Mark.

L'état de santé de l'apôtre nécessite des soins. Tour à tour auprès de Tercio, ils tentent de lui apporter un peu de réconfort, mais ils savent qu'ils ne peuvent rien faire d'autre que d'avoir la foi et d'attendre que le Seigneur agisse.

Abdias, voulant les aider, apporta un peu de bouillon à l'apôtre qui restait au lit. Le jeune homme ne peut cacher sa honte et, devant Marc, il ne peut retenir ses larmes et dit :

Monsieur, lorsque j'ai commencé mes incursions dans l'église et écouté vos conférences, j'étais sous les ordres du rabbin Eliezer et je lui ai raconté toutes vos passes et celles de Daniel.

Je me suis senti acculé face à ma religion et au pouvoir exercé par Eliezer. Je vous avoue que j'ai eu peur et que j'ai soumis ma vie à des ordres qui n'étaient pas ceux de ma foi. Aujourd'hui, devant vous, en voyant votre torture, je ne peux que vous demander pardon. Pour toi, je renonce à ce que j'étais pour devenir un homme nouveau. Je sais que mon chemin sera ardu, mais c'est la foi en Jésus qui parle le plus fort dans mon cœur.

L'apôtre a dit avec affection :

- Jeune homme, je n'ai rien à pardonner. Je comprends les actes de votre jeunesse et, surtout, la religion qui vous a préparé à suivre Dieu. Jésus bénit ceux qui renoncent à leurs amours pour une cause plus grande, qui savent que la mort n'est pas la fin et que les larmes d'aujourd'hui sont les nouveaux départs de demain, qui engagent leur vie au profit de beaucoup et pas seulement de leurs proches, qui savent transformer leurs larmes non pas en flammes vives mais en nouveaux départs et constructions, ceux qui savent pardonner les lois de notre souverain Dieu de Lumière et ceux qui savent continuer même quand la séparation est inévitable. Ne vous blâmez pas pour les choix passés, il y a toujours une occasion de recommencer, de revoir vos choix et de trouver le bon chemin pour avancer, en cherchant l'inspiration. - Elle soupira profondément et affectueusement et dit :

- Seigneur, nous te remercions pour la confiance qui nous a été accordée dans l'accomplissement de la tâche apostolique, sans découragement ; pour la foi dans la vie d'outre-tombe, sans abandonner les responsabilités terrestres ; pour la vertu de servir, sans attendre de reconnaissance ; pour la conscience claire, pour marcher sur le chemin étroit vers Toi, sans anéantir nos compagnons de route ; pour la transformation des cœurs endurcis, éclairés par la sagesse céleste, sans désobéir à la loi du mérite pour la possibilité d'apprendre de la douleur, sans qu'elle nous asservisse ; pour la simplicité de tes enseignements, sans omettre ta grandeur ; pour le triomphe de l'Évangile, pour la libération des esprits ignorants, sans fanatisme ; pour la discipline, qui organise les sentiments et les habitudes pour aider le processus évolutif nécessaire, sans folie ni déviation ; pour la bénédiction de ta patience face à nos fautes, sans exercer d'intolérance envers les autres ; pour l'affection et le crédit dans l'existence humaine, sans exiger de privilèges ; pour l'acceptation des conditions évolutives des enfants difficiles de Dieu, sans se réfugier dans l'accommodement ; pour le réconfort des âmes impliquées dans différentes tristesses, sans inertie ni inopérance. Seigneur, pour toutes ces raisons et bien d'autres encore, nous demandons que notre esprit soit incliné vers Dieu.

-C'est en révélant la paix de ta Lumière que nous serons sauvés de nos propres ombres intérieures."[45]

Marcos, qui avait du mal à respirer, a interrompu sa prière parce qu'il était pris d'une violente quinte de toux. Au bout d'un moment, il s'est remis et s'est endormi.

Alors que dans le monde physique, l'émotion se mêle à une forte inquiétude pour le lendemain, dans le monde invisible, des émissaires célestes restent aux côtés de Marc, protégeant sa douleur silencieuse et ses larmes.

---

[45] (N.M.) La page "Prière de remerciement" citée ici a été publiée dans le livre *Vivre l'espoir*, par l'esprit Ferdinando - psychographié par Gilvanize Balbino Pereira.

Chapitre 19

Marcos, la grandeur d'une vie au retour de la lumière[46]

> *"Allons dans d'autres endroits, dans les villages voisins, prêchons là aussi, car c'est pour cela que je suis parti."*
>
> Marc, 1:38

Cette nuit-là, l'état de Marc s'aggrave et après s'être endormi, libéré de son corps, il identifie les émissaires bénis qui l'attendent. L'accueillant avec affection, les émissaires l'emmenèrent dans un lieu appelé "Station de Jade."[47]

---

[46] (N.A.E. Ferdinand) Les historiens sont divisés sur la mort de l'apôtre. Certains l'attribuent à son état de santé, d'autres aux tourments qu'il a subis de la part de ses persécuteurs. Dans ces pages, nous n'omettrons pas son état de santé personnel car, en raison de son âge, ses poumons massacraient ses jours, ce qui signifiait que Daniel était sa voix et qu'il était responsable de beaucoup d'écrits apocryphes laissés par Marc. Cependant, la fureur des persécutions n'a pas épargné à l'apôtre le calvaire relaté ici.

[47] (N.M.) Déjà mentionnée plus haut (Note numéro 36), "la "Cité de Jade", créée vers l'an 220 avant J.-C. dans le but d'accueillir les disciples de Jésus-Christ qui avaient été élus pour préparer sa venue sur Terre, et plus tard pour ceux qui avaient été condamnés aux tourments de la persécution religieuse. Cette ville a été conçue, en principe, comme une station transitoire permettant aux émissaires des mondes supérieurs qui se réincarnaient dans le but de préparer la venue de Jésus de s'acclimater

À leur arrivée, ils pénètrent dans un jardin indescriptible. Des êtres illuminés partageaient l'espace avec des fleurs spéciales, originaires uniquement de ce lieu.

Soudain, une silhouette rayonnante d'amour et exhalant un parfum indicible s'approche, c'est Jésus. L'apôtre s'agenouille immédiatement et ne peut retenir ses larmes.

-Je réalise que je ne suis pas mort - il s'est arrêté de pleurer. - Seigneur, comment puis-je être digne d'un tel don, je ne t'ai pas connu dans la vie et maintenant, devant moi, ton image est dévoilée et je me sens comme celui qui a laissé tant de choses en suspens.

-"Ami éternel, je reconnais tes efforts et le combat que tu as mené pour que mon nom ne tombe pas dans l'oubli. Ne dis pas que tu ne me connais pas. Je t'ai choisi parce que nous avons eu des expériences en d'autres temps qui t'ont confié la mission de perpétuer mon nom dans ce passage temporaire que j'ai eu sur la Terre. Ainsi, entre tes mains, les enseignements que j'ai transmis à Pierre ont été consolidés et consignés dans des pages distribuées en de nombreux lieux et cœurs.

En cette période, pour les chrétiens, les jours sont difficiles, mais croyez que, d'une manière très spéciale, j'ai toujours été à vos

---

à l'atmosphère terrestre. Vers 170 avant J.-C., elle cessa d'être une simple station et devint une Cité, car avec l'avancée du christianisme, de nombreux émissaires de Jésus devaient revenir sur Terre, et Jade était donc importante pour cette préparation et pour apporter l'aide nécessaire à tous ceux qui participaient à cette grande œuvre dont le Christ était responsable. Elle a été reconnue pour son travail inlassable pendant la période de persécution des chrétiens, vers l'an 300, où des hommes et des femmes, sur l'ordre de Jésus, ont été accueillis dans ce morceau du cœur de Dieu, puis transférés dans d'autres cités beaucoup plus évoluées et détachées de la Terre." Extrait du livre *Une aube pour recommencer* - Spirit Saul - psychographié par Gilvanize Balbino Pereira.

Plus d'informations sur la "*Cité de Jade*" dans le livre *Les Anges de Jade*, par l'esprit Saul - psychographié par Gilvanize Balbino Pereira.

côtés et je reconnais et bénis votre dévouement à distribuer les leçons que j'ai laissées aux hommes et aux femmes qui ont besoin d'espoir et de courage pour affronter les défis d'un nouveau lendemain. Lorsque des hommes renoncent en mon nom, croyez-moi, je serai toujours présent dans leur vie. Ceux qui doutent de ma présence, comme celle promise par les prophètes, voici que je serai présent parce que vous et ceux qui m'ont suivi et qui ont renoncé à leur existence pour moi, ne m'ont pas laissé mourir. J'accueille les larmes solitaires et je montre un nouveau chemin à ceux qui m'aiment et vivent pour moi. Vous n'êtes pas seuls, vous ne l'avez jamais été. J'ai été et je suis votre compagnon éternel. Nous devons être heureux de servir Dieu et être conscients que le temps a ses lois, ses missions et qu'il ne détruit pas ce qui a été construit avec amour. Repose tes peines entre mes mains afin que, lorsque tu franchiras les portes de la vie, tu ne t'égares pas sur le chemin qui te conduira au Seigneur. Heureux ceux qui n'ont pas renoncé à leur foi et qui ont supporté la souffrance en sachant que le plus grand est l'amour céleste qui baigne les hommes dans l'espérance et triomphe avec l'épée de la sagesse, qui dissipe l'ignorance de l'humanité. Les événements actuels annoncent le jalon qui conduira la Terre dans une nouvelle direction, fondée sur la sagesse chrétienne. Tu te réveilleras dans ton vieux corps avec un esprit renouvelé et, lorsque tes jours prendront fin, je t'attendrai et confierai à d'autres vies le soin de se battre pour moi".

L'apôtre ne peut retenir ses larmes. Jésus l'a pris dans ses bras avec amour et l'a mis debout. D'un geste simple, il l'embrasse affectueusement et s'en va. Marc, en silence, soutenu par ses bienfaiteurs, retourne à son corps pour attendre le réveil d'un autre jour.

✷ ✷ ✷

Deux jours se sont écoulés après que Jésus a rencontré l'apôtre dans son sommeil.

En cette année approximative de 68 apr, ce matin de printemps s'est réveillé dans la tristesse.

L'état de santé de Marcos s'est aggravé. Tercio et Abdias se sont relayés, essayant de soutenir un peu la lutte individuelle de l'apôtre pour revenir à la vie dans l'invisible.

Marcos, qui respirait difficilement, ne pouvait empêcher ses yeux de briller. Tenant la main de Tercio, il dit sa dernière prière :

- Jésus bien-aimé, je sais que le moment de mon retour est arrivé et que je vais devoir l'affronter seul. Je regarde autour de moi et je me rends compte que beaucoup attendent mon arrivée et m'accueillent avec une affection inconditionnelle. Maintenant se termine une autre journée qui représente pour moi toute une vie, au cours de laquelle j'ai partagé ce que je connaissais du Seigneur. Seigneur, ta marque de sacrifice a été plus grande que la mienne, mais j'ai essayé de démontrer l'importance de nous renouveler dans l'esprit du Seigneur, afin de laisser un héritage de bonté, de fraternité et de justice pour demain, parce que ceux qui aiment comprendront que le travail est un jalon vers un monde meilleur. Ses desseins demeurent en moi, me poussant vers la conscience supérieure qui me ramènera au monde réel d'où je viens, le monde des morts, mais j'y entrerai pleinement vivant...

La tristesse n'était pas absente.

Avec respect, Tercio et Abdias, soutenus par le couple qui les avait accueillis, enterrèrent Marc dans un endroit secret. L'histoire de l'apôtre s'arrête là, un chrétien que le ciel reconnaît comme : *"evangeliste de la lumiere"*

✽ ✽ ✽

Le lendemain, Rabbi Eliezer, accompagné de soldats, arrive à Tanta.

Ils sont immédiatement partis à la recherche de Mark. Ils entrent dans une maison où se tient une réunion chrétienne et il ne faut pas longtemps pour que les manifestations d'horreur s'emparent de l'humble endroit. Par la violence, ils obligent les personnes présentes à dénoncer l'apôtre qui se cache dans la région.

Quelques instants plus tard, le rouge du sang marquait la scène, lorsqu'un humble berger, effrayé, dit :

-Épargnez-moi, je sais où il est. Eliezer, furieux, dit :

-Nous serons miséricordieux si vous me dites où trouver Marcos.

-Il est chez le pasteur Joël et deux autres hommes l'accompagnent - avec un regard terrifié sur son visage, il continue :
- J'ai collaboré avec vous, laissez-moi partir.

Eliezer, au regard impitoyable, condamne sans compassion :

-Vous pensiez bêtement qu'il serait pieux envers un chrétien, mais vous vous trompiez. Garde, nous n'avons plus besoin de lui. Vous savez ce que vous avez à faire. Faites-le.

Après avoir exécuté le berger, les païens voulurent incinérer le corps, mais ils reculèrent et l'abandonnèrent, et les chrétiens le recueillirent pour l'enterrer selon leurs lois.

Sans perdre de temps, ils se sont dirigés vers leur destination, à la recherche de Marcos. Ils ont laissé dans leur sillage une traînée d'intolérance religieuse et de violence.

✳ ✳ ✳

Ayant reçu l'ordre exprès d'arrêter les chrétiens, ils n'ont pas tardé à démontrer par la force et la violence la raison de leur présence.

La simple maison où se trouvaient Tercio et Abdias a été perquisitionnée sans ménagement. Après des coups successifs, ils sont tous deux arrêtés. Après un grand calvaire, Eliezer est entré dans la pièce, imposant, froid et imposant.

- Ce n'était pas difficile de les trouver", dit Eliezer. - Il a suffi d'un peu de force pour que les chrétiens leur disent où se trouvait Marc. La tentative de garder secret l'endroit où se trouvait l'apôtre fut vaine. Maintenant, je n'ai plus de temps à perdre - les yeux rougis par la haine, il continue : - Allez, dis-moi : où est Marc ? Je serai clément si vous me livrez cet homme infâme. Peut-être que vos vies seront épargnées.

Les deux hommes souffrent énormément des coups successifs qu'ils ont reçus et qui ont massacré leurs corps. Tercio, plus expérimenté et plus résistant, supporta courageusement ce moment de douleur. Tous deux restèrent silencieux, ce qui exaspéra encore plus le rabbin, qui leur ordonna de renforcer leurs coups contre les hommes.

Tercio, même épuisé, restait silencieux, tandis que le visage d'Abdias exprimait la peur et le désespoir. Le frère de Damas, se rendant compte qu'il ne pouvait pas supporter le fléau, essaya en vain de lui donner la force de ne rien dire sur Marcos :

Au nom de Jésus, je vous demande d'endurer. Ne dites rien, persévérez, préservons l'apôtre du ciel et ne le livrons pas aux mains des bourreaux. Croyez-moi, ils n'auront de compassion pour aucun d'entre nous. Ayez confiance dans le Seigneur, il a dit qu'il ne nous abandonnerait pas et nous ne serons pas oubliés maintenant. Cherchez dans votre cœur, la foi, parce que dans l'invisible, les forces nous couronnent, en ce moment, avec espoir, et nous vaincrons, même si la mort est une vérité pour nous... Persévérez et supportez encore un peu. Ils n'épargneront pas votre vie.

Entre-temps, essayant d'interrompre ses paroles d'encouragement, un garde a frappé Tercio avec une violence intense, le réduisant au silence.

Agonisant et accablé par la douleur, Abdias n'a pas pu résister et a dit :

-Pardonnez-moi, je n'en peux plus... - Prenant une grande inspiration, il regarde Eliezer et continue : - Marcos est mort hier et a été enterré près d'ici.

Le rabbin ne cacha pas sa colère. Marchant nerveusement et pensivement, quelque temps plus tard, il dit :

-Je ne peux pas croire que ce bâtard soit mort. Pas de problème, je veux qu'il serve d'exemple. Prenez son corps et faites croire qu'il a été martyrisé pour nous. Qu'Alexandrie n'oublie jamais que nous sommes les maîtres de ces lieux, et que notre credo est supérieur à tous les autres, surtout à ce christianisme.

-Monsieur", demande un garde. - Qu'allons-nous faire d'eux ?

-Je n'ai plus besoin d'eux. Débarrassez-vous de ces gens infâmes. Le garde, reconnaissant Abdias, demande :

-Monsieur, ce jeune homme n'était-il pas votre apprenti et votre protégé?

-Un imbécile", dit le rabbin avec mépris, "Il n'était qu'un moyen pour moi d'atteindre mes objectifs. J'ai infiltré les cercles chrétiens pour obtenir les informations dont j'avais besoin sur l'expansion du mouvement, et maintenant pour me donner les restes de Mark.

Pour quoi d'autre aurais-je besoin de lui ?

Absolument rien", poursuit-il avec colère : - Arrêtez de dire des bêtises.

Débarrassez-vous d'eux maintenant, c'est un ordre.

Sans dire un mot de plus, Eliezer s'en va. Le garde n'osa pas le contredire et obéit. Quelque temps plus tard, Tercio et Abdias furent condamnés à mort et réduits au silence.

Alors que le paysage était teinté de souffrance rouge, dans l'invisible, une lumière bleutée emplissait la pièce, et des émissaires bénis les accueillaient dans un profond silence, avec respect et amour, en se retirant vers la "Station de Jade".

✳ ✳ ✳

A leur arrivée à Alexandrie, la dépouille de Marc est exposée dans un décor innommable.

Il est attaché et traîné dans les rues pour servir d'exemple et semer la panique parmi les chrétiens qui, malgré sa démonstration de force et de foi face à la torture, ne cachent pas leur peur des disciples du Maître.

Le silence et l'indignation s'emparent des visages et, soudain, les chrétiens qui assistent à cette scène d'horreur entonnent une prière, brisant la grisaille de leurs cœurs par un chant d'espérance :

- Seigneur, apprends-nous à recevoir le mépris dans le silence de la foi. Jésus, permets-nous de comprendre les bienfaits du travail qui nous est confié sous la protection de ta lumière. Accorde-nous de nous libérer des peurs qui peuvent nous éloigner de tes nobles objectifs. Seigneur, donne-nous un remède à notre ignorance par tes sublimes leçons d'amour et de courage, guide-nous sur les routes du monde sans que nos passions nous aveuglent au point que nous ne sachions plus quel est le chemin du royaume de lumière vers lequel tu nous conduis. Fortifie-nous pour que nos faiblesses ne nous transforment pas en esprits faibles sans espoir. Fais-nous taire lorsque nos larmes nous poussent à nous plaindre et que nous ne pouvons pas entendre la douce parole de ta compassion. Nous savons que ton Royaume inspire pour établir en nous son empire de lumière. Nous rendons grâce au Seigneur et nous trouvons dans son trésor appelé christianisme la source inépuisable de sagesse qui nous conduira à notre Dieu, par l'esprit de charité et de compassion, où nous glorifierons à jamais son nom et son œuvre...

La prière scandée suscite la fureur du clergé local. À la surprise générale, les actes de martyre contre le "butin" de Marc n'ont pas fait taire les chrétiens 'Alexandrie, mais les ont rendus plus forts, capables de résister à ce qu'ils verront le lendemain...

Chapitre 20

À Byzance, un espoir posthume

"Suivez-moi. Il s'est levé et l'a suivi."

Marc, 2:14

Deux ans se sont écoulés rapidement. Nous sommes environ en l'an 71 de notre ère.

Alors qu'Alexandrie est à nouveau aux mains des rabbins, la foi chrétienne se répand discrètement dans plusieurs villes et marquera les civilisations ultérieures.

Après des jours de voyage difficiles, Daniel subit une nouvelle fois un double coup dur. À peine arrivé à Byzance, il est frappé par la mort inattendue de sa femme Tamara et de son fils David. Tous deux ont été frappés par une grave maladie et, incapables de la supporter, sont tombés silencieux dans leur tombe.

C'est là, au milieu d'un simple village, que Daniel, au prix de grands sacrifices, a fondé une communauté chrétienne, dans le but de maintenir vivante la puissance de Jésus et les enseignements de Marc.

Daniel, qui avait quitté Alexandrie en portant encore des traces de noblesse, n'était plus le jeune homme qui avait quitté l'Égypte. Il est devenu un homme mûr.

Son visage portait les marques du temps, ce qui lui valait le respect de tous, ainsi qu'une expression marquée par une vie difficile et limitée.

A cette époque, Daniel se partage entre les métiers de la survie, se consacrant au commerce - activité qu'il a apprise auprès de ses frères à Damas - et les offices de l'église qu'il a fondée. Il s'efforce également d'alphabétiser la population avec son ami grec Théodore, rencontré dès son arrivée dans la région.

Outre l'alphabétisation du village, Daniel compte sur son ami Théodore pour coordonner le travail de reproduction des manuscrits de Marc. Le Grec avait formé des hommes à la calligraphie pour produire une sorte de livre, qui a voyagé de Byzance à divers endroits.

Quant à Hermès, il est resté son fidèle ami, l'aidant dans toutes ses entreprises. Ses boucles enneigées portaient les marques du temps. Se consacrant au commerce et à l'église, Hermès est l'expression vivante d'un homme transformé pour le bien et la générosité.

Ces cœurs, unis par l'idéal du Christ, ont mis sur leurs chemins une vie calme et paisible.

* * *

Ce soir de printemps, une légère brise souffle sur Daniel, Théodore et Hermès qui rentrent chez eux après une longue et pénible journée de travail. Au son des chevaux tirant la charrette, Daniel resta profondément silencieux. Théodore interrompit doucement le silence et demanda :

- Mon ami, pardonnez-moi de vous déranger, mais je me rends compte qu'aujourd'hui, en particulier, vos yeux sont pleins de solitude et qu'une expression de nostalgie vous envahit. Est-ce que je me suis trompé?

-Vous n'avez pas tort. Aujourd'hui, je me suis réveillée en pensant au passé. La nostalgie de ma patrie, que j'aime beaucoup, a fortement marqué mon cœur. Parmi les nombreux souvenirs, j'ai pu sentir l'odeur d'Alexandrie, entendre la voix des frères de

Damas et d'Attila, ma belle-mère, mais ce qui a fait taire mon âme, c'est la nostalgie de Marc, de ma femme Tamara et de mon petit garçon David. Jour après jour, je lutte pour surmonter la douleur du veuvage... Je crois qu'il est entré dans ma vie comme un pont pour m'unir à Dieu et, surtout, à Marcos. Les jours que nous avons vécus ensemble m'ont marqué. "Ami, dit Hermès, je comprends tes sentiments, car Marcos a aussi marqué mon âme et Tamara a été l'expression la plus vivante de l'amour que j'aie jamais connue. Elle m'a accueilli comme un frère de sang et à aucun moment elle n'a jugé mes actions passées ou ne m'a maltraité pendant les jours que nous avons vécus ensemble. Malheureusement, la maladie inattendue a été fatale pour Eta. Je chéris votre femme et le respect.

Toutes ces années, j'ai essayé de comprendre la mort", a déclaré Daniel, ému, "parce que je sais que ce n'est pas la fin, mais malheureusement, la nostalgie est quelque chose que nous ne pouvons pas contenir. Je me considère comme un privilégié, malgré les tristes événements de mon passé, car, même pendant une courte période, j'ai pu fonder une famille et garder la foi. En fait, sans ma foi, je n'aurais pas pu supporter l'absence de Tamara. Une nuit, alors que je dormais, j'ai eu la surprise d'avoir une vision de Marc qui, avec son affection habituelle, m'a dit : "Fils bien-aimé, je reviens parce que je sais que c'est nécessaire ? Je comprends la douleur de ton veuvage, mais je te confirme que la mort n'est pas la fin, elle ne représente qu'une distance temporaire entre ceux que nous aimons. Acceptez la séparation comme une occasion d'améliorer votre foi et votre connaissance de la bonté du Seigneur et, dans chaque larme de nostalgie, apprenez à la transformer en bénédiction pour que la vie vaille la peine d'être vécue dans sa plénitude. Même si la lumière semble aujourd'hui lointaine, sachez que le Seigneur, dans sa sagesse, en convoquant le retour d'un amour à travers la mort, redonne un nouvel amour à des bras vides. Faites confiance à la bonté de Dieu et reprenez espoir en l'avenir... Tout comme nous sommes attachés au passé, Tamara et David n'étaient pas libres d'accomplir leurs missions à ses côtés, mais le passé était aussi une vérité pour eux et demandait à être réparé. Tout passe au cours de la vie sur Terre, mais nos amours restent vivantes dans nos cœurs. Réalisez que votre douleur n'est pas unique face à l'humanité. Remettez-vous sur pied et reprenez les combats pour le bien auxquels le Seigneur vous a appelé. Trouvez la force et le courage et ne renoncez pas à la vie. Il y aura des jours où votre cœur implorera la miséricorde du Seigneur et où vous supplierez de retourner dans le monde où vous vivez, mais réalisez que vous devez continuer, parce que beaucoup ont besoin de votre cœur, et que vos expériences serviront d'exemple et de stimulant pour de nombreuses personnes. Ne vous laissez pas convertir à l'angoisse ou au malheur du vide de la solitude. Apprenez à être seuls pour mieux servir, en restant fermes et en expérimentant la foi robuste qui transforme tout pour le mieux. La mort est comme le passage de la nuit au jour. Pour ceux qui ont su vivre et profiter de leurs jours sur terre, c'est le triomphe de pouvoir revenir et de trouver l'or du soleil qui brille, bénissant ceux qui rentrent chez eux après un long voyage. Rappelle-toi, mon enfant, que Dieu nous a tous créés pour le bien, alors pratique l'amour, parce qu'avec lui, tout ira mieux. Repose ta vie entre les mains de Dieu et attends le lendemain avec confiance... Le Maître a besoin de vous, alors mettez de côté vos chagrins et transformez-les en souvenirs d'amour, afin que vous puissiez centrer votre vie sur les tâches que le Seigneur vous confiera..." Peu après, Mark a disparu et je me suis réveillée. J'ai été tellement impressionné par ce rêve réel que je n'ai pas oublié un mot de ce qui avait été dit, et j'ai immédiatement reproduit chaque lettre pour ne pas oublier cette grande lecture... Après cela, j'ai cherché dans le travail l'inspiration pour continuer à vivre. La communauté chrétienne est la fierté et le courage de continuer à marcher sur le chemin qui s'appelle la vie.

    -Il existe de nombreux faits concernant votre cœur-a déclaré Théodore avec compassion.

Daniel, séchant une larme timide, déclare :

-Je me souviens de l'arrivée de cette lettre m'annonçant la mort de Marcos, Tercio et Abdias, ainsi que ce qui avait été fait de la dépouille de notre apôtre, et j'avoue que je me suis longtemps sentie coupable de ne pas être restée à ses côtés. J'aurais peut-être pu éviter la fureur de mon père.

-Croyez-moi, dit Hermès avec respect, rien n'aurait pu contenir Servio. J'ai longtemps essayé d'imaginer ce qui lui avait endurci le cœur. J'avoue que je n'ai pas réussi à identifier la raison d'une telle bêtise.

-"Ami, dit Daniel, je comprends ce que tu dis et je partage tes impressions. Pendant toutes ces années, j'ai évité de parler du passé, pour que Tamara ne souffre pas, et j'ai aussi cru que le temps pourrait me faire pardonner mon père, dont je ne sais même pas comment il est. Je me suis souvenue de la mort de Yara et de son obsession pour Ambrosio, un homme né et sage, victime d'une grande hallucination. Je me suis souvenu des rabbins, de leur colère contre Saul de Tarse, le cousin de mon père, et de la persécution dont j'ai fait l'objet pour m'être seulement converti au christianisme. De la sentence sévère infligée par mon père à Hermès...

Tant de souffrances ont marqué nos journées, mais aujourd'hui je suis un homme heureux. Je suis ici avec mes amis. Mais aujourd'hui, je ne peux pas expliquer pourquoi j'ai mal au cœur, comme si je vivais des jours qui ne reviendront jamais. Le matin, vous avez rappelé une phrase de Socrate qui m'a fait réfléchir : "Tout mon savoir consiste à savoir que je ne sais rien". Plus nous croyons savoir, plus nous ignorons de choses sur le monde extérieur et sur nous-mêmes. Au fil des ans, j'ai appris à ne pas juger ceux qui m'ont fait du mal. Je me rends compte qu'ils se sont simplement trompés et qu'il est temps de leur donner de la clarté.

- Je l'ai rencontré ici, dans cette région", a déclaré Thédore.

- Je me souviens du jour où tu es arrivé ici et où je t'ai accueilli dans ma maison. Tu n'étais qu'un jeune homme, ta femme, pour moi, n'était qu'une enfant tenant un autre enfant dans ses bras, guidée par la force mature d'Hermès. Tu as triomphé... Marc, dans sa sagesse, tout en lui demandant de sauver sa famille, lui demandait aussi de sauver les écritures de Jésus-Christ. S'il était resté dans le Tantra, il aurait été tué, comme les autres. L'apôtre lui confie la mission de donner une continuité au christianisme qu'il a impulsé dans de nombreuses sections. Que serait devenue cette région s'il avait choisi d'y rester ? Il n'y a pas de hasard dans les lois de Dieu, et Jésus n'aurait pas choisi les mauvais disciples. Il en a appelé beaucoup, mais il savait avec certitude qui aurait la force de vivre le christianisme dans son essence.

- Tu as raison", dit Daniel, après une profonde inspiration.

Je soupire. - Si j'étais restée, le travail que nous faisons ici n'aurait pas été possible. Je pense à moi, mais je sais que votre passé n'a pas été facile non plus. Tout le monde a une histoire et nous devons choisir d'aller de l'avant ou de nous arrêter et d'apprécier ce qui s'est passé. Souvent, nous oublions que le passé nous accompagne partout, car il vit dans nos cœurs.

- Oui, tout le monde a un passé", a déclaré Thédore.

- Tout comme l'Égypte, le pays des Pharaons, m'a manqué, je porte les terres grecques dans mon âme. - Séchant une larme timide, il poursuit : - La Grèce a toujours été un vivier d'esclaves destinés à éduquer les familles romaines. Il en a été de même pour moi. Un général romain cherchait un professeur pour ses enfants. Il m'a découvert et n'a eu aucune pitié. Il a attaqué ma maison, tué ma femme et ma fille et m'a condamné à l'esclavage. J'ai quitté la Grèce, vendu comme esclave et portant la douleur de la mort de mes amours. Ce jour-là, je me suis senti comme un homme mort. Il a été transféré ici. Sa femme et son fils ont contracté une maladie qui les a conduits à la mort, et il m'a rendu ma liberté, inconsolable, mais il a sombré dans un profond désespoir et s'est réfugié dans la boisson. Sa santé s'affaiblissant, je m'occupai de lui jusqu'à son dernier souffle. Mais libre, sans personne, j'ai appris à vivre avec la solitude, car les tempêtes des souffrances passées nous font mieux comprendre les commandements de Dieu. J'ai rencontré un chrétien qui passait par là. Il m'a pris en affection et m'a donné un écrit de Marc, qui disait ceci : "Appelant la foule avec ses disciples, il leur dit : "Si quelqu'un veut venir après moi, qu'il renonce à lui-même, qu'il se charge de sa croix et qu'il me suive. En effet, celui qui veut sauver sa vie la perdra, mais celui qui perdra sa vie à cause de moi et de l'Évangile la sauvera. Que sert-il à un homme de gagner le monde entier et de perdre sa vie ? En effet, que donnerait un homme en échange de sa vie ? Car quiconque, dans cette génération adultère et pécheresse, aura honte de moi et des miens, sera sauvé.

Le Fils de l'homme, lui aussi, aura honte de lui quand il viendra dans la gloire de son Père avec les saints anges. [48] Le chrétien qui m'a offert le cadeau est parti, mais ces mots ont résonné dans mon esprit. Les jours ont passé, puis des chrétiens sont venus ici et, avec eux, j'ai appris à connaître Jésus. J'ai béni tous les parchemins qui arrivaient ici, parce qu'ils me permettaient d'accéder aux enseignements du Maître. Au fil du temps, j'ai lu tout ce que je pouvais sur Jésus et son pouvoir a fait de moi un homme nouveau. Quelque temps plus tard, j'ai reçu un cadeau de toi, de ta famille et de ton ami Hermès. Avec vous, un trésor inestimable, les écrits complets de Marc. Regardez autour de vous et voyez combien vous avez changé cet endroit.

- Marc", dit Daniel, "a marqué la vie de nombreuses personnes. Beaucoup ont été convertis par une simple phrase de cet homme. J'ai eu la chance de vivre à ses côtés. Il a été un père pour moi. Il m'a patiemment appris tout sur Jésus, Pierre, Barthélemy et

---

[48] (N.A.E. Ferdinand) Marc, 8:34-38

les autres hommes qui ont suivi Jésus. La figure de l'apôtre fait partie de mes meilleurs souvenirs. Cela me permet de regarder le passé, de vivre mon veuvage et, surtout, d'exalter ma joie silencieuse que le Seigneur m'ait donné des enfants éclairés et des amis que je chéris dans mon cœur...

Ils sont arrivés à destination au bout d'un certain temps, tenant leur vie entre les mains du Seigneur...

Chapitre 21

Douces retrouvailles, nouveau départ

> *"Soupirant profondément en son esprit, il dit : "Pourquoi cette génération demande-t-elle un signe ? Je vous le dis en vérité, aucun signe ne sera donné à cette génération. Et, les quittant, il s'embarqua de nouveau et se rendit sur l'autre rive."*
>
> Marc, 8:12-13

Daniel, avec ses amis, construisit une salle à l'endroit même où il avait établi sa maison, où se tenaient les réunions chrétiennes et où Théodore réunissait les gens du village pour leur donner des leçons et leur apprendre à faire les choses.

Ce soir-là, la salle se remplit peu à peu et Daniel, avec Théodore et Hermès, se prépare à la prière. Quelque temps plus tard, la salle est enveloppée d'une paix inexplicable lorsque Daniel, d'un air serein, lit le texte laissé par l'apôtre Marc :

- Comme il parlait encore, des gens de la maison du chef de la synagogue arrivèrent et dirent : "Ta fille est morte. Pourquoi dérangez-vous encore le maître ?" Jésus, ayant entendu la parole qui venait d'être prononcée, dit au chef de la synagogue : "N'aie pas peur, crois seulement". Et Il ne permit à personne de l'accompagner, sauf à Pierre, Jacques et Jean, le frère de Jacques. Ils arrivèrent à la maison du chef de la synagogue. Beaucoup de gens pleuraient et poussaient des cris. Il entra et dit : "Pourquoi ce tumulte et ces pleurs ? L'enfant n'est pas mort, il dort. Et ils se moquaient de lui. Il leur ordonna de sortir tous, à l'exception du père et de la mère de l'enfant et de ceux qui étaient avec lui, et il entra avec eux dans le lieu où se trouvait l'enfant. Prenant la main de l'enfant, il lui dit : "Talítha Kum" - ce qui signifie : "Petite fille, je te dis, lève-toi". Au même moment, la jeune fille se leva et marcha, car elle avait déjà douze ans. Ils furent très étonnés. Il leur dit expressément de ne laisser personne savoir ce qu'ils avaient vu. Et il leur ordonna de donner à manger à la jeune fille."[49]

Théodore dit alors humblement :

- "Jésus est la lampe de lumière, la lampe qui éclaire : ceux qui luttent pour la paix, sans guerres ni folies ; ceux qui souffrent mais vivent avec la joie de la résignation ; ceux qui écrivent pour éclairer les consciences du monde ; ceux qui diffusent et portent les écritures du Seigneur au-delà des frontières de la terre ; ceux qui se convertissent et réalisent que les religions ne définissent pas le chrétien, mais que le chrétien sera toujours un enfant de Dieu défini par Jésus ; ceux qui portent l'illustre mission d'être un apôtre fraternel du Seigneur sur la terre sacrée qu'est la vie. Lamp rediviva. Lumière et espérance, lumière et amour. Qu'elle soit toujours, Seigneur, la source d'huile pure qui illumine tout le monde au-delà des limites captives de nos cœurs, mais qui reflète la sagesse éternelle de vivre avec des consciences libérées de leur propre être. Seigneur, que la lampe soit en nous pour que nous trouvions dans tes mains tendres la certitude de notre foi.[50]

Quelque temps plus tard, à la fin des prières, alors que la ceinture est vide, une servante nommée Zafira entre soudain dans la pièce. Elle était visiblement désespérée. Elle tenait dans l'un de

---

[49] (N.A.E Ferdinand) Marc, 5:35-43

[50] (N.A.E. Bernard) Le message original a été résumé par les mains de Ferdinand, générant le texte indiqué sur cette page.

ses bras sa fille, une petite fille qui semblait n'avoir que deux ans et qui s'appelait Adelinda, et elle soutenait avec amour une femme qui s'appelait Débora et qui marchait difficilement et avec épuisement.

Malgré son apparence hagarde, il était clair que Deborah appartenait à une noble lignée et se comportait donc avec politesse et discrétion. Elle était d'une beauté singulière, ses grands yeux mettaient en valeur son teint clair et son beau visage... Elle ressemblait à une sculpture grecque réalisée par les mains de grands artistes.

La servante l'installe avec amour sur le simple siège. Débora enlève délicatement le drap qui recouvre ses cheveux noirs.

Zafira s'est approchée de Daniel et, d'un geste humble, l'a salué et lui a dit :

-Monsieur, pardonnez-moi de vous déranger, mais je suis venu vous demander de l'aide. Je sympathise avec le christianisme, mais je n'ose pas me dire chrétien. Ma maîtresse est mariée au juif Ian, mais au vu de ce qui lui arrive, je pense qu'elle trouvera refuge ici et qu'elle sera guérie.

-Dis-moi, dit Daniel avec affection, ce que je peux faire pour toi.

-Je suis au service de Deborah depuis avant le mariage forcé de ses parents. Leurs familles sont d'origine juive - en séchant ses larmes de désespoir, Zafira a poursuivi :

-Depuis quelque temps, elle a commencé à avoir des attitudes étranges qui, je peux vous l'assurer, ne sont pas les siennes. Elle a toujours été gentille et m'a toujours traitée avec beaucoup de respect. Débora a adopté ma petite fille Adelinda, qu'elle traite comme une fille qu'elle n'a pas encore conçue – en soupirant, a-t-il poursuivi : - Malheureusement, ma dame souffre beaucoup d'une maladie inexpliquée. De temps en temps, elle est prise de crises soudaines que nous ne pouvons pas contrôler. Elle dit qu'elle parle aux morts. Son mari Ian est un homme rude, beaucoup plus âgé qu'elle. Il est très influent dans la région, dirige une entreprise familiale d'exportation de fourrures et pratique le credo de ses ancêtres. Ian s'est rebellé et l'a soumise à diverses épreuves. Honteux de sa situation actuelle, il l'a enfermée dans notre propre maison et ne permet à personne de l'approcher, à l'exception d'un groupe de rabbins qui, en plus des prières, lui font subir des flagellations répétées pour enlever de son corps les morts que Deborah prétend voir et à qui elle parle.

Zafira, s'approchant de Deborah, lui montra respectueusement les marques du fouet et poursuivit :

-Ecoutez, la torture de ce soir était si intense que j'ai cru que cette innocente allait mourir. Pris de compassion, je n'ai pas pu m'empêcher de faire face à ce calvaire, et c'est pourquoi je suis ici, pour vous supplier d'aider ma dame, elle ne mérite pas de telles souffrances...

-Comment avez-vous entendu parler de nous ? - demande Théodore.

Un jour, on m'a demandé de venir ici et, sans m'en rendre compte, j'ai assisté à une réunion. J'avoue que j'ai été surprise de vous voir poser la main sur un malade et qu'il se soit rétabli. Je sais que si Lan apprend que nous sommes ici, nous devrons subir sa colère, mais pour le bien de Deborah, je suis prêt à tout affronter. Elle a toujours été une femme travailleuse, toujours prête à aider ceux qui en avaient besoin. Maintenant qu'elle traverse cette épreuve, tout le monde lui a tourné le dos et elle n'a que moi... Croyez-moi, je suis éternellement reconnaissante pour ce qu'elle fait pour ma fille et pour l'affection qu'elle a pour moi, je ne peux pas l'expliquer par les lignes de la raison, mais je me sens comme si elle était une fille bien-aimée.... Même si nous avons des vies si différentes.

Daniel et Théodore s'approchent et aussitôt Deborah se transforme. Saisie par une force supérieure qui ne peut la contenir, la noble femme devient agressive, sursaute, hurle et se jette à terre. Théodore et Hermès la maintiennent au sol, tandis que Daniel pose avec ferveur sa main droite sur son front et prie.

L'atmosphère est enveloppée d'une paix indicible. Un peu plus tard, avec un doux soupir, Deborah présente un visage serein, caractéristique de sa personnalité. Elle semble libérée de ses épreuves

Zafira, surprise par ce qu'elle a vu, dit :

-Monsieur, cela faisait longtemps que je ne vous avais pas vu dans cet état. Je ne pourrai pas expliquer ce que j'ai vu à travers les lignes de la raison, mais je vous en serai éternellement reconnaissant. Que puis-je dire pour vous remercier ?

-Ne dites rien, rappelez-vous seulement que c'est la puissance de notre Maître Jésus-Christ qui agit par mes mains, à qui je remets tous les mérites de ces actes, et à l'apôtre Marc, qui m'a appris à connaître et à aimer le Seigneur.

D'un geste spontané, Débora regarde profondément Daniel dans les yeux, comme si elle le connaissait déjà, lui baise la main et, rafraîchie, reste silencieuse tandis qu'il continue à la regarder.

Sans s'y attendre, ils ont été pris par surprise.

Lan est sorti de la pièce en furie, ses yeux rougis montrant qu'il était hors de contrôle depuis des jours. Sans que personne ne puisse l'arrêter, il a crié :

-Infâme ! Que fais-tu ici, dans cette maudite caste ? Tu n'es pas fou, tu n'es pas malade, tu veux juste m'embarrasser devant la société. Cette fois, tu es allé trop loin. Accompagné de ce malheureux serviteur.

Sans réfléchir, Ian se jette violemment contre Deborah. Daniel l'a soudain serré contre lui, essayant de le retenir.

-Sa fureur :

-Homme, ce lieu est réservé à la prière, comme les temples de ta croyance...

Avant même qu'il n'ait terminé sa phrase, Ian se libère de Daniel, sort rapidement une dague qu'il portait sur lui et se jette férocement sur sa femme, essayant de lui ôter la vie.

Pendant ce temps, Zafira se tient devant sa maîtresse. Ian, aveuglé par la rage, au lieu de frapper Deborah, frappe la servante à l'abdomen, qui, incapable de supporter le coup, tombe inconsciente. Pendant ce temps, Ian, visiblement hors de contrôle, crie :

-Sois maudite ! Désormais, tu n'es plus ma femme. Tu ne remettras plus jamais les pieds dans ma demeure et j'effacerai ton nom de ma lignée. Si tu viens te réfugier auprès de cette racaille, rejoins-la et n'ose plus jamais croiser mon chemin" Les yeux bouillonnants de haine, il fixa froidement Daniel et poursuivit : - Quant à toi, n'ose plus jamais t'approcher de moi, car le temps peut passer et je me vengerai pour ce soir.

Ian, halluciné, est parti sans un mot de plus.

Ce scénario triste et désespéré laissait présager le pire. Zafira ne supporte pas le martyre. Débora, tenant la tête de son amie sur ses genoux, pleure abondamment et, entre deux sanglots, dit :

-Seigneur Dieu de mes ancêtres, je prie le Dieu d'Abraham et de Moïse. J'implore la miséricorde au milieu de larmes convulsives, poursuit-il : - Que vais-je faire sans Zafira ? Que va devenir ta fille si je ne peux même pas lui offrir un toit, parce que je n'en ai pas ? Que va-t-il advenir de nous désormais ?

La triste scène émeut tout le monde. Daniel, plein de compassion, rapproche la tête de la femme de sa poitrine.

- Ayons du courage et de la foi. La douleur de maintenant n'est pas plus grande que l'amour de notre Seigneur Jésus, qui nous accueille en ce moment. Ne vous inquiétez pas, vous et votre enfant resterez avec nous. C'est une simple résidence, mais nous vous accueillerons avec beaucoup d'amour et de respect. Maintenant, remerciez Dieu, qui est le Seigneur de Jésus-Christ, que vous ayez maintenant une maison.

Les étoiles ont illuminé ces cœurs. Et la nuit s'est poursuivie.

Les funérailles de Zafir ne tardent pas à être préparées aux premières lueurs de l'aube.

Pour ces cœurs, j'ouvrirais une nouvelle page à cet endroit appelée "recommencer".

Chapitre 22

Entre les adversités, un nouvel amour s'éveille

"Qui apporte une lampe pour la mettre sous la buisson ou sous le lit ?"

Marc, 4:21

Les jours passaient pour ces cœurs.

Quelques mois ont marqué l'histoire de ces personnages.

Déborah s'installa dans la maison de Daniel et reçut une affection et un respect particuliers de la part de !eodoro et d'Hermès, comme si elle était une sœur bénie que le Christ avait placée sur leurs routes. Elle abandonna les habitudes d'une vie "équine" et, avec beaucoup de renoncement, s'adapta au mode de vie simple de ces hommes.

Il adopte la petite Adelinda, à laquelle il se consacre comme à une mère aimante. À force de côtoyer ces cœurs, il ne tarde pas à se convertir au christianisme et à soutenir, aux côtés de ses nouveaux amis, le "noyau" chrétien né à Byzance, grâce au dévouement intégral de ces hommes.

En revanche, Daniel n'a pas caché son affection pour Adelinda et, par rapport à Deborah, il s'est montré paternel.

Pour lui, la présence de Deborah et de la petite fille le ramenait aux meilleurs moments d'une vie de famille. D'une manière très particulière, il avait retrouvé la joie de vivre et l'éclat de ses yeux.

Après la mort de Zafira, Ian a quitté la région, et personne n'a entendu parler de lui depuis.

Ce soir-là, la simple salle était déjà prête pour le début des prières. Hermès, Déborah et Adelinda se tenaient debout, attentifs, attendant que Daniel commence la pré-lecture de la soirée. Théodore lit doucement le texte laissé par l'apôtre Marc :

- De nouveau, comme Jésus passait en barque sur l'autre rive, une grande foule l'entoura, et il s'arrêta au bord de la mer. Un des chefs de la synagogue, nommé Jaïre, s'approcha de lui et, en le voyant, tomba à ses pieds. Il le pria instamment, en disant : "Ma petite fille se meurt. Viens lui imposer les mains, afin qu'elle soit sauvée et qu'elle vive. Il l'accompagna et une grande foule le suivit, le pressant de toutes parts. Une femme, qui avait un écoulement de sang depuis douze ans et qui avait beaucoup souffert entre les mains de divers médecins, dépensant tout ce qu'elle avait sans résultat, mais dont l'état allait de plus en plus mal, avait entendu parler de Jésus. Il s'approcha de lui par derrière, au milieu de la foule, et toucha ses vêtements. Car il disait : "Si je touche seulement ses vêtements, je serai sauvé. Et aussitôt l'hémorragie s'arrêta. Et elle sentit dans son corps qu'elle était guérie de son mal. Aussitôt, Jésus, se rendant compte de la force qui était sortie d'elle, se tourna vers la foule et dit : "Qui a touché mes vêtements ?" Les disciples lui dirent : "Tu vois la foule se presser autour de toi et demander : "Qui m'a touché ? Jésus regarda autour de lui pour voir qui l'avait fait. Alors la femme, effrayée et tremblante, sachant ce qui lui était arrivé, se jeter à ses pieds et lui dit toute la vérité. Il lui dit : Ma fille, ta foi t'a sauvée ; va en paix et guéris de ton malheur".[51]

---

[51] (N.A.E Ferdinand) Marc, 5:21-34

Daniel, complètement enveloppé d'une inspiration supérieure, après un court soupir, dit :

- La souffrance réside dans le manque de foi et, par conséquent, dans le manque d'amour. Nombreux sont ceux qui cherchent la foi dans des philosophies complexes et des credo du passé pour justifier leur vie. Cependant, Jésus, dans sa simplicité, a offert son empire de lumière à chacun d'entre nous. Face aux faits de la vie ordinaire et aux difficultés qu'ils rencontrent, beaucoup se plaignent de leur condition, reprochent au Seigneur leur incapacité à être heureux et disent qu'ils ont perdu la foi. Cependant, le chemin difficile de la perte supposée de la foi commence lorsque : nous arrachons des larmes à ceux que nous aimons ; la plainte parle plus fort en nous, nous amenant à douter de Dieu et à oublier de rendre grâce pour la vie qui nous a été donnée ; nous ne voulons pas ouvrir les yeux pour voir le simple bleu du ciel ou le grand Soleil qui nous offre la lumière chaque jour ; l'égoïsme s'empare de notre cœur, cédant la place à la vanité et à l'agonie de croire que nous devons seulement recevoir de l'amour sans aimer personne ni partager notre existence avec d'autres enfants de Dieu... Nous sommes les enfants de plusieurs existences et nos esprits réclament le renouvellement et la transformation. La vie physique est une grande opportunité pour rétablir nos liens avec le Seigneur et améliorer nos attitudes et nos pensées jour après jour. La foi restaure ce que nous sommes, mais à quoi sert une pensée pour le bien sans action concrète pour le bien ? Rappelons-nous que nous ne faisons que corriger et tailler les bords de notre passé et que Jésus nous a donné son enseignement en nous donnant l'espoir et surtout la foi qui motive chacun d'entre nous à trouver le bonheur dans son esprit.

Après une brève pause, Daniel regarde tristement Deborah, comme si elle l'inspirait temporairement, et conclut :

- Dans les luttes de la vie, persévérez pour que la lumière de Dieu tombe sur votre cœur. Dans la maladie, crois en la force de l'espérance et sois toujours résigné. Dans l'angoisse, lève-toi en faisant confiance à l'amour de Dieu et à l'amour de soi qui change. Dans le désespoir, attends que la force du temps change le cours de tes sentiments. Dans la souffrance sans cause, priez pour que Jésus soit présent pour aider et encourager la transformation qui renouvelle. Dans l'abandon, renoncez aux attachements malsains qui vous ulcèrent pour que le bonheur céleste puisse toucher votre cœur. Dans la solitude, remplis le vide de ton cœur avec les baumes de la foi qui envahissent les vallées intérieures de ton âme et de ton esprit, te faisant lever au service du bien commun. Dans les ombres du monde, allume la lampe de la paix et partage-la avec la famille de l'humanité. Quand tu trébuches, remets-toi sans hésiter sur tes pieds pour que tes efforts soient reconnus dans le passage de la vie. Dans la mort, fortifie-toi pour que le courage te montre la bonne voie pour soutenir et résister au nom de Dieu. En toute occasion, sois actif, trouve toujours la motivation, pour que les voiles de l'égoïsme n'aveuglent pas les existences et n'interrompent pas la trajectoire individuelle de chacun. Ressourcez-vous toujours, dit le Seigneur, parce qu'avec l'humilité, le respect, la tolérance et l'affection, la lumière sera présente, même si les ombres persistent à couvrir vos yeux de larmes de désespoir. Concentrons nos énergies sur les hautes valeurs positivistes qui renouvellent nos esprits et travaillons : pour l'amour, même au milieu des coups, des oublis et des insultes ; pour la paix, même au milieu de la douleur de la tempête écrasante ; pour l'endurance de la foi, même au milieu de la souffrance cachée ; par Jésus, afin que nous puissions sentir germer en nous la graine de l'accomplissement et de l'espérance, transformant les faiblesses en silence cicatrisé dans nos vies, nous conduisant vers la victoire sous la lumière et le soutien de Dieu".[52]

---

[52] (N.A.E. Bernard) Le message original a été résumé par les mains de Ferdinand, générant le texte indiqué sur cette page.

En silence, les personnes présentes s'en vont. Hermès accompagna avec zèle Déborah, qui tenait dans ses bras Adelinda endormie, pour l'installer sur le lit...

Pendant ce temps, Daniel, dans un profond silence, regardait l'horizon d'un air réfléchi et perdu, quand Théodore dit :

-Ami, j'ose dire que je te connais et aujourd'hui tu es plus silencieux que les jours précédents. Quelque chose trouble ton coeur...

Lui, essayant de cacher la vérité, essaya de la déguiser et dit qu'il ne se passait rien, quand Thédore, avec un sourire timide, continua :

-Mon cher, je ne suis pas une experte en matière de cœur, je n'ai aimé qu'une fois, mais depuis l'arrivée de Débora, j'ai l'impression qu'elle et le petit ont touché ton âme d'une manière particulière. Pardonnez-moi, mais je ne peux pas nier que j'ai observé votre visage lorsque vous avez conclu la réunion. Je sens qu'un sentiment s'installe entre Deborah et vous, et que vous paniquez tous les deux face à cette situation. Ai-je tort ?

-Je ne sais pas ce qui m'arrive. Je pense à Tamara. J'ai toujours cru que je n'aimerais qu'elle et personne d'autre. Sans que je m'y attende, elle et mon petit fils David sont retournés au Seigneur. Et voilà que Jésus a placé Deborah et Adelinda dans mon destin. Tamara a été mon premier amour, et j'avoue que c'est à elle que je dois ma conversion et ma rencontre avec Marc.

Lorsqu'elle est morte, j'ai cru que l'amour en moi était également mort. Je ne doute pas qu'elle ait été un ange béni qui m'a fait entrer dans la lumière.

-Ami, quelle est ta peur ? Qu'est-ce qui trouble tant votre âme ?

-Je ne suis plus un garçon, mais quand je regarde Débora, c'est comme si je la connaissais depuis longtemps. J'ai l'impression que nous avons vécu une histoire quelque part dans notre vie. Quand je la regarde, je me sens en paix et c'est comme si un amour mûr fortifiait mon âme. Je n'aurais jamais cru pouvoir aimer ainsi... Un amour mûr, fidèle et confiant. J'ai peur de m'écarter du chemin sur lequel on m'a conduit, parce que j'ai des responsabilités que je ne peux pas ignorer, ni mettre de côté la construction chrétienne que nous avons commencée. Je ne peux pas oublier Ian, nous ne savons pas où il se trouve ni s'il est vivant ou mort, nous savons juste qu'il est parti sans que personne ne sache rien, mais souvenons-nous qu'il est toujours le mari de Deborah.

-Ami", dit Thédore avec un sourire timide

-Je comprends vos inquiétudes. Rien ne t'empêchera de suivre le chemin qui mène à Jésus, parce que ta conversion est authentique et que ta foi vit dans ton cœur, renforçant ta vie et ton amour pour le Seigneur. Tu as été appelé par Dieu pour accomplir ses desseins, et tu as connu beaucoup de souffrances, mais cela ne signifie pas qu'il faille se plonger dans le tourment de se priver d'un sentiment pur comme l'amour que tu éprouves pour Deborah. L'amour est une création de Dieu et ne peut être omis du cœur de personne. Acceptez le don du Seigneur et recevez cette bénédiction avec résignation. Je crois que Deborah a aussi ses peurs et que Ian est quelqu'un que nous devrions remettre entre les mains de Jésus pour qu'il puisse être conduit vers la lumière. D'ailleurs, nous ne pouvons pas oublier que le ventre de la mère donne naissance à la vie terrestre et que le tombeau donne naissance à l'éternité.

En tant qu'enfants de plusieurs existences, nous portons dans notre vie le moteur appelé foi et maintenant, aussi difficile que soit le moment de l'épreuve, renouvelons notre foi et devenons complètement à l'écoute de la paix intérieure et des bénédictions du ciel.

Daniel remercie pensivement son ami pour ses paroles et, essayant d'alléger son cœur, il prie :

-Seigneur, par miséricorde, écoute ma prière. Par les portes de l'invisible, rends-toi présent en distribuant ton amour pour renforcer ma foi, comme tu l'as enseigné jadis à tous ceux qui ont pu connaître ta miséricorde. Pardonne-moi les faiblesses de mon cœur et donne-moi le courage d'accepter les défis de ma vie avec espoir et résignation. Donne-moi la sagesse de me comprendre et de trouver l'équilibre et la gratitude nécessaires pour recevoir tes bénédictions et les cadeaux d'un nouvel amour. Je suis reconnaissant d'être en vie, mais je prie pour ta compassion, soutenue par la sagesse et le pain de l'évangile qui rassasie ma faim et enlève mon ignorance de ton royaume d'amour et de construction. Je suis conscient de mes propres défauts, mais ils ne nous empêchent pas de L'aimer et de rendre grâce pour tout ce qui nous est et nous a été offert par Ses mains, ma vie.

Emu et réfléchi, Daniel a poursuivi :

-Mon ami, laissons les choses du cœur pour plus tard, car demain nous nous rendrons à Sedmitra, le village voisin. Nous serons loin d'ici pendant quelques jours, et ce sera pour moi l'occasion de réfléchir à nos affaires et à la diffusion de l'Évangile de Marc.

-C'est vrai", dit Thédore en respectant Daniel.

-N'oubliez pas que la distance physique ne vous empêchera pas de la prendre dans votre cœur...

Les hommes restèrent donc en conversation ; en parlant du voyage du lendemain.

Chapitre 23

Le début d'un nouvel amour

"Le denier de la veuve - Assis devant le trésor du Temple, il regardait la foule jeter de petites pièces dans le trésor, et beaucoup de riches jetaient beaucoup de pièces. Une pauvre veuve s'approcha et jeta deux petites pièces, c'est-à-dire un quadrant. Il appela ses disciples et leur dit : "En vérité, je vous le dis, cette veuve pauvre a jeté plus que tous ceux qui ont mis des pièces dans le trésor. En effet, tous les autres ont donné de ce qui leur restait. Mais elle, dans sa pauvreté, a offert tout ce qu'elle avait, tout ce qu'elle possédait pour vivre".

Marc, 12:41-44

Pendant que Daniel et Théodore sont en voyage, Hermès garde les dessins pour la subsistance et les prières dans la salle où ils se trouvent habituellement.

Ce soir-là, alors qu'il se rend à la réunion, il est surpris de voir Adelinda assise en train de jouer innocemment et Débora à genoux, entre des larmes convulsives, en train de prier à haute voix :

Seigneur, pardonne-moi ce moment de désespoir. Je suis éternellement reconnaissant pour les dons que j'ai reçus de son cœur. Un toit qui ne me manque pas, des amis que je considère comme des frères et sœurs bien-aimés, une petite fille qui déclenche en moi la joie d'être mère. Au milieu de tout cela, j'avoue que ma poitrine brûle maintenant d'un sentiment que je ne peux expliquer par les lignes de la raison. Je me sens coupable parce que j'aime Daniel, non pas comme un ami, mais comme quelqu'un que le ciel m'a apporté, et je ne veux pas l'empêcher d'accomplir sa mission, alors je suis prête à partir et à le laisser entre ses mains. Je rêve de partager mes jours avec lui et de l'avoir à mes côtés, ainsi que de le suivre partout où le Seigneur l'appellera, car si Jésus est ma vérité aujourd'hui, je le dois à Daniel, qui me l'a fait connaître, et rien ni personne ne me fera l'abandonner. Je le remercie, car le Seigneur est mon secours et ma vie.

Avec discrétion, Hermès attend la fin de la prière, mais lorsque Deborah s'aperçoit de sa présence, elle sursaute :

- Depuis quand êtes-vous ici ?

Il lui dit, respectueusement et affectueusement, en essayant de la calmer :

-"Mon amie, ne t'inquiète pas, je suis ici depuis assez longtemps pour essayer de t'empêcher de commettre un acte insensé : partir et nous abandonner. Théodore et moi avons déjà parlé de toi et de notre ami Daniel, après tout, vous ne pouvez plus cacher vos sentiments l'un pour l'autre. Nous sommes heureux que ce sentiment revienne dans le cœur de chacun d'entre vous, qui avez tant souffert des histoires passées.

Je ne comprends pas, qu'est-ce qui empêche cet amour ?

Deborah pleurait convulsivement et, après avoir séché ses larmes, elle a répondu :

- Oui, je l'aime de toute mon âme, mais c'est un homme important pour la région et surtout pour Jésus, et je ne veux pas me mettre en travers de sa vie. Je comprends aussi que tu as assez aimé et que tu ne veux plus connaître un nouvel amour - cachant son visage entre ses mains, il poursuit - Chaque jour, je prie Jésus de me pardonner parce que j'ai voulu être Tamara, son premier amour. Je te confesse que je n'ai jamais aimé personne d'autre, Daniel était l'amour que j'ai toujours demandé à Dieu et que je reconnais maintenant comme une vérité dans mon être. Quand je le regarde, je ne vois pas de réciprocité, mais du respect, et je pense qu'il ne voudra pas de moi dans sa vie. J'ai donc pris la décision de partir, pour pouvoir commencer mon histoire et faire taire ces sentiments.

Jésus connaît nos cœurs et ne nous unirait jamais par les lois du hasard. Je ne te laisserai jamais partir d'ici - il l'embrassa affectueusement sur le front et poursuivit : - J'ai rencontré Tamara, une charmante jeune femme, presque une fille, et Daniel, un jeune homme plein de rêves, qui se prépare à devenir rabbin. Lorsque l'apôtre Marc l'a rencontré, il s'est empressé de l'accueillir comme un fils bien-aimé. Les journées de Daniel étaient plus axées sur l'apprentissage du Christ par l'apôtre que sur le mariage. Lorsque nous avons quitté Alexandrie, nous sommes arrivés ici dans des conditions très hostiles. Tamara n'a pas supporté le voyage, et elle et le petit David ont contracté une grave maladie. En cinq jours, Daniel s'est retrouvé sans sa femme et son fils. Depuis lors, il se consacre à la diffusion des écrits de Marc et travaille avec Thédore dans l'école qu'ils ont fondée et dans les affaires, mon domaine de prédilection. Nous aimons Daniel et nous n'avons pas tardé à développer le même sentiment pour vous et Adelinda. Nous voulons le meilleur pour vous deux. Croyez-moi, vous avez allumé une nouvelle lumière chez Daniel depuis votre arrivée ici. Depuis que vous l'avez recueilli chez nous, il semble vouloir vivre, c'est un nouvel homme. Ne fuis pas ton destin, car quand on fuit le destin, on ignore les lois du Seigneur et on éteint l'espérance dans nos cœurs. Attends le temps réponde à tes doutes - et ne laisse pas tes peurs, sans raison, t'éloigner de celui qui peut être ton grand amour.

-Ami éternel, tes paroles réconfortent mon cœur et je remercie le Seigneur de vivre parmi des personnes si spéciales. Je t'aime et l'idée de vivre loin d'ici est presque impossible, mais je ne peux pas supporter de vivre à côté de Daniel, dans le silence de cet amour. Comment pouvons-nous vivre ainsi ? Nous sommes assez forts pour continuer parce que nous sommes avec Jésus et que nous avons la foi. Je me sens comme une petite fille devant vous, parlant de sentiments alors qu'il reste tant à faire. Pardonnez ma faiblesse, car je sais que seul le temps peut être le juge de toutes nos vies.

Hermès, souriant, poursuit :

-Je comprends tes craintes, mais laisse le Seigneur t'aider dans cette histoire, et quand Jésus prend notre vie en main, il ne nous reste plus qu'à attendre et à travailler.

Interrompu par les plaisanteries d'Adelinda et les premières personnes arrivant pour la prière, Hermès, souriant, s'en va accomplir ses devoirs de la soirée, tandis que Déborah remet son cœur à Dieu.

※ ※ ※

Une quinzaine de jours s'écoulent rapidement.

Cette nuit-là, les étoiles bordent le ciel, brisant l'obscurité de la nuit, tandis que, au son des chevaux, Daniel et Thédore reviennent de leur voyage au village voisin, où ils ont acheté des délices inégalés pour les vendre au marché local.

A leur approche, Hermès, avec un large sourire, va les aider, tandis que Deborah salue ses amis avec affection. Dès qu'ils eurent installé les chevaux, ils s'empressèrent de prendre un repos bien mérité.

Après s'être rafraîchi, Daniel s'est assis sur le balcon lorsque Deborah s'est approchée de lui avec amour pour lui servir quelque chose à manger.

-Le voyage a dû être épuisant, dit-elle, à tel point que Thédore n'a même pas pris de repas, il s'est retiré et s'est immédiatement endormi. Adelinda aussi a adoré, mais crois-moi, tu lui as beaucoup manqué. Les journées semblaient longues et interminables. Malgré nos efforts dans les réunions chrétiennes, rien n'est comparable à votre présence à tous les deux.

-Je n'ai sûrement manqué qu'au petit ?

-Non, Daniel, bien sûr, Hermes aussi, car le travail a été intense ici...

Avant qu'elle ne puisse terminer sa phrase, Débora rougit et renverse accidentellement l'amphore d'eau sur le sol. Elle se penche rapidement pour nettoyer le liquide renversé, lorsque Daniel, dans un geste spontané, voulant l'aider, saisit ses mains glacées et la soulève lentement et avec zèle.

-Les jours passés loin de toi, dit Daniel, ont été cruels. J'ai cherché un moyen d'oublier tes yeux et ton parfum, mais j'ai malheureusement trouvé la solitude et le désespoir. Nous avons un passé marqué par le poids de la violence, mais nous ne pouvons pas vivre dans le passé ou dans les souvenirs qui nous rendent malheureux. Depuis le jour où tu es entré dans ma vie, je ne peux pas être hypocrite et dire que tu n'as pas touché mon cœur. J'ai essayé de me fuir et de te voir comme une sœur qui a besoin d'aide et de compréhension, mais pardonne-moi, non, ce n'est pas ce que tu représentes pour moi. Après la mort de Tamara et de mon fils, j'ai cru que je ne serais jamais capable d'aimer quelqu'un. Elle a été un amour innocent qui m'a conduit à Jésus et je ne peux pas nier mon respect pour ce passé.

-"Par Dieu, dit Deborah, j'ai aussi lutté et prié, jour après jour, pour faire sortir de moi ce sentiment qui repose dans mon cœur. Tu sais que mon mariage a été arrangé pour la commodité de ma famille. Nous n'étions que trois enfants, un frère qui a suivi les traces de mon père et une jeune sœur qui a connu le même sort que le mien, en fréquentant un marchand riche mais ivrogne. Elle n'a pas supporté le martyre de vivre à ses côtés et s'est suicidée. En tant que première fille, je me suis consacrée à l'entretien de mes parents, mais mon père, me trouvant vieille, a trouvé le moyen de trouver un mari pour sa fille à Ian. N'étant plus si jeune, je n'avais pas abandonné le rêve de trouver l'amour. Je n'avais pas le choix et j'ai accepté mon destin. Nous avons vécu ensemble pendant deux ans et, pour des raisons que j'ignore, je n'ai pas pu lui donner de fils. Il me reconnaissait rarement en tant que femme et c'est ainsi qu'ont commencé les abus et les relations avec d'autres femmes qu'il rencontrait dans le feu de la passion. Avec le soutien de Zafira, j'ai réussi à supporter mes tristes journées. Un matin, après avoir subi les abus de Ian, je suis allée dans le jardin, je me suis assise sur un banc et j'ai prié le Dieu que j'avais prononcé dans mon précédent credo ; j'ai parlé de ma révolte, car ce jour-là, je me croyais emprisonnée au milieu du chaos et du désespoir. Vous connaissez la suite de l'histoire, mais le premier jour où je l'ai vu, au milieu de cette scène de tristesse offerte par Ian, j'avoue que j'ai cru mourir, parce que je me trouvais devant un ange ou l'amour que j'avais toujours espéré, parce que je n'avais jamais aimé personne jusqu'à ce jour. Le sentiment de ce moment a grandi en moi, chaque geste, regard ou sourire que tu m'as donné était un cadeau du ciel que je ne pouvais pas ignorer. J'ai pensé à partir d'ici pour essayer de l'oublier, mais j'ai pensé à Adelinda, qui a besoin d'un père et qui en a trouvé en toi la figure paternelle - en fermant les yeux, Débora continue : - Je t'aime, et sache que si je ne suis pas ton premier amour, je m'en fiche, car tu es à moi...

Daniel, enchanté par les mots d'amour de Débora et ses gestes affectueux, la serre contre lui, cherche ses lèvres timides et les fait taire en les posant sur les sienne en l'embrassant passionnément.

Ne pouvant plus se retenir, elle s'abandonne aux caresses de son amour. Quelque temps plus tard, Daniel dit :

Ma chérie, remettons nos peurs entre les mains du Seigneur, car je sais que nos rêves seront bénis. Je t'aime avec la force de ma vie, nous sommes enveloppés dans le même accord de confiance et je m'agenouille devant toi, submergé par l'appel de l'amour qui brûle dans ma poitrine. Je suis conscient que les ombres du passé peuvent menacer ce sentiment, mais pour ton bien, je suis prêt à les affronter. Je suis fatigué de cette solitude. Jésus a ouvert mon cœur pour commencer une nouvelle histoire, et dans les pages que je veux commencer à écrire, tu es le personnage principal, parce que tu es l'amour de cette vie et de celles à venir.

Dans le silence de la nuit, ces enfants de Dieu ont scellé l'amour béni par Dieu et ont éloigné la solitude de leur chemin, laissant place à une nouvelle histoire pour leur vie.

Chapitre 24

Le temps, seigneur des cœurs

> *"Car celui qui n'est pas contre nous est pour nous."*
>
> Marc, 9:40

La vie s'est déroulée sans heurts pour les personnages de cette histoire.

Daniel et Deborah se sont unis, et de cet amour est née une petite fille appelée Nina, qui les a comblés de joie et a rempli leurs cœurs de foi et d'espérance.

À l'époque, Nina avait presque dix-huit ans. Ses grands yeux bleus étaient mis en valeur par son teint légèrement doré, héritage des ancêtres de Daniel. Son visage fin est souligné par ses cheveux auburn. Ses lèvres épaisses accentuent la physionomie d'une sculpture grecque taillée par les mains parfaites d'un artiste.

Théodore s'était attaché à l'éduquer selon ses racines grecques et les enseignements du philosophe Socrate, l'un des plus grands penseurs de la Grèce antique, faisant d'elle une jeune femme à l'intelligence remarquable et à la beauté singulière, pour la plus grande fierté de Daniel et de Deborah.

Adelinda a presque vingt ans. Son teint doré, ses yeux et ses cheveux noirs lui confèrent une beauté exotique.

Nina et Adelinda ont été élevées comme des sœurs et, malgré leurs nombreuses différences, leur affection et leur respect étaient éminents.

Cet après-midi-là, Daniel et Débora revenaient du marché, lorsque Débora leur dit affectueusement :

-J'ai encore l'impression de vivre les premiers jours, quand je l'ai vu pour la première fois. Quand je pense à ma Nina et au temps que nous avons passé ensemble, je prie le Seigneur avec gratitude, parce que j'ai reçu de la vie tout ce dont je rêvais et bien plus encore - émue, a-t-elle poursuivi : - Aujourd'hui, elle est presque une femme, mais oh Seigneur, elle était si petite... Je vous avoue que lorsque j'ai vu ses petits yeux, l'amour n'a pas tardé à prendre racine dans mon cœur. J'aime notre fille parce qu'elle est la matérialisation de notre amour.

-Notre Nina est un don de Dieu, dit Daniel, l'air serein. - Je ne doute pas qu'elle soit venue combler d'amour le vide de mon cœur, alors que tu l'avais déjà pris pour toi. Le temps a passé et je la vois encore dans nos bras, mais notre fille a grandi et nous devons penser à son avenir. J'ai toujours été contre les mariages arrangés et je ne vais pas lui imposer cela, mais j'ai peur pour Nina car nous l'avons élevée de manière très indépendante. Je veux le meilleur pour notre fille, mais j'ai l'impression qu'elle est comme un oiseau libre et que rien ne peut la retenir, pas même un mariage.

- Mon amour, laissons le temps parler de lui-même, car elle est très jeune, et je pense que après rencontrera un jeune homme qui la charmera. Attendons... Tu as toujours dit que tu la laisserais choisir qui elle fréquenterait, alors laisse-lui le temps de mûrir, de te connaître et d'apprendre à te connaître.

Je me suis souvenue des paroles de l'Ancien Testament, alors prions pour notre petite fille : - Je me suis souvenue des paroles de l'Ancien Testament, alors prions pour notre petite fille.

Au son des chevaux, Débora poursuit :

Celui qui demeure sous la protection du Très-Haut demeure à l'ombre de Shaddaï,
en disant à Yahvé :
Mon abri, ma forteresse,
mon Dieu, en qui je me confie !
C'est lui qui vous délivre du piège
du chasseur qui s'acharne à détruire;
Il te cache sous ses plumes,
C'est sous ses ailes que tu t'abrites.
Son bonheur est ton bouclier et ton armure.
Tu ne craindras pas la terreur de la nuit
ni la flèche qui vole de jour,
ni la peste qui marche dans les ténèbres,
ni l'épidémie qui ravage à midi
Mille tombent de ton côté
et dix mille sur ta droite,
rien ne vous atteindra.
Il suffit de regarder avec les yeux
pour voir le salaire des méchants,
Vous qui dites : "Lahweh est mon abri,
et qui fais du Très-Haut ton refuge.
Jamais le malheur ne t'atteindra
Aucun fléau ne s'abattra sur ta tente:
car il a ordonné à ses anges de te protéger dans toutes tes voies.
Ils te porteront dans leurs mains,
afin que tes pieds ne tombent pas sur une pierre ;
Tu pourras marcher sur le lion et la viborne,
tu marcheras sur le petit lion et le dragon.
Parce qu'il s'est attaché à moi, je le délivrerai,
Je le protégerai, car il connaît mon nom.
Il m'invoquera et je répondrai :
"Dans la détresse, je serai avec lui,
Je le délivrerai et je le glorifierai ;

Je le rassasierai de longs jours et je lui montrerai mon salut.[53]

- Oui, tu as raison, laissons le temps appliquer ses lois et illuminer nos journées, car nous savons que si nous attendons avec foi, nous ne manquerons de rien...

Ainsi, au milieu d'une conversation banale, le couple rentre chez lui et, malgré la peur du lendemain, confie ses amours et ses doutes au Seigneur.

✳ ✳ ✳

Alors qu'à Byzance la vie se déroulait sans encombre pour ces cœurs, à Alexandrie nous trouverons Servio, dont l'expression révélait la dureté de l'époque. Il a continué à avoir une grande influence sur le commerce local, ainsi que sur la religiosité de la région.

Après la mort de Yara, il a choisi de rester seul, enfermant son veuvage dans les bras d'amours provisoires.

A ses côtés, la présence constante du rabbin

Eliezer qui, avec son ami, dictait les règles religieuses.

Après la mort de Marc, le christianisme a été subjugué. Le credo d'amour prononcé par Jésus et traduit par "l'apôtre de l'espérance" est suivi dans la clandestinité par des groupes qui pratiquent leur foi, réservée à l'anonymat et au secret, pour ne pas s'exposer et sentir le lourd joug d'Eliezer.

Ce matin-là, Eliezer, visiblement affligé, se rendit à la résidence de Servio et le trouva sous la garde des serviteurs qui le servaient en silence, avec un mélange de crainte et de zèle.

Après les salutations, Servio, inconscient des objectifs de son ami, entame une conversation banale :

---

[53] (N.A..E. Bernard) Psaume 91

-Mon ami, dit Servio, nous jouissons de la paix dans notre région. Après avoir fait taire le maudit Marcos, notre croyance règne avec bonheur. Les chrétiens ont maintenant été soumis à leur insignifiance.

Eliezer, visiblement embarrassé et bouleversé, dit :

-Oui, le travail a été dur, mais notre credo est consolidé. Il y a encore des chrétiens, mais croyez-moi, beaucoup moins qu'avant. Ils se sont dispersés et ne représentent plus aucune menace pour nos origines religieuses - ce qui change le cours de la conversation, poursuit-il : - Chère, malheureusement, j'ai des nouvelles qui pourraient vous ébranler.

-J'ai peut-être vieilli, mais mon esprit est toujours jeune. Rien dans cette vie ne peut m'abattre. Dites-moi, quelle est cette nouvelle importante ?

Essuyant la sueur abondante de son front, Eliezer trempa ses lèvres dans un verre d'eau et poursuivit :

-Après la mort de Marcos, de nombreuses rumeurs nous sont parvenues sur l'endroit où se trouvait son fils. Beaucoup disaient qu'il était mort, mais je n'y ai jamais cru. J'ai toujours gardé un œil attentif sur tous les faits entourant le nom de Daniel. Pardonnez-moi, mais votre trahison de nos traditions pèse encore lourdement sur mon âme.

- Pourquoi ces souvenirs maintenant ?

- Vous ne croirez pas ce que j'ai à vous dire. J'ai commandé des marchandises en Orient et j'ai commandé qu'un homme en qui j'avais confiance aille l'enlever. Je fus surpris de le voir revenir avec empressement et me raconter qu'il avait entendu le marchand arrivé dans les ports d'Alexandrie parler d'une communauté chrétienne à Byzance, dirigée par un ancien rabbin du nom de Daniel. Pour obtenir plus d'informations, il s'est fait passer pour un chrétien. A notre grande surprise, sans éveiller de soupçons, il a obtenu les informations dont nous avions besoin pour savoir s'il s'agissait bien de votre fils.

-Qu'en dites-vous ? Daniel est-il vivant ? Qu'il aille au diable, ce n'est pas mon fils, je l'ai renié depuis le jour où il s'est converti à cette secte délirante. Toute ma vie, je me suis réjoui de le savoir mort et j'aurais préféré qu'il soit livré aux chacals.

-"Pour découvrir la vérité, j'ai besoin de votre soutien dans cette enquête", dit Eliezer avec haine. - J'ai besoin d'argent pour envoyer un homme de confiance là-bas afin d'obtenir les confirmations dont nous avons besoin. J'ai le nom qu'il faut pour ce travail, Démétrius. En fonction de ce qu'il trouvera, croyez-moi, avec un peu plus d'argent, il pourra se débarrasser de Daniel lui-même, s'il le souhaite. Démétrius est un homme sans scrupules qui aime notre credo et, maintenant que je suis plus âgé, je suis l'esprit et il est mon corps pour l'action- avec un sourire sarcastique, il a poursuivi : - Vous savez, nous avons vraiment besoin de gens comme lui à nos côtés. Je veux que l'esclave Pompey vous accompagne pour assurer votre sécurité et répondre à vos besoins.

- Oui, vous aurez tout ce qu'il vous faut, envoyez les hommes et ensuite vous et moi irons là-bas. Préparez tout ce dont vous avez besoin, car si Daniel ose continuer l'histoire du christianisme, je n'épargnerai pas sa vie. Je préfère qu'il soit mort plutôt que de vivre la honte de l'avoir vivant. En attendant, avant qu'une quelconque action ne soit entreprise contre continuer l'histoire du christianisme, je n'épargnerai pas sa vie. Je préfère qu'il soit mort plutôt que de vivre la honte de l'avoir vivant.

Impitoyablement, ces hommes se sont serré les coudes, établissant les détails du voyage à la recherche de Daniel.

Chapitre 25

Des chemins croisés

"Lorsque le fruit est prêt, jetez-le immédiatement, car la récolte va venir."

Marc, 4:29

Les jours passent...

Démétrius, sous la conduite d'Eliezer, arriva dans la région de Byza. - accompagné de Pompée.

Démétrius était égyptien. Il avait un corps musclé, résultat des jeux qu'il pratiquait, il avait un physique semblable à celui d'un demi-dieu. Expert dans l'art de la séduction, il était connu pour avoir poussé de nombreuses femmes à mettre fin à leurs jours "à cause de ses vaines promesses d'un amour inexistant".

Pompée est né à Éphèse, dans la ville d'Ionie, à l'endroit même où est né le penseur et philosophe pré socratico[54] Heraclito.

---

[54] (N.M.) "Les pré-socratiques sont les philosophes qui ont vécu dans la Grèce antique et les ' c'nias ' molles. Ils sont ainsi désignés comme ceux qui ont précédé Sócrates, considéré comme un tournant dans la philosophie. Le premier philosophe à avoir une œuvre systématique et complète est Platon, puis Aristote. On les appelle les philosophes de la nature parce qu'ils ont étudié des questions relatives à la nature, parce qu'ils ont enquêté sur des questions pertinentes, telles que la composition du monde. Ils ont rompu avec la vision mythique et religieuse de la nature qui prévalait à l'époque, en adoptant un mode de pensée scientifique..."

C'était un jeune homme, il exaltait la force de ses vingt ans. Cependant, il était calme et réfléchi. Son teint clair, ses yeux bleus et ses cheveux clairs lui donnaient un mélange de tristesse et de force.

Ce matin-là, sans perdre de temps, ils sont partis à la recherche d'informations sur la communauté chrétienne.

Au marché, ils se comportèrent comme des gens ordinaires et s'informèrent des activités de Daniel. Démétrius, avec la froideur qui le caractérisait, vit un jeune homme, lui présenta quelques pièces et lui demanda :

Jeune homme, veux-tu gagner cet argent ? Dis-moi, connais-tu un marchand qui s'appelle Daniel ?

-Oui, je le connais. C'est le chrétien, et juste là, il y a sa femme et ses filles.

En remettant les pièces, ils se dirigent vers Hermes, Débora, Nina et Adelinda.

Démétrius, enveloppé dans la lumière trouble d'un esprit perturbé, ne put détacher son regard d'Adelinda lorsqu'il la vit et mentit astucieusement :

-Nous venons en paix. Nous sommes des voyageurs et des commerçants venus de loin. Nous sommes de passage ici et nous avons entendu dire qu'un homme appelé Daniel possède des marchandises qui nous intéressent. Bien que nous ne soyons pas chrétiens, j'ai entendu dire qu'il y avait une communauté ici et, pendant que nous sommes dans ce village, nous aimerions la connaître et participer à ses réunions. Est-ce possible ?

Hermès, qui s'avance avec une certaine méfiance, ne cache pas son agacement :

Disponible sur < http:// www.consciencia.org/pre socraticos.shtml >. Consulté le 10 avril 2015.

-Si vous êtes venus en paix, vous pouvez vous rendre à notre résidence pour parler affaires et prier avec nous. N'oubliez pas qu'il s'agit d'un lieu de prière.

-"Monsieur, intervient Démétrius à mots couverts, ne vous inquiétez pas, car même si nous ne pratiquons pas la même foi, nous respecterons votre toit.

Hermès s'empresse de lui indiquer la marche à suivre. Avant qu'ils ne se mettent en route, Demetrio regarde Adelinda et lui dit :

-Il y a longtemps que je n'ai pas vu une femme aussi belle que toi. Le Seigneur vous a comblée de grâce, et je partirai d'ici en emportant votre charme.

Adelinda rougit. Hermès, réalisant le moment, interrompt la conversation et prend congé.

-Immédiatement. Alors qu'elles se perdent parmi les autres passants,

Deborah prend la main de sa fille, s'approche d'Hermès et lui dit :

-J'espère me tromper, mais je ne me sentais pas à l'aise devant eux. Quelque chose me dit que nous devons être vigilants.

J'avoue que je partage vos impressions, mais laissons le Seigneur agir sur nous.

-Maman, dit Nina avec affection, oncle Hermès a raison. Nous devons faire confiance à Jésus parce qu'il ne nous exposerait pas à des difficultés par hasard. Faisons confiance... Sans pouvoir l'expliquer, j'ai senti la présence de Marc près de nous et les paroles de papa me sont revenues avec force à l'esprit : "Face à n'importe quel malheur, fais confiance à Jésus. Même face à une épreuve difficile, trouve dans la foi la force de continuer ; face à l'inconnu, ne renonce pas au Seigneur ; face aux larmes, ne crains pas le lendemain ; face à la douleur du départ, ne t'afflige pas, travaille ;

face à la souffrance violente, attends. Chacun est soumis à la réalité et parfois ce n'est pas facile. Il n'est pas possible de l'adoucir. On ne peut pas changer le cœur de quelqu'un, il faut y travailler.

-Il ne sert à rien de prier sans agir. Si un malheur t'arrive, supporte-le avec patience, car c'est alors seulement que Jésus répondra à ton appel et viendra à ton secours..."

Adelinda, prise dans les tourbillons de l'envie et de la jalousie et gênée par l'affection de Nina, la dévisage froidement et ne peut contenir son dégoût :

-Pourquoi, ma petite soeur, toujours en train de dire des choses philosophiques. Les hommes devraient être comme ça, pas les femmes. Parfois, Nraa oublie qu'elle est une femme.

-Cessez cette conversation", ordonne Hermès

- Après tout, nous avons beaucoup à faire.

Deborah embrasse sa fille qui, même face à cette moquerie, reste silencieuse. Sa mère, avec un doux sourire, lui caresse les cheveux, dissipant rapidement la bouffée impétueuse de la jeune fille.

Sans plus attendre, ils ont continué à travailler, confiant leurs craintes à Jésus.

✳ ✳ ✳

Ils ne tardent pas à localiser la résidence de Dani et Iogo se prépare à assister à la réunion chrétienne.

A leur arrivée, ils s'installent tranquillement. Pompée, attentif aux détails, observe les attitudes de chacun.

La salle est enveloppée d'une douce mélodie, entendue par les personnes présentes. Nina, un foulard sur la tête, ressemble à un ange béni. Sa voix douce ne s'est pas perdue parmi les autres et a rempli la salle d'une paix inégalée :-Nous rendons grâce au Seigneur. Sa grandeur et son amour infini sont un don pour nous, car nous savons que sa bonté ne nous fera pas défaut, et nous savons que le Seigneur est le Soleil de notre vie, béni soit l'éternel Illuminé. Dans les abîmes d'affliction qui sont les nôtres, nous ne doutons jamais de ton existence. Car tu es, Seigneur, l'étoile rayonnante qui perce les ombres avec bonté et indulgence. Consacre-nous par ta compassion, apprends-nous à comprendre ta loi divine. Fais renaître en nous ta foi ; Seigneur, tu seras toujours notre Roi... Ta générosité nous console ; nous te remercions pour tes innombrables bienfaits. De la nature, des fleurs et du printemps coloré, que ta maîtrise nous donne maintenant. Il a enlevé de nos cœurs les épines de la souffrance. Aujourd'hui, nous sommes reconnaissants, car le Seigneur est notre père, qui bénit avec le baume de sa gloire. Immédiatement après la prière, un silence enivrant envahit les lieux. Nina retire délicatement le foulard qui recouvre ses cheveux et laisse son visage briller parmi tant d'autres anonymes. Soudain, Pompée, qui la regarde, ne peut détourner le regard, tandis que Daniel poursuit fermement :

-"La tempête s'apaise : "Ce jour-là, sur le soir, il leur dit : Passons sur l'autre rive. Laissant la foule, ils le prirent tel qu'il était, dans la barque, et il y avait d'autres barques avec lui. Il y eut une tempête de vent, et les vagues se jetaient dans la barque, qui se remplissait déjà. Il était à l'arrière, dormant sur l'oreiller. Ils le réveillèrent et lui dirent : "Maître, cela ne te fait rien que nous périssions ?" Se levant, il conjura sévèrement le vent et dit à la mer : "Silence ! Le vent se calma et il y eut un grand calme. Il demanda alors :Pourquoi avez-vous peur ? Ils eurent alors très peur et se dirent l'un à l'autre : "Qui est celui à qui obéissent le vent et la mer ?[55]

Daniel, profondément impliqué dans l'univers spirituel, était rempli de lumière et continuait :- Il est important d'être conscient de l'état temporaire de limitation de l'esprit lorsqu'il

---

[55] (N.A.E. Ferdinand) Marc, 4:35-41

s'incarne, mais il est nécessaire de chercher à apprendre dans les exemples laissés par Jésus, l'amour, la charité et la transformation personnelle dans le domaine d'action dont vous êtes responsables. La limite de l'homme réside dans la peur, l'insécurité et les diverses tentatives de définir Dieu et de ne pas le sentir. Ne pas le sentir, ne pas le voir. Ne pas Le voir, car ne pas avoir les yeux du cœur. Ne pas avoir les yeux du cœur, parce que je suis sûr d'avoir un esprit cultivé, de le chercher dans l'intellectualité des hommes : des sols de pierre et non des sols de charité ; la fausse tranquillité d'un bonheur non gagné et non mérité ; la lumière seulement dans les lieux de ténèbres, près de la croûte terrestre ; l'amour insensé qui fait taire son espérance, pour son propre compte, en la rendant usuraire ; marcher sur des sols arides sans les ensemencer ni chercher à les transformer ; les murs sombres des prisons des passions terrestres ; la supériorité des hommes, sans reconnaître la supériorité de Dieu ; la vanité folle humiliant le frère ; le mauvais combat au lieu du combat né. Face à l'appel de Dieu, nous stagnons à cause d'une culpabilité vide, caractérisée par des limitations personnelles. Je ne peux pas continuer le travail. Je n'ai pas les moyens de faire la charité. Je ne sais pas comment aimer. Je n'ai pas le temps. Dans son enseignement, Jésus nous demande d'abandonner la peur et de suivre avec confiance : même si tu n'es pas sûr de toi, fais de ta bouche un ruisseau pur qui déverse des chants de candeur; même s'il est hésitant, il transformera son esprit en un profond puits de sagesse ; même s'il est indécis, il mènera la sainte bataille de la transformation ; même s'il est silencieux, il fera naître l'éclat dans une salle vide ; même s'il est triste, il réconfortera ceux qui pleurent ; même s'il est insatisfait, il sera la nourriture de l'amour pour beaucoup de ceux qui n'ont pas ce charme ; même s'il est seul, il complétera ceux qui meurent seuls, abandonnés, sur des lits d'hôpitaux ou dans des maisons de retraite ; même s'il est amer, il apprendra à ceux qui souffrent que la douleur n'est qu'un petit grain de sable dans l'immensité d'un désert ; même si tu es méfiant, crois en Jésus et en ses promesses millénaires ; même si tu es fatigué, travaille la terre et transforme-la en terreau pour recevoir la grâce de la récolte ; même si tu es désespéré, réconforte les personnes âgées oubliées et abandonnées ; même si tu es jeune, apprends et enseigne, enseigne et réforme, réforme et grandis, grandis et aime, mûris et vois, vois et sens, sens l'infini appelé Dieu ; même si tu es vieux, il est encore temps de commencer ; vas-y... C'est à travers Jésus et nos bonnes œuvres que nous parviendrons effectivement à Dieu, en transformant les limitations et les peurs en travail et en espoir, en reconnaissant la bénédiction que nous sommes : les créations de Dieu."[56]

Après les prières, le groupe s'est dispersé.

Hermès avait rapporté sa rencontre avec les voyageurs. Démétrius s'approcha astucieusement et dit

Vous êtes un grand orateur, vous m'avez rappelé les philosophes.

Je suis un chrétien aper, quelqu'un qui aime Jésus et qui est un grand adepte des enseignements du Maître laissés par l'apôtre Marc.

Nous sommes de passage et n'avons pas encore trouvé d'auberge où loger. Pouvez-vous nous dire où nous pourrions nous loger dans cette région ? Nous allons rester ici un certain temps et j'aimerais loger dans un endroit de confiance.

- Suivant "Voici un endroit qui vous plaira.

Je demanderai à Hermès de vous y conduire.

---

[56] (N. A. E. Bernard) Un message de mon éternel ami Ferdinano, publié dans un autre ouvrage dans le passé.
(N.M.) La page "La limite, la peur et nouss" citée ici a été publiée dans le livre *Vivre l'espoir*, par l'esprit Ferdinand - psychographié par Gilvanize Balbino Pereira.

A ce moment-là, Pompée se tait et, avec discrétion, regarde Nina comme si elle était un chef-d'œuvre sculpté par les mains parfaites de Dieu. Elle lui rend timidement son regard, tout en se couvrant les cheveux avec son foulard.

Démétrius, cherchant à ne pas éveiller les soupçons à son égard, est reparti bredouille.

Dans la chambre bénie, le parfum du ciel remplit encore les cœurs avec du courage, de l'espoir et de la foi.

Chapitre 26

Les lettres de Paul de Tarse aux Éphésiens

"C'est la terre elle-même qui produit le fruit : d'abord l'herbe, puis l'épi, et enfin l'épi plein de grains."

Marc, 4:28

Deux jours se sont écoulés rapidement.

Ce matin-là, Démétrius est frappé par une maladie inexorable : il est brûlant de fièvre et ne peut se lever de son lit.

Daniel, avec ses amis et sa famille, se préparait à aller au marché quand Pompée, qui n'avait pas les moyens d'aider Demeti, frappa à sa porte pour demander de l'aide. Hermès le fit descendre et le conduisit dans le salon du prince ! !! Celui-ci, agité et fatigué, dit :

Messieurs, pardonnez-moi de vous déranger, mais je cherche de l'aide car Eel a contracté une maladie. J'ai été surpris de le voir dans cet état, lui qui a toujours été un homme fort. Toute la nuit, j'ai essayé inutilement de le soulager, mais en vain. Comme je ne connais personne dans cette région, je me suis tourné vers leurs cœurs. Je ne sais pas quoi faire.

- Calme-toi, jeune homme, dit Daniel, nous allons voir ce que nous pouvons faire, poursuit-il en regardant Théodore et Hermès : - Nous allons nous rendre là où ils séjournent, voir ce que nous pouvons faire d'urgent, et nous préparerons Démétrius pour l'amener ici. Je pense qu'il vaut mieux le laisser

-Ils resteront ici jusqu'à ce que Demetrius se remette sur pied. Deborah et Nina, préparez un lit pour le malade et un autre pour Pompée. Adelinda, va chercher au marché des herbes contre la fièvre - continua-t-elle rapidement : - Allez, on ne peut plus perdre de temps.

Sans dire un mot de plus, ils partirent, mais Pompée, en se dirigeant vers la porte d'entrée, ne put cacher l'enchantement que Nina faisait naître dans son cœur et, avant de partir, il la salua d'un hochement de tête. La fixant profondément, il s'assura que personne n'avait remarqué son geste et, silencieusement, il partit.

Débora, confiante mais affectueuse, a dit :

Mes filles, nous devons agir rapidement. Nous avons beaucoup à faire, et je ne veux pas que votre père arrive ici et que nous n'ayons toujours pas fait ce qu'il a ordonné.

Adelinda ne pouvait cacher sa joie de savoir que Démétrius serait proche et, en silence, elle obéit à sa mère et partit à la recherche des herbes.

* * *

Quelque temps plus tard, les hommes sont arrivés.

Démétrius fut immédiatement placé sur le lit qui avait été préparé pour lui, tandis que les femmes essayaient de l'aider.

Daniel, voyant que la situation était sous contrôle, dit :

Thédore et Nina, je veux que vous restiez ici aujourd'hui pour aider Débora. Moi, Hermes et Adelinda, nous travaillerons dans les magasins.

-Laisse-moi rester avec maman, intervint Adelinda, agacée, elle aura besoin d'aide. Nina te sera plus utile.

-"Papa, dit Nina, comprenant les objectifs de sa sœur, je vais t'accompagner, parce qu'aujourd'hui le travail sera plus long et je ne me sens pas à l'aise.

Hermès, agacé par l'attitude d'Adelinda et la présence de ces hommes, serra Nina dans ses bras et lui dit :

-Ma chère, c'est toujours un plaisir de vous avoir parmi nous, mais il vaut mieux partir le plus tôt possible.

Pendant qu'ils se rendaient dans les magasins locaux, Débora, Adelinda et Pompey se sont efforcés toute la journée de s'occuper de Demétrio.

✳ ✳ ✳

Ce soir-là, Daniel, Hermes et Nina reviennent de leur travail épuisant.

Après le repas, "Pompey, devant la résidence de Daniel, a allumé un feu blanc, tout en le maintenant allumé.

-Il s'est assis et a lu les Écritures.

Daniel, Théodore et Hermès s'approchent de lui et demandent à s'asseoir à ses côtés. Pompée refuse. Quelque temps plus tard, Nina, obéissant aux ordres de sa mère, s'approcha et leur offrit le pain qu'elle venait de cuire, tandis que Déborah s'occupait à tour de rôle de Démétrius avec Adelina pour s'occuper de Démétrius.

Pompée l'accueille avec intimidation. Il lui a dit qu'il observait un ange du ciel. Elle s'est gracieusement déplacée sur le côté et Théodore lui a alors demandé simplement :

- Jeune homme, dis-moi, d'où viens-tu ?

Pompée, visiblement embarrassé, répondit en quelques mots, répondit :

-Je suis grecque, originaire d'Éphèse, où je suis née. Je vis dans la ville de Jor ia.

-Quelle coïncidence, je suis également grecque. Je viens de la belle île d'Argos-Saronique, Égine, au large d'Athènes. Il y a là-bas un temple dédié à Aphaïas.[57] Pardonnez-moi d'être indiscret, mais quelle est votre histoire ?

Monsieur, mon histoire n'est plus pertinente depuis longtemps.

Ne vous inquiétez pas", a déclaré Daniel, "nous serions ravis d'avoir de vos nouvelles.

-Je viens d'une famille noble. Mon père était un homme politique influent ma mère, une femme charmante. Ma sœur unique et moi avons été éduquées par les meilleurs maîtres grecs. "Nous avons eu une vie tranquille. Mon père était un ami de Paul de Tarse, qui lui a fait connaître les enseignements de Jésus-Christ, ce qui l'a amené à se convertir. Je n'étais qu'un enfant, mais je me souviens que mon père reproduisait les lettres envoyées à mon peuple et les distribuait. Malheureusement, Paul est mort et ma famille a gardé le secret de cette conversion pour éviter toute répression. Il y a cinq ans, pour des raisons politiques, les adversaires de mon père ont découvert que nous étions chrétiens et que nous distribuions les lettres interdites de Paul. C'est alors qu'ils ont utilisé cette information à leur profit, dans le but de l'écarter de la scène politique - il poursuit en soupirant : - Ma famille a été condamnée pour trahison, avec ces écrits comme preuve.

---

[57] (N.M.) "Afaia était une ancienne divinité locale vénérée depuis environ 2000. On ne sait rien de concret sur son mythe et, bien plus tard, elle a été assimilée à celui d'A tena. Certains chercheurs pensent qu'Assi pourrait être un nom alternatif pour les déesses crétoises Britomartis et Dictima, qui ont également été assimilées par Artémis. Disponible à l'adresse < http://greciantiga.org/img/index.asp?num=0584 >.
Consulté le 12 avril 2013.

Avec respect, il les tend à Daniel.

-Qu'est-il arrivé à votre famille ? - demande Théodore.

Ils ont été tués", a-t-il répondu avec émotion. - Mon père a été cruellement décapité, ma mère et ma sœur ont été exposées à un martyre douloureux. Elles n'ont pas supporté l'épreuve et sont mortes elles aussi. J'ai été vendu comme esclave à un rabbin égyptien. Après tout, nous, les Grecs, n'étions rien d'autre qu'une marchandise de valeur.

-Chéri, tu es donc chrétien ? - demande Daniel.

-Seigneur, avec le respect que je te dois, j'ai cessé d'être chrétien le jour où j'ai vu mourir ma famille, injustement accusée de trahison pour avoir aimé Jésus, celui que j'ai tant aimé.

Daniel regarde curieusement les écrits et, surpris, intervient :

-Par Dieu ! Voici les lettres que Paul de Tarse a envoyées au peuple d'Éphèse, écoutez celle-ci : "Le combat spirituel" "Enfin, fortifiez-vous dans le Seigneur et dans la puissance de sa force. Revêtez l'armure de Dieu, afin de pouvoir résister aux ruses du diable. Car ce n'est pas contre le sang ni contre la chair que nous luttons, mais contre les principautés, contre les autorités, contre les dominateurs de ce monde de ténèbres, contre les esprits du mal qui habitent dans les lieux célestes. C'est pourquoi vous devez revêtir l'armure de Dieu, afin de pouvoir résister au mauvais jour et de sortir affermis de tout combat. C'est pourquoi vous devez revêtir de l'armure de Dieu, afin de pouvoir résister au mauvais jour, et de sortir forts de chaque combat. C'est pourquoi, tenez-vous debout, ceignez vos reins de la vérité, revêtez l'armure de la justice, et marchez avec zèle pour répandre l'Évangile de la paix, en brandissant toujours le bouclier de la foi, avec lequel vous pourrez éteindre les dards enflammés du Malin. Et prenez le casque du salut et l'épée de l'Esprit, qui est la Parole de Dieu. Avec des prières et des supplications de toute sorte, priez en tout temps dans l'Esprit, et veillez à cette fin avec une entière persévérance et des supplications pour tous les saints. Priez aussi pour moi, afin que, lorsque j'ouvrirai les lèvres, la parole me soit donnée pour annoncer avec assurance le mystère de l'Évangile, pour lequel je suis ambassadeur enchaîné, afin que je parle avec assurance, comme je dois parler."[58]

-Je vous avoue, dit Pompée, que j'ai été surpris par ce que j'ai vu ici, il y a longtemps que je n'avais pas vu une réunion chrétienne comme celle que vous animez", poursuivit-il avec un sourire triste : - Je vois que ces écrits vous plaisent et seront très utiles entre vos mains. Ils sont à vous maintenant, car ils n'ont plus d'importance pour moi.

-Jeune homme, intervient Daniel, je comprends votre douleur. Nous avons un passé que nous ne pouvons pas changer. Nous devons rester confiants, car demain sera glorieux pour ceux qui ont la foi. Je comprends que tu souffres de l'esclavage, mais n'oublie pas que personne n'est serviteur devant le Seigneur. Pourquoi ne cherches-tu pas dans ton cœur les valeurs d'un homme né et juste que ton père a dû t'enseigner ? Dans les racines de ta famille habite le souffle du Christ et Il ne t'abandonnera pas. Ralentissez votre âme hâtive et reconsidérez votre décision concernant votre version chrétienne.

-Seigneur, pardonne-moi, mais Jésus m'a abandonné le jour où j'ai été condamné à la servitude. Je suis simplement un homme marqué.

Nina n'a pas pu cacher son émotion en entendant cette histoire, et Daniel, avec gentillesse et compassion, a continué :

-Nous portons des marques que nous ne pouvons pas effacer en une seule vie, mais nous ne pouvons pas en faire la raison de notre existence. Garde-toi en Jésus, parce qu'il comprend ton moment... Rappelez-vous : vous devez prendre une décision, vivre

---

[58] (N.A.E. Ferdinand) Paul, Ephésiens, 6:10-20

pour toujours ce qui est passé ou aller de l'avant, en attendant la lumière d'un nouveau départ.

Pompée se lève par réflexe. Avec respect, il se déshabille et part.

Quelque temps plus tard, Thédore, étonné, dit :

Je suis stupéfait par l'ingéniosité de ce jeune homme.

-"J'ai encore des réserves sur les deux", dit Hermes, inquiet.
- Comment savoir si tout ce que nous avons entendu est vrai ?

-Nous ne devrions pas porter de jugement", a déclaré Daniel.

-En face de moi, j'ai identifié quelqu'un qui a mené un combat intérieur pour ne pas succomber au mal. Il y a en lui une armure de foi qui le protège contre les ombres, mais la souffrance a obscurci sa vision. Il est de notre devoir de comprendre le mal qui se trouve sur le chemin des autres, sans juger personne, même si le jugement est vrai. Surmontons nos faiblesses et pratiquons l'amour pur, car l'amour vaincra toujours les ténèbres. Je crois qu'un jour il se réveillera du sommeil temporaire qui a enveloppé son âme et qu'il se réveillera renouvelé pour le Seigneur.

-Pardonnez-moi, dit Hermès, gêné.

-Je pense que j'ai été trop dur avec Pompey. La vie m'a appris à douter de tout le monde, mais je me rends compte que le juge de nos existences est notre Dieu et personne d'autre. Cependant, par précaution, je reste vigilant.

Tard dans la nuit, Nina, fatiguée, les a embrassés et est partie.

Daniel, changeant la direction de la conversation, dit :

-Ces écrits semblent être originaux. Je peux identifier le style de Paul parce que, lorsque j'étudiais pour devenir rabbin, j'ai lu beaucoup de choses que l'homme de Tarse avait écrites dans le cadre du concept juif. Malheureusement, lorsqu'il s'est converti, son nom et tout ce qui se référait à lui ont été détruits. Marc m'a fait remarquer que Paul s'efforçait de démontrer sa conversion et de guider les nouveaux chrétiens dans les différentes régions qu'il a traversées. Il y a ici de nombreuses lettres adressées aux Ephésiens. Mes amis, nous avons beaucoup de travail à faire, en plus d'étudier en détail le contenu de ces pages, nous devons les combiner avec les enseignements de Marc et les distribuer dans nos réunions chrétiennes.

- Ne perdons pas de temps", dit Thédore avec enthousiasme, "je commencerai demain à copier avec les élèves de notre école.

Ainsi, les étoiles illuminent le ciel et le feu allumé par Pompée s'éteint. Engagés dans une conversation banale, ils rentrèrent dans la maison à la recherche de repos pour commencer une nouvelle journée.

Chapitre 27

Se rapprocher, apprendre et le début de l'amour

> *"Aussitôt, sa renommée se répandit dans toute la Galilée."*
>
> Marc, 1:28

Le lendemain matin, Démétrius réclamait encore de l'attention et des soins.

Alors que Daniel, Hermès et Nina s'apprêtent à partir pour les magasins, Pompey s'approche d'eux en les appréciant :

-Messieurs, je veux payer mon séjour ici par du travail. Je me rends compte que l'absence de Mme Débora, de sa fille Adelinda et de Thédore de leur travail de subsistance leur pèsera. Permettez-moi donc de vous aider dans la mesure du possible. C'est le moins que je puisse faire pour les remercier de ce qu'ils font pour Demetrio.

-Nous ne sommes pas en mesure de refuser votre aide", s'étonne Daniel. - Nous acceptons, car le travail qui nous attend est difficile.

Nina était en train d'ajuster un panier sur le chariot lorsqu'elle fut soudain interrompue par Pompée :

-Laisse-moi t'aider. Ton père m'a demandé de t'emmener au magasin.

Avec respect, il la place à côté de lui, tandis que Daniel et Hermès suivent devant dans un autre chariot.

Ils sont partis rapidement.

Une brise légère effleure les cheveux de Nina. Le bruit des chevaux rompt le silence entre eux. Aux abords de la boutique, elle surmonte sa timidité et dit :

-J'ai été émue en écoutant votre histoire. Vous avez été très courageux de voir votre famille mourir ainsi.

-Ne me considérez pas comme un homme courageux, il y a eu des jours où j'ai voulu mourir, mais en dehors de l'esclavage, je suis condamné à perpétuité.

-Comment parler de la mort quand on est issu d'une culture pleine d'art, de philosophie et de littérature ? Je me souviens du philosophe Socrate : "Un juge doit avoir quatre caractéristiques : écouter avec courtoisie, répondre avec sagesse, peser avec prudence et décider avec impartialité". Croyez-moi, Dieu est notre juge à tous et lui seul peut juger du début ou de la fin d'une vie. Mon père m'a appris que rien n'est plus grand que l'amour que Jésus a pour nous. Tout est éphémère et il ne faut pas s'attarder sur le passé, même si dans le passé il y a des amours qui ont scellé nos existences avec de l'espoir.

-Où avez-vous étudié ma culture et la

Les pensées de Socrate ?

-J'ai été élevé par Théodore. Il m'a beaucoup appris sur les Grecs, et mon père sur Jésus.

-Vous avez une famille de valeur et vous me semblez plein de rêves", poursuit-il pensivement : - Même cela m'a été enlevé, le droit de rêver.

-Je suis sûr qu'avant de subir tous ces tourments, vous étiez quelqu'un de plein de vie, de plein de rêves et d'un cœur plein d'amour. Tu as dû aimer quelqu'un. Personne ne peut vivre sans espoir ou céder au découragement en abandonnant sa foi. Si vous avez rencontré le Christ, vous comprendrez ce que je dis maintenant, car il sera toujours la lumière dans nos vies.

- Je n'ai jamais aimé personne. Aucune femme n'a jamais rempli mon âme, de même que je n'ai pas pu entrer dans leur cœur"... Enchanté par Nina et oubliant un peu son état, il poursuit : - Vous êtes très intelligente. J'avais l'habitude de trouver cet attribut chez les femmes grecques et, croyez-moi, vous êtes la première, en dehors de mes origines, que j'ai entendue parler avec le cœur et l'esprit. Je ne peux pas me passer de tant de choses qui te rendent si belle. Ce n'est qu'une qualité de plus devant mes yeux.

La rougeur s'empare des joues de Nina et elles cessent soudain leur conversation car elles sont arrivées à destination.

Les jeunes se sont rapprochés, ont été couronnés par des moments de paix et bénis par l'harmonie entre leurs cœurs.

✱ ✱ ✱

Pendant ce temps, au domicile de Daniel, l'atmosphère reste agitée.

-Ma fille, dit Débora à Adelinda, Théodore doit aller au salon de prière pour réparer le toit et j'ai besoin d'aide pour les tâches quotidiennes.

-Je ne peux pas, répondit-il d'un ton amer et arrogant. - Je suis ici pour m'occuper de Démétrius, pas pour être dans une position servile.

Débora, attristée, n'ose pas la contredire et part à la recherche d'un peu d'air frais. Théodore, qui a assisté à la scène hostile, s'approche de son amie. Celle-ci, s'apercevant de sa présence, essuie la larme qui a volontairement marqué sa joue :

Ma chère, pardonnez-moi, mais vous savez que je n'ai pas besoin de vous dire la raison de mes larmes. Ce n'est pas seulement la forte personnalité d'Adelinda, mais l'inexplicable rébellion qu'elle porte dans son cœur. Nina et moi avons toujours supporté ses moqueries en silence, craignant que Daniel ne le sache et ne veuille agir pour la corriger. Je ne comprends pas la raison de cette attitude froide. Nous avons toujours essayé de la traiter comme une fille aimée. Toi et Hermès l'avez accueillie avec amour. Nous n'avons jamais fait de distinction entre elle et Nina, mais chaque fois que vous le pouvez, vous agissez de manière agressive. Et maintenant, ce n'est plus une petite fille, c'est une femme adulte. Il semble que les jours passent et qu'Adelinda aille de plus en plus mal. Par respect pour Zafira, j'ai toujours cherché à me souvenir d'elle, voulant que sa fille connaisse sa vraie mère, cette grande femme. Mais lorsque je lui ai dit que Zafira avait été ma servante, Adelinda s'est mise à hurler de façon incontrôlable, car elle ne voulait plus entendre parler d'elle, parce qu'elle était une esclave, ce qu'elle ne serait jamais. Son besoin de richesse m'effraie, car rien ne la satisfait et nous ne pouvons pas lui offrir plus que ce que nous avons déjà. Dieu sait que je ne la retirerai pas de mes prières et que je souhaite ardemment qu'elle se porte bien.

- Mon ami, ne vous méprenez pas. Daniel, Hermès et moi avons tous observé son hostilité.

Nous nous rendons compte à quel point elle est différente de Nina. Ce sont des esprits opposés que le Seigneur a mis sous le même toit pour que nous les perfectionnions.

Dieu est le seul vrai père de l'humanité. Dans sa complaisance, il confie provisoirement ses enfants à leurs parents corporels pour qu'après les adaptations et les sauvetages nécessaires, ils soient rendus au Seigneur meilleurs qu'ils ne l'étaient hier. Je me souviens d'un texte que j'ai lu lorsque je vivais encore dans ma patrie - il respirait profondément et poursuivait d'une voix douce : - "Esprit éternel qui..."

Si c'est toi qui t'installes dans un corps de femme, sois un exemple de charité, de renoncement, de soutien, d'affection et de compréhension. Ouvrez les portes de votre cœur et accueillez les enfants d'hier, qu'ils soient issus du sein qui donne la vie dans la lumière ou du cœur qui donne la lumière dans la vie. Envoyez vos enfants dans les bras tendres de Dieu. Utilisez la prière pour demander l'équilibre et le discernement, afin qu'ils puissent surmonter les expériences difficiles de leur propre vie, même s'ils sont temporairement éloignés de votre cœur. Enseignez l'éducation céleste dictée par Jésus, en adoucissant les êtres chers avec affection, même si vous recevez souvent des épines au lieu de fleurs. Offrez la vie tendre, même si vous ne trouvez pas dans votre voisinage une attitude qui vous soit favorable et, si l'amertume et la tristesse envahissent votre âme, cherchez le réconfort dans les bras célestes qui apporteront la lumière à votre cœur. Ressentez dignement la douleur de vos proches sans vous en prendre à eux.

Quand la douleur est trop grande, souviens-toi de Marie de Nazareth qui a ressenti la souffrance de son fils Jésus dans le silence de la croix. Travaillez avec tendresse et douceur, même si votre travail n'est pas reconnu. Cette tâche a été confiée par Jésus pour que tu puisses instruire ceux qui sont sous ta tutelle dans la voie du bien, sans avoir le sentiment d'être propriétaire. Trouvez votre bonheur dans les visages et les cœurs de vos enfants, sans stagner et sans attendre de remerciements, en vous rappelant que chacun, dans le processus d'évolution de la Terre, pourra suivre des chemins qui mèneront à d'autres bras et à d'autres cœurs ; il vous appartiendra d'accepter avec résignation les lois de la réincarnation qui régissent toutes les créatures. Continuez à servir avec dévouement, à aimer sans attachement, à instruire et à guider les enfants de Dieu avec compassion et franchise vers les écoles de la conscience. Résistez aux ombres du monde et trouvez dans l'Ami divin la miséricorde de sa lumière, soutenant votre existence dans l'amour et le courage".[59]

Débora, submergée par l'émotion, serre fraternellement son amie dans ses bras :

- Une âme bienveillante ! Merci pour l'affection qui m'a été témoignée. En vous écoutant, j'ai retrouvé ma capacité à affronter les difficultés sans me plaindre.

Le soir du même jour, avant que Daniel n'arrive chez lui, le délire de Démétrius s'était dissipé.

Adelinda ne quitte pas un instant le malade. Soudain, il ouvre les yeux et veut savoir où il se trouve. Débora et Thédore s'approchent immédiatement de lui.

-Allez, mon gars, calme-toi. Tu es chez Daniel, on s'occupe de toi", dit Thédore.

- Il était inconscient car il avait contracté une grave maladie.

Épuisé, Démétrius s'endort. Adelinda, obsédée par lui, ne les laisse pas approcher. Ils s'en vont en silence.

Quelque temps plus tard, Daniel et les autres sont arrivés et Iogo a été informé de l'état de santé du patient.

Pompée n'a pas tardé à assumer la responsabilité de l'affaire. Plus tard, à son réveil, Démétrius reçoit l'aide de Pompée et s'assoit. Nina apporta à Pompée un citron vert pour le servir. En la voyant, Demelrio fit un commentaire :

---

[59] (N.A.E. Bernard) Ce message a été trouvé dans un temple grec il y a de nombreuses années. Mon amie bien-aimée Raquel l'a traduit en latin et il a été publié dans un autre ouvrage dans le passé.

(N.M.) La page "*Messages pour les mères*", citée ici, a été publiée dans le livre *Chants de lumière*- esprit Raquel - psychographié par Gilvanize Balbino Pereira.

- Bon, bon, les fois où je l'ai vue, je n'ai pas pu remarquer sa beauté. Maintenant, j'ai l'impression d'être devant un ange.

Adelinda prend agressivement le bouillon des mains de sa sœur et la jette hors de la pièce. Complètement obsédée par Démétrius, elle reste à ses côtés toute la nuit.

✻ ✻ ✻

Le lendemain matin, l'état de Demetrius s'est amélioré.

Avant que Pompée ne parte pour les magasins, il l'appela :

- Comment avez-vous pu m'amener dans cet endroit ignoble ? Je veux quitter cet endroit répugnant. J'ai eu la malheureuse idée de rester dans cette auberge pour ne pas éveiller les soupçons et regardez ce qui s'est passé. Je suis tombé malade. Bern, mais je vais m'arranger et je vais aller voir les amis d'Eliezer pour me réconforter aujourd'hui - cela a changé le cours de la conversation.

-J'ai appris votre attitude à les aider dans le commerce. C'était une bonne stratégie. En vous rapprochant d'eux, je suis sûr que vous pourrez obtenir les informations dont j'ai besoin en un rien de temps - non sans fierté, il a omis les moqueries sur l'endroit. - Maintenant, dis-moi, as-tu appris quelque chose sur le passé de Daniel ? Est-il le fils de Servio ?

Pompée, visiblement contrarié, répondit :

-Je ne sais rien de lui.

Ensuite, je devrai agir. D'abord, je dois sortir d'ici.

-Ensuite, il sera très facile d'impliquer émotionnellement Adelinda et, à travers elle, de trouver ce dont j'ai besoin", poursuit-il après une brève pause : - Quant à Nina, je serais ravi de l'avoir dans mes bras.

-Pardonnez-moi, mais même si l'endroit est simple, cette famille a été très généreuse avec nous et il ne serait pas juste de la faire souffrir. Ne t'avise pas de toucher à Nina, car même si j'étais conscient de ma position, je n'ai pas réfléchi par moi-même.

-Quelle audace ! Ne me menace plus jamais, car même si je suis l'esclave d'Eliezer, j'ai aussi du pouvoir sur toi et je peux te punir comme je veux, c'est la loi. Maintenant, sors, sors d'ici.

Pompée se tait et, au moment de partir, il croise Adelinda qui entre dans la pièce :

-Je suis heureux que tu ailles mieux. J'ai prié tous les jours pour ton rétablissement.

Démétrius, pris par sa propre méchanceté, l'a bientôt enveloppée dans les cordes d'une passion facile.

-Je ne sais pas comment je vais vous remercier. Tu t'es tellement investie pour prendre soin de moi. Vous êtes une belle femme. Je suis sûr que vous avez déjà de nombreux prétendants qui se disputent votre cœur. Je suis ici depuis peu et j'ai l'impression de vous connaître déjà.

Elle, complètement immergée dans les louanges de Démétrius, répond à ses compliments et ils restent ainsi pendant un long moment.

* * *

À la fin de la journée, Démétrius est prêt à quitter la résidence de Daniel.

Pompée, attentif à toutes ses demandes, ne cache pas sa tristesse de quitter ceux qui ont réveillé dans son cœur les valeurs qui s'étaient endormies après que l'esclavage lui a été imposé...

-Chers amis, dit Démétrius, je vous remercie de votre dévouement.

Il leur a proposé beaucoup d'argent sans omettre son caractère hautain :

Je pense que ce montant rémunère vos services.

-Gardez votre argent - Daniel, agacé, ne cache pas son malaise face à cette attitude. - Ce que nous avons fait en votre faveur n'est que ce qu'un chrétien ferait pour quelqu'un dans le besoin. Rien de plus.

-Si tu veux - intouchable, Démétrius regarda froidement Pompée. - Viens, nous devons partir.

Nina baisse la tête, Pompey passe devant elle, ils échangent un regard complice et se retrouvent à l'hôtel.

Ils n'ont rien dit, mais le moment de cet adieu est resté dans leur cœur.

Chapitre 28

L'égoïsme, l'insécurité et la foi

> *"Je vous le dis en vérité, il y en a ici qui ne goûteront pas la mort avant d'avoir vu le royaume de Dieu venir avec puissance".*
>
> Marc, 9:1

Deux jours passèrent après le départ de Démétrius. Il était resté chez les amis d'Eliezer, mais Pompée n'est pas accepté par les nobles rabbins.

Démétrius, voyant là une occasion de contrôler la famille de Daniel, permet à Pompée, inconscient de ses objectifs, d'aller chercher le soutien des chrétiens. Daniel ne s'oppose pas à l'accueillir.

En guise de remerciement, il est resté pour les aider dans leur métier, ce qui a permis à Deborah de se concentrer sur les tâches ménagères et à Daniel d'avoir plus de temps à consacrer à la copie des textes de Marc.

Cet après-midi-là, dans la boutique, Ananias, l'homme responsable

et visiblement ivre, accompagne Démétrius à la rencontre d'Adelinda. La jeune femme s'occupe des marchandises, tandis que Pompée et Nina trient les produits sous les ordres de Daniel, qui négociait à proximité.

Lorsqu'Adelinda le vit, elle ne put cacher son bonheur. Avec une attitude séduisante, il a enveloppé son cœur de compliments et de promesses :

-Le soir, nous pourrons nous voir sans que tes parents le sachent. Je veux que tu me dises tout ce que tu sais sur le passé de Daniel.

-Oui, je le trouverai. Quoi qu'il en coûte, nous serons ensemble.

Alors qu'il s'éloigne d'Adelinda, il aperçoit Nina en train de travailler, discutant avec Pompey, et s'approche d'elle :

-Eh bien, qui est-ce que je trouve au milieu de cette scène de pauvreté - il l'a soulevée violemment et a essayé de l'arracher.

-Un baiser. - Je pourrais t'offrir le monde si tu m'offrais juste un moment dans tes bras.

Hermès et Théodore, en le voyant, s'approchent immédiatement de lui, mais Pompée ne peut contenir son élan et, sans réfléchir aux conséquences, donne un coup de poing au visage de Démétrius.

-Maudit sois-tu, maintenant tu vas connaître l'étendue de ma fureur - il se tourna vers l'homme qui l'accompagnait et ordonna : - Cet infâme est un esclave sous mes ordres, je veux que tu le fouettes ici devant tous ceux qui ont été témoins de ce manque de respect.

Nina implore la clémence en faveur de Pompey, mais Théodore la retient, essayant de contenir toute violence supplémentaire.

Conformément à la législation locale, un poteau a rapidement été identifié pour attacher Pompey afin qu'il reçoive un coup de fouet.

Sans pitié, l'ami de Démétrius lui arrache sa chemise et commence la scène indiscernable de l'horreur.

Pompée supporta courageusement le martyre sans pousser un seul gémissement. Au bout d'un certain temps, incapable de supporter le poids des coups répétés, il s'effondre.

Ensuite, Démétrius, heureux de le voir dans cet état de commisération, s'est approché de lui pour s'assurer qu'il était dans une situation misérable :

- Infâme bâtard, laisse les vautours s'occuper de toi maintenant.

Complètement aveuglé par une rage incontrôlable, il tend à Ananias un poignard et lui ordonne impitoyablement de plonger la lame dans l'abdomen du fils de Dieu, afin qu'elle serve d'exemple et qu'elle scelle aussi sa démonstration de puissance.

Ananias, sous l'influence de la boisson, ne pouvait pas organiser ses propres pensées et, comme s'il était manipulé par les paroles de Démétrius, il lui répondait volontiers.

C'est alors que Démétrius a crié :

Emmenez-le loin d'ici, dans un endroit où il pourra finir de mourir. - Les yeux rougis, il s'écrie : - Allez, ne perdez pas de temps et sortez ce misérable chien de ma présence.

Les ordres de Démétrius ont donc été exécutés. Nina, se sentant coupable et incapable de faire quoi que ce soit, s'écria-t-elle convulsivement, tandis qu'Hermès et Théodore observaient silencieusement les événements.

-Pour l'amour de Dieu, dit Nina désespérée. - J'ai besoin

Si nous l'aidons, il mourra. Par pitié, mes oncles, aidez Pompée.

- Petite fille, dit Hermès, calme-toi, je sais ce que je vais faire. Maintenant, écoute-moi. Rassemble les marchandises, toi et Adelinda, rentrez chez vous pour prévenir votre père. Fais-moi confiance et fais confiance à Théodore.

Les badauds disparaissent et, sans perdre de temps, Hermès et Théodore poursuivent discrètement Ananias qui, sur son cheval, boit des gorgées de vin successives.

Arrivé à un endroit isolé, il lance Pompée, qui roule sur une pente et repart rapidement.

Pendant ce temps, Hermès et Thédore, s'assurant de ne pas être vus, se portent au secours du jeune homme. Avec difficulté, ils parviennent à le sauver.

Sans perdre de temps, ils le mettent dans le chariot et partent pour la maison d'un ami chrétien appelé Ezekiel, afin de ne pas éveiller les soupçons.

A leur arrivée, ils l'installent et ne ménagent pas leurs efforts pour le soulager. Théodore et Hermès font des compresses pour calmer la douleur. Tard dans la nuit, Pompée se réveilla visiblement massacré :

-Messieurs, avec respect et par pitié, dites-moi : comment va Nina ? - Démétrius ne s'est pas approché d'elle ? Est-elle en sécurité ?

Chaque compresse que Théodore pose sur ses profondes blessures fait apparaître sur le visage de Pompey une expression de souffrance qui suscite la sympathie de l'assistance pour le jeune homme.

Même après un si court laps de temps, le Grec a traité le jeune homme avec affection, comme s'il était son fils, comprenant sa situation actuelle et partageant les marques d'une vie pleine de tribulations.

-Calme-toi. Elle va bien, maintenant elle doit être forte pour supporter ce martyre - Théodore, avec passion, demanda à Hermès : - Ami, par pitié, va voir Daniel et demande-lui de venir ici avec Nina.

-Êtes-vous sûr de ce que vous demandez ? L'amener ici pourrait l'exposer.

-N'oubliez pas que nous sommes là et qu'il ne lui arrivera rien. D'ailleurs, son état n'est pas le meilleur. Fais attention à ce que personne ne sache qu'il est vivant.

Hermès le suit et, dès son arrivée, il appelle Daniel, Débora et Nina pour les mettre au courant des derniers développements.

Débora lui a préparé avec amour un sachet d'herbes pour soulager sa douleur :

-Ma chère, je vais rester ici, car aujourd'hui Adelinda est arrivée en se sentant mal et elle est déjà allée se recueillir. Je dois être près d'elle au cas où elle aurait besoin de quelque chose.

Sans se douter qu'Adelinda se mettait en scène parce qu'elle allait rencontrer Demetrio, Daniel, Hermès et Nina sont partis.

* * *

Pendant ce temps, Démétrius recevait Ananias dans une sorte de taverne :

-Monsieur, mission accomplie, le misérable est mort.

-Infâme ! Vous êtes ivre. Es-tu sûr de ce que tu dis ? Pompée est-il vraiment mort ?

Ananias, sans trop contrôler ses paroles et pour se débarrasser du malheur causé par Démétrius, dit :

-Je suis absolument certain qu'il est mort et enterré, car j'ai moi-même ôté la vie à cet homme, comme je l'ai fait en de nombreuses autres occasions. Ne vous inquiétez pas. Maintenant, assez parlé de cette histoire et faisons la fête.

-C'est mieux ainsi, sans cet homme - avec un sourire sarcastique plein de malice, il quitta la pièce.

-Non, ma chère, je ne ferai pas la fête ici. J'ai quelque chose de plus intéressant à faire.

Sans dire un mot, il part à la recherche d'Adelinda et met en œuvre ses plans de séduction.

✱ ✱ ✱

La nuit avance.

Quelque temps plus tard, Hermès, Daniel et Nina arrivent et vont s'assurer de l'état de santé de Pompée.

Après avoir reçu les onguents de Théodore, Pompée s'endort, épuisé.

Nina est allée de l'avant et a préparé les herbes pour soulager la douleur.

-La douleur. Des larmes marquent ses joues roses. Elle s'assit sur le lit où le jeune homme était allongé et replaça doucement et affectueusement les compresses sur son dos.

Pompeu ouvrit difficilement les yeux. Lorsqu'il la vit,

Il ne cache pas sa joie et, avec un effort, lui prend la main. Sans se soucier de la présence des autres, il révéla un sentiment tranquille dans sa poitrine :

-Maintenant, je peux mourir, car j'emporterai ton visage avec moi. J'avais perdu le goût de vivre depuis longtemps, mais lorsque je suis arrivé ici et que je vous ai rencontrés, vous et votre famille, mon cœur s'est à nouveau rempli d'espoir. J'en suis venu à me considérer comme un homme libre qui peut rêver. Parmi mes rêves, vous êtes la principale raison pour laquelle je veux rester en vie.

Nina entend ces mots et les larmes l'accompagnent. Essayant de l'épargner, elle rapproche la main du jeune homme de son cœur :

- Croyez-moi, vous faites aussi partie de mes rêves.

Pour l'instant, ne dites rien d'autre, reposez-vous...

Daniel observe la scène en silence et ne peut cacher ses yeux humides. Il était certain que son enfant était devenue une femme. Il ne pouvait plus rien faire pour la ramener dans le passé, quand il la tenait encore dans ses bras. Le temps était venu de faire de la place dans son cœur pour un amour qu'elle ne connaissait pas encore.

Avec complaisance, il s'est approché du lit et a embrassé la tête de sa fille. Hermès ne peut cacher sa surprise et une certaine jalousie, car Nina est aussi la fille que la vie ne lui a pas offerte.

Se rendant compte de l'attitude de Daniel, il lui a spontanément touché affectueusement le bras et lui a dit :

- Allez, mon enfant... Laisse ton père agir maintenant, Théodore a fait ce qu'il pouvait, il ne nous reste plus qu'à prier.

Elle n'ose pas lui désobéir. Elle s'éloigne, tandis que Daniel prend sa place.

Fort de sa foi, il cherche l'inspiration, soupire profondément et, posant la main sur la blessure la plus grave de Pompée, prie :

- "Seigneur, pardonne-nous les mains blessées qui, de temps en temps, se posent pour implorer ta lumière : pardonne-nous les mains blessées qui, de temps en temps, sont posées, implorant ta lumière ; bénis-nous le cœur qui, de temps en temps, marqué, aime par l'imposition ; adoucis-nous la douleur des jours tristes, sans enlever l'espoir de trouver la liberté dans ta raison ; donne-nous la grâce de ton regard, même quand le nôtre est encore impur et qu'il est impossible de voir la beauté dans le visage de quelqu'un ; donne-nous la gloire de te rencontrer, même quand nos chemins sont loin de tes pas ; merci pour la beauté de vivre, de souffrir et de sourire, parce que la vie est régénération et que la souffrance est l'élévation de nos existences vers la lumière du ciel. Seigneur, donne-nous la grâce, car alors nous connaîtrons la responsabilité d'être vivants sous ta protection dans la conquête d'un monde nouveau, dans l'enchaînement de nos vies... "[60]

Quelques heures plus tard, entre soins et prières, Pompée luttait courageusement pour sa vie, tandis que les cœurs imprégnés de générosité restaient vigilants, attendant les premières heures du matin qui seraient décisives pour la vie de Pompée.

✼ ✼ ✼

Lorsque ces hommes se sont réveillés, ils se sont organisés.

-Ils s'attelèrent aux tâches de la journée. Théodore restera avec Pompée, tandis que Daniel, Hermès et Nina retourneront à leur travail dans les boutiques locales. De cette façon, ils garderont le secret sur l'endroit où se trouve le jeune Grec. L'information sur sa mort ne sera pas démentie.

Théodore, tel un père aimant, reste aux côtés de Pompée, changeant les compresses et soignant la blessure à l'abdomen.

Lorsque les autres retournent chez Daniel, ils trouvent Débora désespérée:

-Ma chère, dès que vous êtes partie, je suis allée apporter du bouillon à Adelinda, mais quand je suis entrée dans sa chambre, elle n'y était pas. Pardonnez-moi, mais je l'ai cherchée partout, sans succès.

A ce moment-là, un bruit se fait entendre à l'arrière de la maison. C'était Adelinda. Daniel, d'un air sévère, l'appelle dans le grand hall :

-Dites-nous, où étiez-vous ?

Elle lui a répondu en hurlant, les yeux pleins de haine :

---

[60] N.M.) La page "Pour que Dieu soit avec nous" citée ici a été publiée dans le livre *Mémoires d'automne*, par l'esprit Ferdinand - psychographié par Gilvanize Balbino Pereira.

-Je ne dois à personne d'être satisfait de ma vie. Il n'est même pas mon père et je n'ai aucun engagement envers qui que ce soit ici.

Daniel, pour la première fois, s'emporte et, avant de le gifler, est surpris par Déborah qui s'agenouille à ses pieds :

-Chéri, ne fais pas ça. Tu as toujours été un homme né et juste, ceint par l'amour de Jésus et de Marc. Ne laisse pas l'ombre te ceindre les mains de violence en ce moment et te faire regretter un acte de toute une vie.

Daniel retient son élan. Le visage triste, il ne dit rien. Pendant ce temps, Deborah se lève et, regardant Adelinda avec commisération, ordonne :

Respecte ton père et va dans tes quartiers maintenant

Je n'ai ni père ni mère, souviens-toi, c'était le cas. toi-même, qui ne m'a jamais laissé l'oublier, dit ironiquement la jeune femme en l'ignorant. - Je ne suis pas née pour être une esclave, encore moins pour vivre dans cet endroit. Je déteste le credo du Christ et je ferais n'importe quoi pour sortir d'ici.

Tais-toi", ordonne Deborah avec assurance. - Quoi que tu aies fait ce soir, les jours éclaireront ta conscience, mais nous n'agirons pas violemment à ton égard. Va dans ta chambre maintenant et reste-y toute la journée. Ton père est un homme bon et pur, quant à moi, je ne me considère pas comme tel, et tant que tu seras sous ce toit, tu suivras les règles de notre credo et les lois qui régissent notre résidence.

Elle est partie à pas feutrés.

Pendant ce temps, Nina serre sa mère dans ses bras, qui pleure.

Je buvais beaucoup.

-Où avons-nous fait fausse route ? Nous avons élevé Adelinda avec tant d'amour, mais maintenant elle agit comme ça. Où a-t-elle pu passer la nuit ?

-Je crois que je sais où tu étais", dit Hermes.

-Elle était avec Demetrius. Voulez-vous que j'aille le voir pour m'en assurer?

- Ami", dit Daniel, la voix brisée

-Quoi qu'il en soit et avec qui que ce soit, nous ne pouvons rien faire. Remettons notre angoisse à Dieu, c'est tout ce qui nous reste. Allons-y, car nous avons du travail à faire. Nina, reste avec ta mère.

Les hommes sont partis.

Plus tard, alors que mère et fille étaient occupées à leurs tâches domestiques, Nina la mit au courant de tous les faits concernant Pompée. D'une voix douce, Nina se réfugie dans le cœur de sa mère.

-Maman, depuis l'arrivée de ces hommes, je ne peux pas l'expliquer par les lignes de la raison, mais je sens un serrement dans mon cœur. Après les derniers événements, j'avoue que Démétrius me terrifie. Je ne comprends pas l'attitude d'Adelinda à son égard. J'ai continué à prier, à demander au Seigneur de la sagesse et du discernement comme papa me l'a appris, mais maintenant, face à ce scénario, une peur s'empare de mon être que je ne peux contenir.

-Mes bien-aimés, laissons nos soucis entre les mains du Seigneur. Je partage vos impressions, mais nous ne pouvons rien faire. La paix revient dans notre maison et nous devons garder nos cœurs tournés vers le Seigneur - dans une brève pause, il a regardé le visage de sa fille et s'est rendu compte que ses yeux brillaient - Ma fille, tu es un morceau de mon cœur et je veux que tu reçoives ce qu'il y a de mieux dans cette vie. Je te connais très bien et je sais que quelque chose trouble ton âme. Alors dis-moi, que se passe-t-il ?

Nina, essuyant une larme, répondit après une courte pause :

-En Pompee, j'ai identifié un homme bon et, pendant que nous étions ensemble, j'ai appris à mieux le connaître. Maman, cette nuit-là, quand je l'ai vu sur ce lit, j'ai senti que je le connaissais et un sentiment m'a envahie...

Angoissée, elle ne cache pas ses craintes : - S'il meurt, c'est comme si je mourais aussi.

Mon enfant, c'est la première fois que je t'entends parler de quelqu'un avec un sentiment autre que l'affection ou l'amitié. J'ai aussi remarqué l'honnêteté de ce jeune homme, mais malheureusement c'est un esclave et, vu la situation dans laquelle il se trouve, nous ne pouvons qu'espérer que Dieu aura pitié de lui et le guérira ou l'invitera dans son Royaume.

Je ne sais pas ce qu'est l'amour, mais si l'amour est ce que je ressens pour lui, alors je l'aime, c'est la seule vérité qui me vient à l'esprit en ce moment. Je ne veux pas déshonorer mon père, ni vous non plus, car c'est un esclave, mais avant cela, c'est un enfant de Dieu, et je vous prie d'accepter mon choix, car s'il vit, je veux être à ses côtés.

Débora a embrassé le front de sa fille et, dans une accolade, l'a accueillie avec une extrême démonstration d'amour. Elles sont ensuite sorties sur le balcon et se sont installées sur des sièges simples, Débora tenant affectueusement la main de sa fille :

- Ma fille, je te bénis et je suis heureux que tu aies appris, même dans l'adversité, ce qu'est l'amour. Maintenant, laissons nos cœurs entre les mains de Jésus et prions pour le rétablissement de votre Pompee : "Seigneur Jésus, nous sommes toujours sourds, muets et aveugles face aux obstacles de la vie. Face aux obstacles de la vie, nous sommes toujours sourds, muets et aveugles. Nous marchons faiblement, la poitrine massacrée par l'égoïsme nourri par notre ignorance. Nous comptons les jours passés et oublions de vivre le présent, en construisant aujourd'hui le meilleur pour notre avenir. En nous regardant nous-mêmes, nous ignorons le soleil qui se lève chaque matin avec sérénité, même s'il apporte avec lui le volcan vivant de sa nature. Nous doutons de son aide, mais le Seigneur reste toujours à nos côtés avec bonté, transformant nos illusions en un travail cohérent et sûr. Face à sa compassion, nous remportons la victoire et, face à sa miséricorde, nous touchons les cieux sans oublier les responsabilités qui couronnent nos existences sur les routes du monde, même si elles semblent ardues et difficiles. Nous porterons avec nous la certitude que la gloire de sa sagesse délimitera les routes de notre vie et que les vents de l'abattement, du découragement ou des tempêtes ne pourront pas détruire notre foi, notre travail et nos espoirs. "[61]

Ainsi, mère et fille restèrent unies, tandis qu'Adelinda resta dans sa chambre, au milieu des rêves d'un père vide, dont le temps montrerait la vérité.

---

[61] (N.M.) La page "L'espoir" citée ici a été publiée dans le livre *Mémoires d'automne*, par l'esprit Ferdinand - psychographié par Gilvanize Balbino Pereira

Chapitre 29

Se préparer à la vie

"Puis il partit et se mit à proclamer dans la Décapole tout ce que Jésus avait fait pour lui. Et tout le monde était dans l'étonnement."

Marc, 5:20

Les jours passés derrière nous se sont écoulés rapidement.

Adelinda, aussi souvent qu'elle le pouvait, partait à la recherche de Démétrius, sans que personne ne le sache.

Pompee est soigné par Théodore et, chaque jour, la famille de Daniel l'aide du mieux qu'elle peut. Petit à petit, Pompey va mieux.

Ce matin-là, Deborah a préparé le petit déjeuner pour Théodore et Pompey. Daniel, Hermès et Nina sont donc allés rencontrer le vieil homme avant d'aller faire les courses.

Arrivés à destination, Théodore les accueillit avec affection et ils allèrent ensemble à la rencontre de Pompée.

Lorsqu'il la vit, son visage épuisé s'illumina et, avec l'aide de Théodore, il s'assit sur le lit. Le vieux Grec, comprenant le moment, fait sortir ses amis de la chambre pour parler de l'avenir de Pompée.

Nina lui offrait avec zèle le petit déjeuner lorsqu'il lui prit la main et, d'une voix fragile, lui dit :

-Pardonne-moi, mais je ne peux plus cacher mes sentiments pour toi. Je n'ai jamais aimé personne. J'avoue qu'avant d'arriver ici, je ne savais pas ce qu'était l'amour. Jusqu'à ce que je te rencontre. J'ai survécu et je sais que Jésus a intercédé auprès de Dieu en ma faveur. Je suis reconnaissant d'avoir rencontré votre famille, d'être ici et de vous avoir à mes côtés. Si vous ne partagez pas le même sentiment, ne me le dites pas, car il s'agit d'une vraie mort, je préférerais être morte que de ne pas avoir votre amour. Je sais que ma condition d'esclave ne me favorise pas en ce moment. J'ai l'impression que nous sommes comme le ciel et la terre, le sec et l'humide, le soleil et la lune, le lointain et le proche, mais crois-moi, tu m'as appris à revivre, car je suis née le jour où j'ai croisé ton regard. L'amour que tu as planté dans mon cœur est plus grand que moi. J'ai toujours cru que je trouverais quelqu'un et que, lorsque je le trouverais, je le reconnaîtrais sans aucun doute. Tu es donc ce quelqu'un.

Nina, sous le coup de l'émotion, tandis que Pompée se rafraîchissait d'une quinte de toux, il a répondu :

-Comment pourrais-je ne pas partager cet amour ? Je t'ai aimée dès que je t'ai vue. C'est ce qui compte, pas l'esclavage qui t'est imposé. J'attendrai le temps qu'il faudra pour consolider nos vies et construire notre famille.

Avec difficulté, il caresse la joue de Nina et lui dit :

-Comme j'aimerais sentir la chaleur de ton étreinte et la saveur de ton baiser, mais je ne peux même pas le faire maintenant...

A ce moment-là, ils sont interrompus par l'arrivée de leurs amis. Daniel dit avec assurance :

-Jeune homme, je me rends compte que les jours sont en ta faveur, tu vas beaucoup mieux. Il y a peu, nous avons parlé de ton avenir. Pour tout le monde, tu es mort, alors Ezekiel a proposé de t'emmener dans un village loin d'ici pour que ta guérison soit complète.

-Mon fils, dit Théodore. - Ezekiel va vous emmener vers le nord, dans une ville appelée Mirstra. Tu y resteras pour récupérer jusqu'à ce que Démétrius quitte cette région. N'oublie pas que, selon la loi, il n'y a que deux façons de cesser d'être esclave : si le maître t'accorde ta liberté de son plein gré ou par sa mort. Dans ton cas, je pense que les deux sont très difficiles. Vous partirez ce soir.

-Messieurs, comment vous remercier pour la gentillesse que j'ai reçue ? Je vais partir, mais un jour je serai à nouveau libre.

-L'esclavage est une condition temporaire", a déclaré Daniel. - Ne vous y attardez pas, car vous êtes un homme libre. Paul a dit : "Frères, vous avez été appelés à la liberté. Mais que la liberté ne soit pas un prétexte pour la chair, et que, par la charité, vous vous mettiez à votre place -de se servir les uns les autres". Les enfants de Dieu auront toujours un sursis et pourront modifier le cours de leur vie, au gré des obstacles, en tangentant le bien ou le mal. Beaucoup d'esprits sont liés par les chaînes de leurs propres sentiments et, sans comprendre les lois du Seigneur, se révoltent et plongent aveuglément dans les folles offenses de la chair. Pendant qu'il est encore temps, n'endurcissez pas votre cœur. Appréciez les enseignements de Jésus, changez la direction de vos sentiments et tournez-vous avec confiance vers Dieu, car lui seul peut soulager le cœur qui est temporairement enchaîné à sa propre insatisfaction. Les routes de la vie sont pleines d'épines, mais rien ne peut empêcher la victoire de ceux qui portent la valeur de la foi dans leur cœur. Ne changez pas votre désir de servir votre prochain à cause du découragement, l'indécision ou le découragement. Jésus connaît vos limites et les raisons des chaînes de fer qui vous enserrent les poignets. Il vous a donné les clés de votre liberté : la foi, le courage, le travail et le renouveau.

Les paroles de Daniel ont touché une corde sensible dans l'âme de Pompée, qui n'a pas pu cacher l'étincelle dans ses yeux, annonçant qu'à ce moment-là, les larmes allaient couler leurs compagnons temporaires.

✱ ✱ ✱

Le soir même, Daniel se prépara à animer la réunion chrétienne qui allait commencer. Il commence dans la joie et la foi :

- "Enseignement sur le pur et l'impur " " Après avoir rappelé la foule à lui, il lui dit : "Écoutez-moi tous et comprenez ! Il n'y a rien à l'extérieur d'un homme qui, en entrant en lui, puisse le rendre impur ; mais ce qui sort d'un homme, c'est ce qui le rend impur. S'il y a quelqu'un qui a des oreilles pour entendre, qu'il entende !" Lorsqu'il eut quitté la foule et qu'il fut entré dans une maison, ses disciples l'interrogèrent sur la parabole. Il leur dit : "Vous n'avez pas d'intelligence ? Ne comprenez-vous pas que tout ce qui entre dans l'homme du dehors ne peut le rendre impur, parce que rien n'entre dans le cœur, mais va dans le ventre et dans la fosse ? (Il déclarait ainsi que toute nourriture était pure.) Il disait : Ce qui sort de l'homme, c'est ce qui le rend impur. C'est ce qui le rend impur. En effet, c'est de l'intérieur, du cœur des hommes, que sortent les mauvaises intentions : prostitutions, vols, meurtres, adultères, ambitions démesurées, méchancetés, malices, débauches, envies, calomnies, arrogances, sottises. Toutes ces choses mauvaises sortent de l'homme et le rendent impur."[62]

Daniel fait une courte pause et, avec la force de sa foi, continue :

- Jésus, dans son immense sagesse, savait que la pureté réside dans nos cœurs et que l'impureté est ce qui sort de nous. Le corps n'est pas l'accumulation de moindres sentiments, il est le sanctuaire de l'âme et est soumis à l'esprit. Ce sanctuaire abrite une perle précieuse qui est l'essence spirituelle de chaque personne. En tant qu'esprits revenant sur Terre, nous avons besoin du corps physique comme véhicule de transformation car, en vérité, nous

---

[62] (N.A.E. Ferdinand) Marc, 7:14-23

sommes le résultat de nombreuses vies, corrigeant le passé, ajustant le présent et taillant les bords. Alors que le berceau donne naissance à la vie, le tombeau donne naissance à l'éternité et ces deux conditions, le berceau et le tombeau, nous conduisent toutes deux aux portails de la vie : physique et spirituelle. Nous vivons en échange avec les deux mondes et nous vivons ensemble en fonction de ce que nous faisons et de ce avec quoi nous sommes en phase. L'esprit a besoin de vie, la vie est travail et renouvellement. Chacun, même s'il est limité ou se croit impur, est conscient qu'il peut s'améliorer et trouver en Jésus un ensemble d'enseignements qui l'aideront à mûrir. L'esprit a besoin de s'améliorer, car ce qui sort de la bouche est le reflet de l'homme intérieur. Chaque existence est synonyme d'amélioration et la vraie paix se trouve lorsque nous pouvons voir les tempêtes, les malheurs ou la tristesse comme de grandes opportunités de renouveau. Faisons confiance au Seigneur et analysons-nous pour que notre intérieur soit aussi pur que l'était le Seigneur, sans mal ni violence, parce que la plénitude de l'esprit se trouve dans la pureté de sa foi.

Quelques heures plus tard, le groupe se sépare.

Lorsque la famille de Daniel est prête à prendre sa retraite, elle est surprise par Théodore et Ezekiel qui conduit discrètement le jeune Grec. Pompée marche difficilement et porte un manteau d'Ian avec un capuchon qui lui couvre la tête.

Lorsqu'elle l'a vu, Nina s'est précipitée pour l'aider. Ils l'ont emmené dans le quartier de Daniel.

Le jeune Grec, spontanément et avec une extrême difficulté, s'agenouille aux pieds de Daniel et, en pleurant convulsivement, dit :

-Je ne pouvais pas partir sans venir d'abord vous dire au revoir et merci. Je suis un homme impur, mais je t'en supplie, aide-moi à revenir vers le Seigneur, celui que j'ai jugé, blâmé et abandonné. Rien n'explique mes attitudes, mes paroles et le jugement que j'ai porté sur lui. Malgré cela, Jésus a eu pitié de moi et m'a placé parmi vous, me retirant des bras de la mort et, avec respect, j'ai pu rencontrer un ange appelé Nina.

Mon fils, peu importe ce que tu as fait dans le passé, même si tu as temporairement renié ta foi. Ce qui compte, c'est que tu te sois ravisé et que tu sois revenu au Seigneur. Il y a quelques jours, j'ai reçu cet écrit de Luc : "Le fils perdu et le fils fidèle : le fils prodigue". Le plus jeune dit à son père : "Père, donne-moi ma part d'héritage. Et le père partagea les biens entre eux. Quelques jours plus tard, après avoir rassemblé tous ses biens, le fils cadet partit pour une région lointaine et y dilapida son héritage dans une vie de débauche. Et il a tout dépensé. Une grande famine frappa la région et il commença à souffrir de privations. Il se mit alors au service d'un des hommes de la région, qui l'envoya dans ses champs pour s'occuper des cochons. Il voulut assouvir sa faim avec les glands que mangeaient les cochons, mais personne ne voulut les lui donner. Lorsqu'il reprit ses esprits, il dit : "Combien d'employés de mon père ont du pain en abondance, et moi, je meurs de faim ! Je m'en vais retrouver mon père et dis-lui : "Père, j'ai péché contre le ciel et contre toi ; je ne suis plus digne d'être appelé ton fils. Traite-moi comme l'un de tes serviteurs. Il partit et alla à la rencontre de son père. Il était encore loin quand son père le vit.

-Il fut rempli de compassion, courut se jeter à son cou et le couvrit de baisers. Le fils lui dit alors : "Père, j'ai péché contre le ciel et contre toi ; je ne suis plus digne d'être appelé ton fils. Mais le père dit à ses serviteurs : "Allez vite, apportez la plus belle robe et habillez-le ; mettez-lui un anneau au doigt et des sandales aux pieds. Apportez le veau gras et tuez-le ; mangeons et festoyons, car mon fils était mort et il est revenu à la vie ; il était perdu et il a été retrouvé !" Et ils commencèrent à festoyer. Son fils aîné était aux champs. A son retour, il entendit de la musique et des danses près de la maison. Il appela un serviteur et lui demanda ce qui se passait. Le serviteur lui dit : "C'est ton frère qui est revenu et ton père a tué le veau gras, parce qu'il l'a remis sur pied. Il se mit alors dans une grande colère et ne voulut pas entrer. Son père sortit pour le supplier : Il répondit à son père : "Il y a tant d'années que je te sers, je n'ai jamais transgressé un seul de tes commandements, et tu ne m'as jamais donné un chevreau pour faire un festin avec mes amis. Son père lui dit : "Mon fils, tu es toujours avec moi, et tout ce qui est à moi est à toi. Mais nous devons faire la fête et nous réjouir, car ton frère était mort et il est revenu à la vie ; il était perdu et il a été retrouvé.[63]

Enthousiasmé, Pompey lui baise la main et, avec le soutien de Théodore, s'installe sur un siège :

- Monsieur, pardonnez-moi d'être si audacieux, mais je veux que vous sachiez que j'aime votre fille Nina. Je serai loin de ces régions, mais je reviendrai. Maintenant, je n'ai rien à offrir, mais je vous prie de m'accorder votre fille comme épouse.

Deborah tient affectueusement le bras de Daniel, qui ne peut cacher ses larmes d'émotion. Nina, avec un mélange d'innocence et d'anxiété, s'est approchée de son père, ses yeux implorant son acceptation.

Après un profond soupir, Daniel jette un regard complaisant à Nina et, surmontant son attachement paternel, se met dans la position d'un ami affectueux et répond :

-Vous êtes un jeune homme digne et je confierai mon plus grand trésor entre vos mains. Je vous prie seulement de rendre ma fille heureuse et de lui donner un toit sous lequel brillera la lumière du Seigneur. Pour cela, il est important de ne pas dépasser les lois du temps. Respectons l'ordre de Dieu, et d'abord récupérons, protégeons et structurons nous, car lorsque le moment sera venu, nous consoliderons cette union sur l'autel du Seigneur avec ma bénédiction.

---

[63] (N.A.E. Ferdinand) Luc, 15:11-32

-Mes enfants, dit Débora, émue, les paroles de mon mari sont aussi les miennes. Vous avez déjà ma bénédiction, mais ma Nina devra attendre, tout comme vous, le bon moment, celui où nous ne formerons plus qu'une seule famille.

L'émotion a envahi la salle et chacun a séché ses larmes.

Pompée s'approche de Nina et l'embrasse sur le front :

Mine éternelle, nous suivrons les ordres de ton père, mais crois-moi et ne t'attriste pas de mon départ, car je te porte dans mon cœur et je reviendrai bientôt. Je te promets un amour éternel, car si je suis en vie aujourd'hui, c'est parce que tu es arrivée tranquillement et que tu as rempli mon âme de ta lumière et de ton amour. Je te jure une alliance infinie qui durera après des vies et des vies. Tu es mon amour et avec lui. Je supporterai les jours à venir. Je prendrai ta voix pour apaiser ma solitude et, dans la prière, je trouverai le courage d'attendre... Dans le souvenir de ton sourire, je trouverai la paix. Je reviendrai vers toi pour inventer notre histoire, et je prie simplement le Seigneur pour que les jours aient pitié de moi et passent vite...

Nina ne peut retenir ses larmes. Remplie d'amour, elle l'embrassa passionnément, mais respecta et obéit aux paroles de son père. Dans un chaleureux adieu, Pompée partit avec Ezéchiel, avec pour objectif de rejoindre la cité de Mirstra au plus vite.

Chapitre 30

A la lumière d'un nouvel amour

"Allez dans le monde entier et proclamez l'Évangile à toute créature".

Marc, 16:15

Près d'un mois s'est écoulé.

Après avoir obtenu, par l'intermédiaire d'Adelinda, les informations qu'il recherchait sur le passé de Daniel, Démétrius est retourné à Alexandrie.

Ce soir-là, alors que Deborah servait le dîner, quelqu'un a frappé à la porte. Théodore alla voir qui l'appelait. A sa grande surprise, c'est Pompée qui entre, salue tout le monde et s'assoit à table. Nina, guidée par sa mère, lui servit son repas, puis Daniel dit :

-Mon fils, je vois que tu vas beaucoup mieux. Ton rétablissement

C'est évident.

-Oui, monsieur, depuis notre dernière rencontre, je me bats pour ma vie. J'ai appris que Demetrius n'était plus là, alors nous avons décidé de revenir.

-En fait, il est de retour", nous a dit Théodore dès votre départ. Dites-nous : où est Ezekiel ? N'est-il pas venu avec vous ?

Il va bien. C'est un grand ami et je lui serai éternellement reconnaissant de ce qu'il a fait pour moi. Il est revenu avec moi et, après m'avoir laissé ici, il s'est rendu à sa résidence.

Le jeune Grec ne put cacher la lueur dans ses yeux à la vue de Nina, il lui prit respectueusement la main et lui dit d'un ton chaleureux :

- Les jours loin d'ici, surtout loin de Nina, étaient trop longs. En fait, ce qui m'a donné la force d'affronter tout ce que j'ai vécu, c'est de savoir qu'elle était là, qu'elle m'attendait. Aujourd'hui, je me rends compte que je n'ai rien, mais je suis prêt à travailler jour après jour pour lui offrir une vie paisible", a-t-il déclaré, ému, sans cacher ses sentiments purs et sincères à l'égard de Nina. - J'aime votre fille et je vous prie de me la donner comme épouse.

Une forte émotion envahit la pièce. Dans l'invisible, des êtres ailés remplissent la pièce d'une couleur bleutée, imprégnant ces cœurs de paix et de raison.

Deborah, le visage baigné de larmes, s'approche de son mari et pose sa main sur la sienne. Daniel reste silencieux, mais son visage ne cache pas à quel point il a été touché par ce moment. Voir sa fille devenir une femme le remplit d'un mélange de jalousie et de liberté. Liberté, car il savait que rien ne pourrait arrêter cet amour qui avait germé au milieu de l'innocence et de la douleur.

Théodore sourit joyeusement, approuvant l'attitude de Pompée, tandis qu'Hermès reste sérieux et peu confiant, craignant de perdre Nina. Mais au fond, il est heureux pour les jeunes gens.

Daniel, en quête d'inspiration, a séché une larme timide et a dit :

Ma fille bien-aimée, le temps a passé et tu te tiens maintenant devant moi comme une femme qui apprend lentement ce qu'est l'amour. Je t'ai toujours dit que je ne choisirais pas un mari pour toi, mais que je te laisserais choisir qui aimer. Enfin, ce moment est arrivé et j'avoue qu'en tant que père, j'ai hésité à accepter ce jour car, pour moi, tu seras toujours mon enfant. Tu es le fruit d'un grand amour, un amour qui nous est aussi venu doux, intense et ferme. Ta maman et moi avons reçu un cadeau lorsque nous avons vu ton visage pour la première fois. Nous avons toujours rêvé du meilleur pour toi, mais nous savons que rien n'arrive par hasard. Pompée est arrivé ici sur les routes tracées par Dieu, et les myriades de cet amour ont reposé dans son cœur. Je prie Jésus pour que ce sentiment soit : courageux comme les forces des océans, pour affronter toutes les difficultés que le monde peut leur offrir ; calme comme la brise du printemps, pour parfumer leur cœur quand la tristesse envahit leur âme ; constant, pour vivre une existence et résister à toutes les vies à venir ; béni, pour être constant et vrai dans les leçons de la coexistence complexe qui exige de surmonter ses propres faiblesses. Il y aura des jours où ils ne pourront que reposer leur esprit fatigué entre les mains de Dieu, parce que les défis de la vie exigeront la force de la foi et l'espérance du lendemain. Ils trouveront en Jésus la source du renouveau, mais les épreuves seront toujours une vérité pour ceux qui vivent dans ce monde. Vous marcherez vers le ciel, mais vous ne pouvez pas oublier que vous construirez une nouvelle histoire, plus grande que vous, où vous trouverez le sublime renouveau et la bienveillance du ciel, en faveur de tous ceux qui vivent et permettent au Christ d'être le fondement de nombreux édifices, en brillant de sa lumière tout au long du chemin. Si vous cherchez le bonheur dans cette union et la perpétuation de cet amour, souvenez-vous que la maison sans le Seigneur, c'est le vide pour le vide. . L'amour est avant tout le résultat d'un travail acharné, de la sueur et du renoncement. Dans la vie quotidienne, les obligations exigent de la patience et de l'endurance, mais celui qui aime supporte les grandes épreuves et y voit sa valeur insignifiante, de sorte qu'elles ne pèsent pas sur ses épaules. Il continue à tolérer et à comprendre, à comprendre et à aimer, à espérer et à faire confiance au Seigneur pour que l'amour véritable puisse triompher. Ta mère et moi bénissons cette union - les yeux humides, il regarde fixement Pompée : - Jeune homme, nous te donnons notre bien le plus précieux, notre fille, parce qu'elle est un morceau de mon cœur et de celui de Deborah. Elle est le triomphe de notre amour et la représentation de la bonté de Dieu à notre égard. Alors crois-moi, je te confie mon trésor et tu auras le soutien dont tu as besoin de la part de nous tous pour construire une vie digne pour nous deux et nos petits-enfants.

Daniel, ému, a prié :

"Seigneur, devant ton grand cœur, reconnaissant ce que nous sommes et nos limites, je te prie de bien vouloir bénir les jeunes qui se donnent à une vie revêtue d'amour et structurée par la foi. Donne-nous la raison d'utiliser notre libre arbitre, sans blâmer ce qui ne nous sert pas, mais en bénissant les dons divins de la foi que nous avons laissés dans le chemin et la vérité qu'est Jésus. Nous sommes conscients que, par le chemin, la vérité et la vie de la bénédiction de sa lumière tomberont sur nos esprits. Ainsi, nos cœurs s'ouvriront et seront établis dans la paix".

Remettant les Écritures à Deborah, il lui demande de lire le psaume suivant.[64]

"O Dieu, tu es mon Dieu, je te cherche.
Mon âme a soif de toi,
mon cœur te désire avec ardeur,
comme une terre aride, épuisée, sans eau,
Oui, je t'ai contemplé dans le sanctuaire, voyant ta puissance et ta gloire.

Ton amour vaut plus que la vie et mes lèvres te glorifieront.
Je te bénirai toute ma vie, et j'élèverai mes mains vers ton nom ; je me rassasierai comme d'huile et de graisse,
et la joie sur mes lèvres, ma bouche te louera.

Quand je me souviens de toi sur mon lit, je passe des veillées à te méditer, car tu m'as été d'un grand secours,

---

[64] (N.A.E. Bernard) Psaume 63

Et à l'ombre de tes ailes, je pousse des cris de joie ;
ma vie est attachée à toi, et ta droite me soutient.

Quant à ceux qui veulent me faire périr, qu'ils aillent dans les profondeurs de la terre, ils seront livrés à l'épée.

Ils deviendront le pâturage des chacals. Mais le roi se réjouira en Dieu :
celui qui le jure s'en félicitera,
Car la bouche des menteurs sera fermée".

Hermès reste silencieux, tandis que Théodore intervient respectueusement :

Mes enfants recevront toute l'aide possible de ma part et je sais que Hermès pense de même.

Nous voulons qu'ils soient heureux et, ensemble, nous verrons et bénirons leurs enfants.

Pendant ce temps, Adelinda, qui observe tout, ne dit pas un mot en faveur de sa sœur. Mécontente et avec un regard froid et envieux, elle quitte la pièce.

Ne se laissant pas perturber par l'attitude d'Adelinda, ils ont passé des heures à élaborer des plans pour réaliser leur rêve de commencer une nouvelle vie.

* * *

Le temps avance à son propre rythme et il en va de même pour les personnages de cette histoire.

Nina et Pompey ont signé leurs vœux et commencé une vie fondée sur les piliers d'un amour pur et continu.

Ses parents et leurs amis Hermes et Thédore ont aidé le jeune couple à construire une maison simple dans le même quartier que la maison de Daniel, afin de renforcer leur mariage.

Il n'a pas fallu longtemps à Pompee pour s'adapter aux règles de la vie quotidienne dans ces cœurs et il a été inséré dans l'environnement familial avec beaucoup d'amour et d'acceptation.

Ce soir-là, ils se préparent à animer la réunion chrétienne lorsque Deborah, visiblement inquiète, s'approche de son mari :

-Ma chère, je me suis rendu compte qu'Adelinda n'allait pas bien. Je me demande où nous nous sommes trompés et ce qui lui a manqué. Depuis qu'elle a rencontré Démétrius, elle agit très différemment de ce que nous lui avons appris et de ce qu'elle était. Elle s'est renfermée sur elle-même et nous parle peu. J'ai l'impression qu'elle nous cache quelque chose et qu'elle ne veut pas nous le dire. Ce scénario s'est aggravé depuis que Nina est devenue consort et j'ai l'impression qu'elle a empiré. Tout à l'heure, quand j'ai voulu l'appeler à la prière, elle a crié qu'elle n'était plus chrétienne. Que devons-nous faire ?

-Mon ange éternel, ne nous demande pas ce que nous devrions faire ou ne pas faire. Chaque esprit, une création de Dieu, a des défis à vivre que nous ne pouvons pas contenir. Autant nous aimons Adelinda, autant nous laissons Le temps agira de lui-même, afin qu'il puisse mûrir et trouver sa propre voie. Un jour, Théodore et moi nous sommes arrêtés dans un village, où une famille m'a demandé de parler du Christ. La femme, visiblement ébranlée, nous a raconté qu'elle n'avait jamais revu sa fille, qui s'était enfuie de la maison... Son cœur maternel était brisé de douleur, tandis que son mari ne voulait que se venger. Alors, en pensant au Seigneur, je vais vous répéter ce que je leur ai dit : "Restez fermes face à la tâche que Dieu vous a confiée, qu'il s'agisse de la paternité, de la maternité ou des relations affectives, hiérarchisées à l'intérieur ou à l'extérieur de l'environnement domestique. Beaucoup de parents se dévouent avec amour, minute par minute, mesurant la fièvre, se balançant ici et là, rêvant de professions fructueuses, mais l'enfant devient un homme et une femme, suivant un chemin différent de celui établi au début de la vie. Dans la relation entre parents et enfants, rappelez-vous que vous êtes un parent adoptif qui prend soin des créations de Dieu. Faites votre part avec patience et avec la conscience claire que votre tâche a été bien accomplie, en suivant les plans divins pour les existences. Le monde compte des milliers d'orphelins dans le besoin : Ta guidance et ta discipline, ton épaule pour les visages humectés par les larmes de la faim et du découragement, ton geste de partage pour les sans-abri, les pieds nus et le froid, ta minute d'attention, dans les jeux de l'enfance, pour les abandonnés attristés, tes conseils pour ceux qui crient à l'agonie et au désespoir, dans le crime ou la marginalisation, ton affection pour ceux qui sont seuls dans les asiles ou les services hospitaliers, ton amour pour ceux qui sont dans les affres de la révolte contre leur propre vie. Ne perturbez pas votre cœur avec des soucis incessants. Cherchez dans la prière le soutien, dans l'exemple la correction silencieuse, dans les chemins parcourus par chacun la consolation et le courage qui émanent du cœur de Jésus".

-Je suis conscient de notre mission. En tant que parents, nous devons sans cesse nous remettre en question.

-Les enfants de notre Seigneur sont meilleurs, mais dans le cas d'Adelinda, je ne vois pas qu'il en sera ainsi. Sa révolte m'étonne.

-Oui, nous devons lui remettre les enfants de Dieu améliorés, mais nous ne pouvons pas nous croire plus grands et plus parfaits que le Seigneur Jésus, qui est une référence de patience, parce qu'il a réussi à vivre au milieu de tant d'ignorance, qu'il a compris l'imitation de chacun d'une manière suprême et qu'il a continué à enseigner et à donner l'exemple. C'est à nous d'attendre et de suivre dans la foi, en permettant au Seigneur de nous aider dans cette mission. Adelinda m'a rappelé l'homme inférieur qui vit encore en moi le jour où j'ai perdu patience et voulu l'instruire par la force. Mais son amour a su contenir ma rage. Ce jour-là, j'ai compris à quel point nous devons saisir l'occasion d'être meilleurs et plus doux. Occupons nos esprits et nos cœurs avec le bien, afin que le mal ne trouve pas sa place en nous. Il est important que nous pratiquions le détachement, car la liberté enseigne et la responsabilité élève.

    Serrant affectueusement sa femme dans ses bras, il a posé la tête de Débora sur sa poitrine et ils ont discuté jusqu'au bout de la nuit.

Chapitre 31

Réunions, déchirures et réajustements

"Ayez foi en Dieu".

Marc, 11:22

Ce matin-là, Daniel, Théodore, Pompée et Hermès se trouvaient sur la place du marché lorsqu'un rabbin, le chef religieux appelé Enoch, s'approcha avec un groupe d'hommes. Il leur dit d'un ton sévère :

-J'ai été affecté à ces régions et il ne m'a pas fallu longtemps pour découvrir que vous organisez et êtes responsable de l'expansion de la "secte" chrétienne dans cette région. Sachez que je suis venu rétablir la loi de mes ancêtres et que je ne permettrai pas un tel désordre. Pendant que Démétrius séjournait chez nous, on m'a raconté en détail ce qui se passe dans votre résidence. Ils pensent pouvoir renverser la parole de Moïse et nos traditions. Les morts et les persécutions n'ont pas suffi à vous faire taire. Vous êtes une bande de fous qui suivent aveuglément un fou qui a traversé la terre en prêchant un royaume qui n'a jamais existé. Je suis prêt à soutenir l'établissement de lois, et croyez-moi, je n'ai pas l'habitude d'agir avec compassion envers ceux qui me défient.

Daniel, en entendant ces mots durs, a répondu doucement :

-Monsieur, je ne suis pas ici pour détruire vos lois ou vos traditions, nous gardons simplement notre foi vivante grâce aux enseignements de Jésus-Christ. Je ne suis qu'un homme simple qui aime sa foi.

-Je suis un pharisien, ne vous laissez pas tromper par moi, même si nous nous complaisons dans les nouvelles religions, croyez-moi, je suis diplômé des écoles classiques, conservatrices et aristocratiques des classes sacerdotales et je ne permettrai pas à vos croyances de s'opposer à mon credo. Que pouvez-vous bien savoir de mes croyances? Quelqu'un d'aussi ignorant et répugnant que vous.

Croyez-moi, je connais très bien les écoles classiques de votre courant religieux. Je me souviens d'un passage de Jésus retranscrit par l'apôtre Marc : "Discussion sur les traditions pharisiennes" "Or les pharisiens et quelques scribes de Jérusalem s'étaient rassemblés autour de lui. Voyant que certains de ses disciples mangeaient le pain avec des mains impures, c'est-à-dire sans les laver - les Pharisiens, en effet, et tous les Juifs, selon la tradition des anciens, ne mangent pas sans s'être lavé les bras jusqu'au coude, et quand ils reviennent de la place publique, ils ne mangent pas sans s'être préalablement aspergés, et bien d'autres coutumes qu'ils observent par tradition : Les pharisiens et les scribes lui demandèrent : "Pourquoi tes disciples ne se conforment-ils pas à la tradition des anciens, et ne mangent-ils pas leur pain avec des mains impures ?Il leur répondit : "Le prophète Isaïe a prophétisé sur vous, les hypocrites, selon qu'il est écrit : "Ce peuple m'honore avec les sages, mais son cœur est loin de moi. C'est en vain qu'ils m'adorent ; les doctrines qu'ils enseignent sont des commandements humains. Vous abandonnez le commandement de Dieu, en vous attachant à la tradition des hommes. Il leur dit : "Vous savez bien mépriser le commandement de Dieu pour observer votre propre tradition. Moïse a dit : "Honore ton père et ta mère", et : "Celui qui maudira son père ou sa mère mourra". Mais vous, vous dites : "Si quelqu'un dit à son père ou à sa mère : "Les biens avec lesquels je pourrais t'aider sont Corban", c'est-à-dire une offrande sacrée, vous ne lui permettrez pas de faire autre chose pour son père ou sa mère. Vous invalidez ainsi la Parole de Dieu par la tradition que vous avez transmise. Et faites-en beaucoup d'autres de ce genre' [65].

Quand Enoch entendit ces mots, il ne cacha pas sa colère et, d'un air sévère, il partit avec les autres. Théodore, inquiet, dit :

-Chers amis, les temps de paix semblent avoir pris fin. Que devons-nous faire ?

-Faisons confiance à Jésus", a déclaré Daniel, "car nous ne sommes pas seuls. Même si tout semble sombre, nous devons rester calmes et espérer, car tout passe, mais notre foi reste vivante en nous.

La journée s'achève donc pour ces hommes qui s'apprêtent à rentrer chez eux après une longue journée de travail.

✻ ✻ ✻

Pendant ce temps, chez Daniel, une densité envahit l'atmosphère, emportant la sérénité habituelle pour laisser place au poids du conflit.

Adelinda, depuis qu'elle avait rencontré Demetrius, avait gardé...

-Elle est réservée, distante et froide, et a peu de contacts avec sa famille.

Avec sollicitude et affection, Deborah s'annonce et entre dans la chambre de sa fille. Eta, de profil, ne peut plus cacher les changements de son corps svelte. La femme expérimentée de Daniel se rendit compte que son corps avait changé. S'approchant prudemment, elle dit :

---

[65] (N.A.E. Bernard) Marc, 7:1-13

-Ma fille, au nom de Jésus, je t'ai toujours aimée, nous respectons ton silence, mais maintenant j'ai besoin de savoir. Dis-moi

Qu'est-ce qui se passe ? Regarde comme tu as changé, j'ose dire que tu attends un enfant. Qui est le père ?

A ce moment, Adelinda s'est avancée de manière incontrôlée contre Débora et l'a poussée. Celle-ci ne parvient pas à s'équilibrer et tombe, tandis que la gerbe, saisie par une force indépendante de sa volonté, la frappe successivement au visage. Nina entend les cris et se précipite au secours de sa mère. Tandis qu'Adelinda hurlait :

-Je vous déteste tous. Oui, j'attends un enfant de l'homme que j'aime, Démétrius, qui, je le sais, m'arrachera bientôt à cette caste immonde.

Avant qu'ils n'aient pu dire quoi que ce soit, Adelinda est partie en courant.

Nina a aidé sa mère avec amour, l'a installée sur un siège, a soigné ses blessures, puis, sans exprimer d'opinion, l'a serrée affectueusement dans ses bras et a embrassé son front, essayant de calmer le cœur de sa mère, qui était si plein de douleur, d'espoir et d'inquiétude.

✳ ✳ ✳

À leur arrivée, les hommes, inconscients de ce qui se passait, sont allés se rafraîchir. Peu après, ils se mettent à table. Débora se couvre le visage d'un drap pour cacher les bleus et Nina obéit aux ordres de sa mère. Elles s'installent tranquillement à côté de leur lit. Daniel, comprenant qu'il s'était peut-être passé quelque chose, demanda :

Mon cher, je me trompe peut-être, mais j'ai l'impression que Nina et toi êtes très calmes, comme s'il s'était passé quelque chose ici - il a analysé les alentours avec perspicacité. - Allez, où est Adelinda ?

Deborah, baissant la tête pour cacher la blessure à la joue et au sourcil, reste silencieuse. Daniel retire fermement mais respectueusement le mouchoir de sa femme. Une larme timide et volontaire coule sur le visage et l'âme de Deborah. Il lui caresse affectueusement la joue, puis lui prend la main et l'embrasse, essayant de soulager sa douleur. Mais la douleur qui brûlait en Deborah se reflétait dans son âme, et rien ni personne ne pouvait la guérir, si ce n'est le temps.

- Pour l'amour de Dieu ! Qu'est-ce qui s'est passé ici ?

Débora, avec équilibre et sans ajouter aux faits, a informé les personnes présentes des derniers développements et a conclu :

Adelinda est bouleversée et je lui pardonne ses actes irréfléchis, car maintenant nous devons la comprendre. Elle va bientôt être maman, car elle attend l'enfant de Démétrius. C'est pour cela qu'elle est si agressive et distante.

"Rien ne justifie une telle violence, s'indigne Daniel. - Elle a besoin de nous maintenant et elle n'est pas en état de se rebeller comme ça. - Essayant de se contrôler, il poussa un profond soupir et ne cacha pas son mécontentement : - Nous devons essayer de contenir l'élan d'Adelinda. Au retour de notre fille, je mettrai fin à cette situation.

- Mon ami, intervint Théodore, pardonnez-moi de m'immiscer dans un sujet aussi délicat, mais l'heure est à la patience et à la sagesse. Nous ne devons pas permettre à l'ombre d'avancer sur nous plus qu'elle ne l'a déjà fait...

Le silence était le compagnon de ces cœurs.

Quelque temps plus tard, Daniel, réfléchissant, conclut :

Un mensonge accablant, un lit de douleur. Maintenez-vous en Dieu, sans laisser les enfants du désespoir vous faire succomber aux ténèbres du monde ou crucifier vos espoirs. Ayez confiance en la Volonté supérieure et ne sous-estimez pas la leçon du moment, parce que tant qu'il y aura un petit signe de désespoir sur les esprits, enfants de Dieu, la Lumière divine aidera tout le monde dans la vérité et la paix, afin que le courage et la résistance au mal puissent être trouvés en chaque créature. "[66]

Adelinda, cachant son émotion, répondit froidement :

- Gardez ce genre de paroles pour les adeptes du Christ, pour moi cela ressemble à une berceuse.

Sans dire un mot de plus, il s'en alla, tandis que les autres gardaient la triste scène dans leur cœur, et ils restèrent ainsi debout toute la nuit à discuter.

✱ ✱ ✱

Pendant que ces cœurs consolidaient l'amour dans leur vie, Démétrius, apportant avec lui les informations sur Daniel obtenues par Adelinda, arriva à Alexandrie.

Ce soir-là, comme à l'accoutumée, Rabbi Eliezer et Démétrius se rendirent chez Servio pour le mettre au courant de la situation sur les événements de Byzance.

Lorsqu'ils sont entrés dans la maison, ils ont été accueillis chaleureusement et se sont installés dans des sièges confortables à côté d'une fontaine, où un lion faisait jaillir de l'eau de ses griffes de pierre, mettant en valeur le jardin coloré.

J'espère qu'il a fait un bon voyage et qu'il nous ramènera de bonnes nouvelles - a déclaré Servio après tout, tu m'as coûté cher.

---

[66] (N.M.) La page "Fils du désespoir", citée ici, a été publiée dans le livre *Chants de lumière*, par l'esprit Marcos - psychographié par Gilvanize Balbino Pereira.

-Calmez-vous, mon ami", ironise Eliezer, "les informations qu'il nous a apportées sont inestimables.

Alors dites-moi : quelle est la bonne nouvelle ?

-Après avoir fait preuve de beaucoup d'intelligence", dit Démétrius avec arrogance, "j'ai réussi à découvrir que ce Daniel qui vit à Byzance est originaire d'Alexandrie et qu'il est votre fils.

À ce moment-là, Servio rougit. Son patron n'a pas caché son mécontentement et a sévèrement ordonné à Démétrius de poursuivre le rapport indésirable :

Il est marié à une femme appelée Débora et a deux filles : Nina et Adelinda, qui a été adoptée. Deux autres hommes vivent dans sa maison : Hermes et Thédore. Ils suivent tous la secte chrétienne.

Le visage de Servio change, ses yeux rougis soulignent la haine qui se dégage de lui. Se levant avec austérité, il frappa des deux mains une table voisine et intervint froidement :

Soyez maudits ! Comment ai-je pu permettre que cela se produise ? Peu après la mort de cet homme infâme appelé Marc, Daniel a disparu. Beaucoup disaient qu'il avait été tué lors de la persécution des chrétiens. J'ai envoyé quelques hommes pour essayer de le localiser, mais en vain. Les rumeurs se multipliaient sur la mort supposée de Daniel. Mes ennemis s'en tiraient à bon compte, car ils voulaient me faire du mal, en plus de m'avoir déjà humilié avec la conversion de Daniel au christianisme, en renonçant à la croyance de nos ancêtres. Beaucoup étaient sûrs du déshonneur familial que mon cousin Paul de Tarse nous a tous soumis et ils ont dit que Daniel suivait ses traces. Cela m'a rendu furieux. Je l'avais déjà renié en tant que fils, mais au fond de moi, c'était trop peu. Il a toujours eu une forte personnalité et savait ce qu'il voulait. Au fond de moi, je me rendais compte que je ne le dominerais jamais. Les jours ont passé et, en moi, une seule vérité m'a nourri jusqu'à l'essence de ma vie : je préférerais le voir mort plutôt que converti au christianisme - il a bu une gorgée d'eau avec haine et a continué : - Maintenant, savoir qu'il est vivant, c'est comme sentir une lame froide déchirer ma poitrine. Je dois rapidement penser à quelque chose pour mettre fin à mon tourment.

Eliezer, regardant Démétrius, dit :

-Mon ami et moi avons déjà réfléchi à quelque chose - avec un visage ambitieux, il ne cachait pas ses intérêts - mais vous savez que pour agir, nous avons besoin de votre générosité et de votre argent.

-Ma générosité ? - poursuit-il avec un large sourire ironique : - Cet attribut ne m'appartient pas ! Quant à l'argent, ce n'est pas un problème. Dites-moi, qu'en avez-vous pensé ?

Si tu veux éliminer ton fils, c'est simple : je vais retourner engager des hommes. Nous ferons croire à un accident", dit Démétrius. - Messieurs, je ne suis pas croyant, je ne crois pas à la foi et je n'ai jamais cru à cette histoire de "la vie n'est pas un hasard", mais après ce que je vais vous raconter, je pense qu'il est possible qu'il n'y ait pas d'événements aléatoires dans notre vie. - C'est avec une grande satisfaction et sans cacher sa fierté qu'il a commencé : - En revenant ici, je me suis arrêté dans une taverne. À ma grande surprise, un homme appelé Ian m'a demandé la permission de s'asseoir à côté de moi et de boire avec moi.. Il était visiblement ivre, mais c'était un homme très riche et influent. Il n'a pas fallu longtemps pour que nous engagions la conversation et que nous nous rapprochions nos liens. Je lui ai dit que je revenais de Byzance et Ian a immédiatement affirmé être originaire de cette région. Il m'a ensuite raconté qu'il avait été marié à une femme appelée Deborah. Ce furent les pires jours de sa vie, car elle était atteinte d'une maladie inconnue et semblait folle. Il m'a raconté qu'un groupe de chrétiens sanglants l'avait recueillie. Croyez-moi, quand j'ai dit que je les avais rencontrés, il n'a pas omis la haine qui coulait involontairement de ses yeux. Il m'a dit que ce passé n'avait plus d'importance, puisqu'il était parti et avait épousé la fille d'un riche marchand, mais qu'il serait très bien qu'ils meurent tous. Après beaucoup d'habileté, j'ai persuadé lan de faire une alliance. J'ai déjà reçu son soutien total pour le meurtre de Deborah et Daniel. Cependant, il ne veut pas que son nom soit mêlé à cette histoire.

Démétrius parle avec aisance et arrogance, mais omet de leur dire qu'il a reçu de Lan une forte somme d'argent en échange de l'exécution de Déborah.

Servio, méfiant, ne cache pas son agacement :

Pour être sûr qu'il n'y ait plus d'erreurs, je vais t'accompagner et m'assurer que cette fois-ci, tout sera fait selon mes règles. - Il poursuit avec ironie : - Ainsi, je serai sûr que mon argent aura une excellente destination et que je serai définitivement débarrassé de ce sombre passé qui hante mes journées.

- Tu as raison", dit Eliezer. - 0 t'accompagnera dans ce voyage. Nous partirons dès que possible. Je veillerai à ce que tu sois bien installé.

Les hommes sont restés ensemble, réglant les détails du voyage et de leurs sombres projets.

Chapitre 32

Sous le soleil d'une nouvelle aube

> *"En priant, si vous avez quelque chose à reprocher à quelqu'un, pardonnez-lui, afin que votre Père qui est aux cieux vous pardonne aussi vos offenses".*
>
> Marc, 11:25

Les journées se sont déroulées sans encombre pour ces cœurs.

Cet après-midi-là, le bleu du ciel était coloré par le blanc des nuages, qui mettaient en valeur un chef-d'œuvre réalisé par les mains du Seigneur.

Chez Daniel, Adelinda annonce les premières douleurs de l'accouchement.

Désespérées, Débora et Nina mangent pour tenter de soulager les douleurs successives, mais le calvaire de la jeune femme est digne de commisération.

Quelques heures plus tard, un faible cri retentit dans la pièce, annonçant l'arrivée d'un petit garçon ratatiné, dont la santé avait été ébranlée par la négligence de sa grossesse.

Les hommes sont entrés respectueusement dans la pièce, tandis que Deborah enveloppait affectueusement la petite dans un tissu fin. La grand-mère s'est rendu compte que le bébé avait du mal à respirer, mais qu'il était toujours soutenu par l'espoir et l'amour.

Avec affection, elle s'est approchée d'Adelinda pour lui montrer son fils nouvellement arrivé. Lorsque Débora a voulu le prendre dans ses bras, Adelinda a repoussé le bras de sa mère, a tourné son visage vers elle et, dans un geste spontané, a dit :

-Je ne veux pas voir ce misérable. Je me servirai de lui au moment opportun pour obtenir celui que je veux vraiment, mon Démétrius.

Tout le monde est étonné par cette attitude, mais n'ose pas dire un mot. Essayant de rompre la tension dans la pièce, Nina intervient doucement :

Adelinda doit se reposer. Elle sera bientôt prête à rencontrer son fils et à lui donner un nom. Soyons patients avec ma sœur. - Après tout, il n'est pas facile de concevoir un enfant... Ma chère, elle ira bientôt mieux et sera bien rétablie, faisons confiance à Jésus...

-Je ne suis pas fatiguée et je ne vais pas donner un nom à ce garçon. Faites-en ce que vous voulez. De plus, son état de santé laisse présager qu'il ne vivra pas longtemps et j'espère que ce sera bientôt le cas, car je ne veux pas qu'il gêne ma romance avec Démétrius. Je serai bientôt sur pied et je poursuivrai mes objectifs, qui ne sont pas dans cette maison. Tu es si charitable, c'est l'occasion de t'exercer à aimer ton "Jésus", car rien de ce qui vient de toi ne m'intéresse.

-Adelinda, ne parle pas comme ça. - Deborah, séchant une larme timide, ose continuer : - Nous t'aimons, c'est ce qui compte et nous comprenons ta situation.

Le silence s'empare de ces cœurs et, avec compassion, ils se retirent, tandis qu'Adelinda, enfermée dans ses propres pensées sombres, reste l'esprit cristallisé sur la silhouette lointaine de Démétrius.

Sur le balcon, Daniel discute avec ses amis lorsque Deborah, avec le petit dans les bras, s'approche, accompagnée de Nina :

-Ma chère, dit Deborah, il est important de donner un nom à cet enfant. Je prie Jésus pour qu'il ait la force de vivre, car son état de santé n'est pas des meilleurs. J'ai peur que ce petit ne résiste pas à ce corps fragile. De plus, Adelinda n'est pas en état d'assumer le rôle de mère, nous devons donc nous soutenir mutuellement dans ce qui est nécessaire pour cet enfant de Dieu.

Pensif, Daniel prend une grande inspiration :

Vous avez raison - en cherchant l'inspiration au plus profond de vous-même, vous avez prié : - "Seigneur, ton nom est grand et, avant de commencer notre prière, nous te sommes reconnaissants pour ta compassion, mais nous t'en supplions, apprends-nous : à comprendre les attitudes de nos semblables sans juger leurs cœurs ; à éviter les commentaires sur le mal, quelle qu'en soit l'origine ; à attendre en travaillant à l'apprentissage de nos jours ; à accepter avec amour et douceur ceux qui reviennent à la vie ; à éduquer Tes enfants pour qu'ils reviennent un jour dans Tes bras meilleurs qu'ils ne l'étaient auparavant ; à apprendre des différences et des situations inattendues que Tu as toujours le meilleur pour chacun d'entre nous. Ne pas se plaindre, mais savoir que rien n'est sous notre contrôle, et que le grand organisateur de nos existences est et sera toujours le Seigneur... Enfin, bénissez l'arrivée de cet enfant qui prend nos bras pour le temps qui lui est imparti, car il s'appellera désormais Isaac..."

La nuit s'avance impitoyablement. Emus, ils gardaient leurs soucis dans leur cœur et, dans le silence, réservaient leurs paroles à la prière pour la santé du novel arrivant.

✣ ✣ ✣

Deux jours se sont écoulés après la naissance du fils d'Adelinda.

Ce matin-là, avant de partir pour les magasins, Débora s'est rendue avec amour dans la chambre d'Adelinda pour prendre des nouvelles de la petite.

Alors qu'elle le berce dans ses bras, elle se rend compte que quelque chose ne va pas. Isaac ne respirait plus. Désespérée, elle a couru et, voyant son mari, a dit en pleurant :

Jésus, l'enfant ne respire pas...

Daniel, qui tente vainement de le ramener à la vie, intervient :

Il n'y a rien à faire, il est mort. Il est né avec beaucoup de problèmes, il avait du mal à le supporter

- ému, il a continué : - Acceptons cette vérité. La tristesse envahit le cœur de chacun et, pendant ce temps-là,

Adelinda, visiblement bouleversée et montrant des signes de folie, s'est approchée, mais n'a rien dit, les a ignorés et est retournée dans ses quartiers.

Pendant ce temps, dans le monde invisible, des êtres angéliques guidaient Isaac avec amour, l'empêchant de ressentir les impressions sombres sur son petit corps ratatiné.

※ ※ ※

Les jours passent vite.

A cette époque, la région a subi quelques petits tremblements de terre qui n'ont pas altéré la vie quotidienne des habitants, mais n'ont pas non plus dissipé leurs inquiétudes.

Enfin, Servio, Rabbi Eliezer et Démétrius sont arrivés à Byzance pour réaliser leurs sombres projets.

Ils ont été accueillis par Enoch, qui leur a fourni tous les raffinements possibles et a gardé leur présence secrète.

Adelinda, complètement obsédée par Demetrius, même après seulement quelques jours, reste vigilante à la porte de la maison du rabbin Enoch, essayant de surveiller l'arrivée possible de son bien-aimé dans la région.

Cette nuit-là, se rendant compte qu'il y avait d'autres personnes sur les lieux, Adelinda a obtenu des informations en échange d'argent de la part d'un serviteur, qui a confirmé que les hommes étaient arrivés.

Sans perdre de temps et visiblement bouleversée, Adelinda entre dans la chambre de Démétrius avec l'aide du serviteur sans que personne ne s'en aperçoive. En voyant Démétrius, Adelinda dit immédiatement :

-Mon amour, tu ne sais pas combien de temps j'ai attendu ce moment.

-Que faites-vous ici ?

Je t'ai attendu tout ce temps. Maintenant, tu peux réaliser la promesse de ce jour où je me suis donné à toi, que nous consacrerions notre amour et notre consort.

-Elle est folle. C'est une idiote. Pensiez-vous qu'une seule nuit de plaisir ignoble me ferait tomber amoureuse de vous ? Pour moi, tu n'es qu'une autre des nombreuses femmes qui ont eu des relations avec moi. Je ne t'ai jamais aimée

-froidement, il poursuit : - Sortez d'ici immédiatement, car je ne veux pas que quelqu'un vous voie.

Essayant de faire changer Demetrio d'avis, Adelinda a dit :

-Ne parle pas comme ça. Tu te trompes, je suis la femme de ta vie. Rappelle-toi que tu m'as juré un amour éternel et un consortium heureux. De plus, j'ai donné naissance à un enfant, notre fils, qui représente l'amour que nous avons l'un pour l'autre. Nous resterons ensemble et rien ne nous séparera.

Démétrius, furieux, la gifla et elle, incapable de supporter le poids du coup, tomba à terre en pleurant convulsivement. Sans la moindre commisération, il dit hardiment et froidement :

-Combien de femmes ont fait cela. D'innombrables femmes sont arrivées avec un enfant dans les bras en prétendant que c'était le mien ou ont donné naissance à des enfants que je n'ai jamais rencontrés. Ce n'est pas différent pour toi, tu n'es qu'une autre.

Démétrius continue de crier des insultes et des humiliations successives. Silencieusement, Adelinda reprend des forces, se lève, essuie le sang sur son visage et, prise d'une fureur incontrôlable, ne se retient pas. Elle prend un poignard sur une table voisine et, avant que Demetrio ne s'en rende compte, se jette sur lui. Elle le frappe violemment, encore et encore, sans aucune pitié.

Sans force, il tomba à terre et y resta jusqu'à ce qu'une forte hémorragie scelle ses lèvres pour cette vie, car c'était la fin de son histoire.

Tourmentée, Adelinda comprend qu'il est mort. Prise d'une folie incontrôlable, comme poussée par des forces supérieures, elle reprend le poignard et, dans un geste désespéré, se tranche les poignets. Elle s'allonge difficilement à côté du corps inerte de Démétrius, attendant la mort, espérant qu'il aura pitié de son cœur ulcéré.

Quelque temps plus tard, ces cœurs ont cessé de battre.

Pendant ce temps, dans le monde invisible, des êtres angéliques tentent de les accueillir, mais le lien de douleur entre Adelinda et Demetria a chassé la lumière qui les entourait.

Une ombre dense recouvre leurs esprits et leurs cœurs, ils sont rassemblés là par des trans-êtres.

"Ils se sont formés à l'obscurité et, à partir de là, ils ont suivi un chemin de haine, de chagrin et de mort qui les lierait pour de très nombreuses vies.

* * *

Au domicile de Rabbi Enoch, un serviteur entre dans la chambre de Démétrius et le trouve, ainsi qu'Adelinda, allongés sur le sol. Il s'empresse de raconter ce qui s'est passé.

Éliézer, étonné, demanda :

-Qu'est-il arrivé à ce malheureux ? Servio, avec une froideur visible, dit :

-D'après le scénario, tout porte à croire qu'il s'agit d'une histoire d'amour non partagée, mais ce qui m'importe, ce sont mes intérêts et rien d'autre. J'espère seulement que nos plans ne seront pas affectés par cet événement. Récupérez le corps de Démétrius et partez avec, pour que Daniel ne sache pas que nous sommes encore là. Vous serez informés de mon arrivée en temps voulu.

-Rassurez-vous, rien ne changera nos objectifs - dit Eliezer avec mépris.

-Qu'allons-nous faire de la femme ? - demande Enoch. - Je ne peux pas permettre que cela obscurcisse notre caractère apparent. Comment vais-je expliquer cela à la société ?

Le serviteur, effrayé, ose intervenir :

-Messieurs, je sais qui c'est !

-Allez, dites-nous tout de suite ce que vous savez", a-t-il ordonné Enoch.

-Elle est la fille d'un homme d'affaires et de Christian Daniel.

Le visage de Servio ne cachait pas sa haine et il dit froidement :

-Il faut la faire sortir d'ici. Je vous donnerai une bonne somme pour votre secret et la disparition du cadavre.

Le serviteur avide accepta l'offre et partit remplir son contrat. Au bout de quelques instants, il repéra un endroit désert dans la rue. Après s'être assuré que personne ne regardait, il laissa Adelinda étendue sur le sol et partit rapidement.

* * *

Quelque temps plus tard, un homme appelé Guilherme, sa femme et leur fils sont passés devant l'endroit dans une sorte de voiture, lorsqu'ils ont vu la jeune femme. Guilherme s'est arrêté, est sorti de la voiture et s'est penché pour essayer d'identifier qui c'était. Surpris, il dit

-Par Dieu, elle est la fille de Daniel, le chrétien.

-Que s'est-il passé ? - demande sa femme.

-Je ne sais pas, mais Daniel a toujours été un homme gentil et charitable. Nous ne pouvons pas la laisser ici. Notre fils a appris à lire avec Théodore le Grec. Je lui suis très reconnaissante : dans un geste spontané, il l'a prise dans ses bras, l'a installée dans le véhicule et a dit : "Ramenons-la à sa famille, pour qu'elle ait une vie normale : - Ramenons-la à sa famille, pour qu'elle ait une sépulture digne de ce nom.

Sans perdre de temps, ils se sont mis en route vers leur triste destination : remettre le corps inerte d'Adelinda à sa famille.

* * *

Chez Daniel, inconscient des derniers événements, tout le monde organise les marchandises pour le commerce lorsqu'ils sont surpris par Guilhermo.

Théodore l'accueille spontanément et chaleureusement. Aussitôt, Guilhermo lui raconte les derniers événements, en lui montrant le corps d'Adelinda.

Le Grec, l'air triste et inquiet, caresse le visage de la jeune femme avec complaisance. Pendant ce temps, Hermès et Pompée s'approchent et apprennent les faits :

-Comment Daniel et Déborah vont-ils prendre la nouvelle ? - dit Pompée. - J'ai peur pour eux.

-Je partage vos inquiétudes", dit Théodore, "mais soyons forts et soutenons nos amis. Venez, emmenons Adelinda dans la salle de prière.

Ils se dirigent rapidement vers Iá et tentent de la ranger pour éviter un choc au cœur de ses parents.

Quelques instants plus tard, Guilhermo, respectueux et plus soulagé, est parti avec un sentiment de plénitude, les laissant poursuivre le travail qu'ils avaient commencé.

✲ ✲ ✲

Lorsque les étoiles ont brillé dans le ciel, Daniel, Débora et Nina ont été appelés et, inquiets, sont allés voir leurs amis.

À leur arrivée, le triste paysage annonçait l'inévitable.

Théodore leur a raconté les faits avec amour.

Débora s'approche lentement d'Adelinda. Lorsqu'elle s'aperçoit qu'elle est morte, elle ne peut supporter l'émotion et, entre deux sanglots, elle s'évanouit.

Avec précaution, Pompée l'installe sur un siège voisin, tandis que Nina reste aux côtés de sa mère. Quelque temps plus tard, la femme de Daniel se rétablit, mais sa douleur était digne de compassion et l'atmosphère était remplie d'une paix inexplicable.

Daniel tente de la calmer et lui dit affectueusement:

-La mort physique ne résout pas toutes les situations qui nous conduisent à l'obscurité, mais elle nous fait réfléchir à l'effort que nous devons faire pour nous libérer des passions néfastes qui blessent et qui sont le reflet du gâchis de nombreuses vies. Nous devons accepter la mort comme une continuation de la vie et un but pour perfectionner notre source inépuisable d'amour et de foi. Revenir au noyau d'origine signifie recevoir les récompenses après la lutte individuelle de chacun d'entre nous, mais dans le cas d'Adelinda, nous devrions simplement la confier aux mains de Jésus et nous réserver dans la prière - à la recherche d'un moyen de s'en sortir.

Trouvant l'inspiration, il poursuit : Seigneur Jésus, apprenez-nous à recevoir l'épreuve de la mort comme une porte vers la vraie vie.

Apprends-nous à accueillir l'épreuve de la mort comme une porte vers la vraie vie ; mûris notre compréhension lorsque nous sommes penchés sur le berceau vide, entre l'inobservation de tes Lois et les larmes de ne pouvoir les accomplir.

Elle nous aide à faire en sorte que les souvenirs soient la contemplation du bonheur vécu et non l'angoisse qui transforme la vie en abîmes de remords ; elle nous libère de la stagnation d'un désespoir non contenu, lorsque nous nous accrochons à des vêtements ou à des objets comme s'ils étaient des dieux ayant le pouvoir de ramener ceux qui n'ont plus le souffle de la vie ; Fortifie-nous à nouveau avec le trésor du désir sincère, qui confirme la vie au-delà de la tombe et unit pour toujours les chemins de ceux qui se sont liés dans l'amour, que ce soit sur la terre ou dans le monde céleste ; réconforte-nous pour que nous puissions reprendre nos devoirs éternels d'enfants de Dieu et de serviteurs de ta tâche; comprends-nous, Seigneur, cœurs affaiblis quand nous ne jouissons plus de la compagnie des amis défunts, et libère-nous de l'égoïsme de vouloir que tes enfants soient réfugiés pour toujours parmi nous ; guéris-nous la douleur du départ sans regretter sa magnanimité ; il nous apporte la vision de reconnaître que notre rétablissement résidera dans l'acceptation de l'accomplissement de ses desseins et non notre volonté. Maintenant, Seigneur, avec les blessures d'hier complètement guéries par la médecine de la prière, nous te remercions d'avoir eu compassion de nous ".[67]

Pendant ce temps, dans le monde invisible, des figures célestes se partageaient la pièce, les enveloppant d'une lumière bleutée apaisante. Pour ces cœurs, il ne leur restait plus qu'à accepter et à se préparer à l'enterrement à l'aube.

✸ ✸ ✸

Les jours ont passé...

Ce matin-là, Eliezer, accompagné d'Enoch et d'autres rabbins, se promenait dans les rues commerçantes lorsqu'il vit Daniel et Pompée s'entretenir avec un groupe de personnes désireuses d'entendre les récits de Jésus-Christ.

Regarde, Enoch, c'est le fils de Servio, et qui est à côté de lui ? - Il continua en ayant du mal à s'identifier : - Cet homme était mon serviteur ! Démétrius m'avait dit qu'il était mort.

-Je me souviens vaguement de ce serviteur, mais pour autant que nous le sachions, il était mort. Il doit y avoir une erreur, car cet homme est le mari de la fille de Daniel. Il s'est converti. Il a rejoint le christianisme et suit depuis les traces de Daniel. On dit qu'il est son ombre.

-Si je ne me trompe pas, ce malheureux est mon serviteur. Il subira bientôt le poids de ma colère. D'autant plus qu'il est devenu chrétien.

Ces chrétiens nous confrontent toujours", a déclaré Enoch. - Depuis qu'ils sont arrivés ici, ils s'arrêtent sur nos routes pour évangéliser au nom de Jésus. Les ombres de Saul de Tarse résonnent

---

[67] (N.M.) La page "Prière à ceux qui sont restés sur terre" citée ici a été publiée dans le livre *Vivre l'espoir*, par l'esprit Ferdinand - psychographié par Gilvanize Balbino Pereira.

encore parmi nous et beaucoup d'entre eux nous confrontent, disant qu'ils ont suivi les traces de ce traître.

-Calmez-vous, j'ai pensé à quelque chose pour les attirer à nous. Nous ferons en sorte que Pompée soit accusé de vol et mis en prison. Daniel ne tardera pas à nous demander de le sauver. Une fois qu'ils seront tous deux sous notre garde, nous les exécuterons sans la moindre pitié.

-Je peux le faire très facilement. Dans cette région, au milieu du commerce, un code est très sévère pour ceux qui volent. Ce n'est pas toléré ici. Je m'occupe des poursuites aujourd'hui. Nous ne pouvons plus perdre de temps.

* * *

Dans l'après-midi de ce même jour, alors que Daniel et Pompée évangélisaient un groupe de personnes, trois hommes, dûment guidés et payés par Enoch, s'approchèrent d'eux.

L'un d'eux ouvre la voie et lance un cri :

-Oui, je le reconnais", dit-il en désignant Pompey.

- C'est l'homme qui a volé mes biens.

Je veux la justice.

Une émeute a éclaté.

Daniel tente vainement de défendre son ami, mais en vain. Sans pouvoir rien faire, Pompée est emmené dans une sorte de prison à côté de la synagogue, gardée par les rabbins.

-Mon fils, ne t'inquiète pas", dit Daniel. - Je ferai tout ce que je peux pour dissiper ce malentendu. Garde la foi et fais confiance à Jésus.

Avec fermeté, les hommes sont partis. Daniel rentre immédiatement chez lui et informe sa famille des derniers développements.

-Malheureusement, l'homme qui l'a accusé avait le soutien des rabbins. Il sera donc jugé par eux, ce qui m'inquiète beaucoup car nous sommes chrétiens.

-"Papa, dit Nina, nous savons qu'il est innocent. Pourquoi ce mensonge ? Pour l'amour du ciel, qu'allons-nous faire ?

-Calme-toi, mon enfant. J'irai là-bas et j'essaierai de prouver l'innocence de Pompée. Je ne comprends pas, car notre but était de passer la journée ensemble, à évangéliser les villages voisins. Nous nous sommes arrêtés à la boutique pour abreuver les chevaux et l'instant d'après, un groupe de personnes s'est approché de nous et nous a demandé de parler de Jésus. Soudain, un homme s'est mis à crier. Je veux me tromper, mais quelque chose dans mon cœur me dit que nous sommes en train de tomber dans une embuscade. C'est pourquoi nous devons être prudents. Je veux que vous restiez ici en toute sécurité.

-Je ne te laisserai jamais partir seul", dit Hermès. -

Je l'accompagne. Les femmes resteront ici et attendront que Thédore revienne de ses leçons. Confiantes en Jésus, elles auront bientôt de nos nouvelles.

Daniel, même s'il n'est pas heureux de la décision de son ami, car il est aussi inquiet pour son propre bien-être, accepte son soutien et ils se mettent rapidement en route.

Dans la partie juive de Byzance, Pompée est emmené dans un lieu situé à côté de la synagogue, que les rabbins occupent pour leurs études et leurs réunions, mais aussi pour discipliner ceux qui défient leur religion.

Avec dextérité, Enoch organisa les lieux et, s'appuyant sur ses amis de confiance, attendit l'arrivée de Daniel. Servio était assis sur un siège bien en vue, où une colonne romaine lui garantissait une meilleure position.

Soudain, Daniel et Hermès entrent dans la pièce.

Lorsque Servio vit son fils, il se leva. La haine rougit ses yeux et, avec froideur et fureur, il s'approcha de lui :

- Eh bien, eh bien, si ce n'est pas Daniel, l'ingrat. Celui qui a renoncé à une vie prometteuse et à sa famille, surtout à moi, pour devenir un misérable chrétien. Il a agi comme mon maudit cousin Saul de Tarse, qui a renoncé à ses origines pour devenir un adepte du fou Jésus-Christ - il s'est tenu face à son fils et a continué. Pendant toutes ces années, j'ai cru que j'étais mort. Je me suis lourdement trompé - poursuit-il avec ironie - mais cela signifiait que, d'une manière ou d'une autre, j'étais mort : - mais cela signifiait que, d'une manière ou d'une autre, mon honneur avait été préservé et, surtout, vengée.

A cet instant, Daniel réalisa que Pompée n'avait servi que d'appât pour l'amener jusqu'ici. Le but de ces hommes, c'était lui.

Il y avait le fils de Servio, introspectif, silencieux et humble, qui gardait ses pensées sur Jésus, cherchant l'équilibre face à ce scénario hostile. En écoutant les dures paroles de son père, il est offensé par les autres ennemis implacables qui l'enveloppent d'un épais brouillard de haine.

-Je fais appel à votre compassion et vous demande de libérer Pompee. Il est innocent", dit Daniel avec fermeté.

-Après tant d'années", dit Servio, "je le retrouve vivant. Il a fondé une nouvelle famille et le voici devant moi. En d'autres temps, ton arrogance et ta suffisance me plaisaient, mais maintenant c'est une offense.

Daniel, réalisant que l'atmosphère devient de plus en plus hostile, tente de gagner du temps :

-Le jeune homme est innocent. Laissez-le partir. Si vous voulez sacrifier quelqu'un, que ce soit moi. Je prendrai sa place, car je sais quel est votre but.

Hermès, visiblement bouleversé, tente de persuader Daniel de changer d'avis, mais ses efforts sont vains.

Servio, pris d'une rage incontrôlable, lui assène un coup de poing serré au menton, sans compassion.

-Maudit sois-tu, je préférerais que tu sois mort, tu n'es pas le fils que j'ai élevé. Tous les jours de ma vie, j'ai détesté le disciple du charpentier, celui qui s'appelle Marc. C'est lui qui t'a transformé en ce que tu es devant moi. La fierté que j'avais en toi lorsque tu te préparais à devenir rabbin s'est transformée en mépris et en haine.

Daniel reçoit le coup en silence et, après avoir essuyé le sang de sa lèvre et s'être remis, il intervient :

Je suis condamné à votre mépris depuis longtemps, mais je n'ai jamais nourri de haine à votre égard. Je comprends simplement votre position, qu'après tout, je n'occuperai jamais. Je comprends vos convictions et les différences qui nous ont éloignés l'un de l'autre. J'ai remis ton esprit entre les mains de Jésus. Dans cette vie, nous sommes peut-être père et fils, mais je sais que nous avons retrouvé des faits que nous ignorons. Tout au long de ma vie, j'ai appris de Jésus : "Les vrais parents de Jésus" "Alors sa mère et ses frères arrivèrent et, se tenant dehors, l'envoyèrent chercher. Une foule était assise autour de lui. Ils lui dirent : "Voici que ta mère, tes frères et tes sœurs te cherchent dehors. Il dit : "Qui sont ma mère et mes frères ?" Et regardant ceux qui étaient assis autour de lui, il dit : "Voici ma mère et mes frères. Celui qui fait la volonté de Dieu, c'est mon frère, ma sœur et ma mère".[68]

Aujourd'hui, je sais que ceux qui font et acceptent la volonté du Seigneur, qui comprennent ses positions et travaillent au nom de Jésus, sont ma famille. Marc a été un père pour moi, et si je suis ce que je suis aujourd'hui, je le lui dois, parce que j'aime mon credo, auquel j'ai remis mon existence.

---

[68] (N.A.E. Bernard) Marc 3:31-35

Entre-temps, une autre catastrophe a attiré l'attention de tous.

Rapidement, une agitation générale et soudaine s'est répandue la terreur et la crainte.

Sous ses pieds, la terre a été violemment victime de "secousses sismiques"[69] successives.

En un rien de temps, les colonnes s'effondrèrent, tandis que les murs s'effritaient et s'écroulaient sans pitié.

Soudain, et en plein désespoir, une colonne s'effondre sur Servio. Eliezer, ignorant les appels à l'aide de ses amis, se met à courir, mais un obstacle le fait tomber à terre, puis un pan de mur le condamne à mort. Enoch subit le même sort et est victime des débris.

Servio gémit de douleur sous les décombres. Daniel, rempli de compassion, se précipite pour tenter de sauver son père, lorsqu'il est violemment percuté par une autre colonne, ce qui lui fait perdre connaissance.

Quelque temps plus tard, la scène est triste...

Dans les rues, des gens terrifiés se rassemblent tentaient de se mettre à l'abri et aidaient les blessés par tous les moyens possibles. Après la grande secousse, les petites vibrations se sont poursuivies sans compassion.

La ville de Byzance a été pratiquement massacrée.

---

[69] (N.A.E. Bernard) Ce fait n'a pas été consigné par les historiens dans les pages de l'Histoire ancienne. Cependant, nous nous sommes efforcés, sans fantasmer, de relater les faits qui ont été retrouvés, car ils sont d'une grande importance pour cette histoire et ses personnages.

De l'autre côté de la ville, la résidence de Daniel n'a pas été épargnée.

Une partie de la maison a été détruite, il ne reste plus que la salle de prière. Thédore a été blessé lors de l'effondrement. Nina s'est occupée avec amour de son ami.

Débora a soutenu sa fille, mais, désespérée, elle a dit :

-Mes chéris, par la grâce de Jésus, nous allons bien et nous n'avons perdu que des biens matériels que le temps nous aidera à récupérer. Même s'il a été blessé lors de l'effondrement d'une partie de notre maison, Thédore va bien", poursuit-elle à travers des larmes convulsives : - Mon cœur est dans l'angoisse. Pour l'amour de Dieu, où seront Daniel, Hermès et Pompée après ce désastre inattendu ?

Thédore, plein de compassion, la serre dans ses bras, essayant vainement de la réconforter :

-Je suis très inquiet de savoir où se trouvent nos amis. Nous ne comprenons pas exactement ce qui s'est passé, mais nous ne pouvons plus perdre de temps. Retrouvons-les.

-Nous irons avec vous", propose Deborah. - Je prie Jésus pour qu'ils soient vivants...

Sans perdre de temps, ils sont partis, portant dans leur cœur l'espoir de retrouver leurs amours...

✷ ✷ ✷

Pompée, tout blessé qu'il était, se fraya un chemin à travers les décombres de la grande salle à la recherche de ses deux amis. Au milieu de deux corps déchiquetés, enterrés à son grand chagrin, trouva Hermès. Il tente de le secourir, mais se rend compte qu'il est inanimé : Hermès est mort.

Stupéfait, il poursuit ses recherches lorsqu'il découvre Daniel inconscient. Il courut rapidement pour essayer de le sauver. Même seul, il lançait des paroles en l'air.

- Il est vivant. Jésus, donnez-moi la force d'enlever ces débris de lui... Je te prie de le garder avec nous, car il est comme un père pour moi, et je ne peux pas m'en passer. Par pitié, Seigneur, donne-moi le courage d'affronter une situation aussi douloureuse.

Ce cœur luttait pour trouver des forces, lorsqu'il réussit à le libérer du poids des pierres.

Avec difficulté, il libéra Daniel de ce grand malheur. Pompée, cherchant dans ses entrailles une force herculéenne, le prit dans ses bras et partit rapidement, car le danger de rester là était imminent.

Une fois dehors, il déposa délicatement son ami sur le sol et, avec l'affection d'un enfant, lui berça la tête pour lui apporter un peu de réconfort.

Il est soudain surpris par Thédore, Nina et Débora.

Nina, en le voyant, se précipite joyeusement pour le serrer dans ses bras. Thédore, avec un sourire discret, le salue et lui demande :

-Où est Hermes ?

Pompée baissa la tête, n'oubliant pas ses larmes, et dit :

-Il est mort.

-Nous devons retourner là-bas pour récupérer le corps", dit tristement Thédore. - Donnons à notre ami un enterrement digne de ce nom.

Pendant que Daniel reçoit l'attention des femmes, les deux hommes apportent le corps d'Hermès.

Désespérée, Deborah fait ce qu'elle peut pour sauver son mari. Son cœur bat la chamade et sa souffrance est digne de commisération.

-Mon affection, pour l'amour de Jésus, ne m'abandonne pas. Reviens parmi nous et fais-moi sentir à nouveau ton souffle de vie. Oh, Dieu, apprends-moi à affronter la difficile réalité sans blâmer personne, mais si la réalité signifie la chaleur de mon amour, dans la miséricorde, apprends-moi à vivre...

Avec difficulté, Daniel tient la main de sa femme, l'embrasse et s'effondre.

Ils l'ont retiré avec précaution de cet environnement hostile, où la mort était évidente. Ils ont dû relever le grand défi de traverser les rues encombrées et bondées jusqu'à ce qu'ils atteignent la résidence.

***

À leur retour, un lit a été improvisé dans la salle de prière et Daniel a été accueilli avec amour car, à la grande inquiétude de tous, il était vivant mais encore plongé dans un profond sommeil.

Après s'être assurés qu'il était sain et sauf, ils ont préparé l'enterrement d'Hermès avec sympathie et respect.

À la tombée de la nuit, tout le monde reste aux côtés de Daniel, dont l'état de santé n'est pas des meilleurs.

Pendant ce temps, dans l'invisible, la simple salle fut soudain envahie par une lumière bleutée qui emplit d'une paix indescriptible le cœur des émissaires célestes qui veillaient sur Daniel.

Au milieu du grand flash, la silhouette de Marcos est apparue.

-Elle était rayonnante.

L'apôtre de Jésus se rendit calmement et brillamment au chevet de son bien-aimé. Daniel, libéré de son corps ulcéré par un sommeil profond et libéré des ulcères qui le massacraient, était à ce moment-là sain et robuste.

Lorsqu'il l'a vu, Daniel s'est agenouillé et a embrassé sa main droite. Marcos, avec un amour intense, l'a pris par les bras et l'a serré dans ses bras, comme un père aimant.

"Marc, dit Daniel au milieu d'abondantes larmes, si je suis ici, c'est parce que je suis mort. J'ai toujours rêvé de te retrouver un jour et ceci est un baume qui apaise mon âme.

- Mon fils, que je porte dans mon cœur avec une grande estime et un amour conçu par les mains du Seigneur. Il n'est pas mort, même si son corps a été massacré. Un profond sommeil l'a amené jusqu'à moi parce que c'est nécessaire. Je viens parce que quel père verrait son fils souffrir et l'ignorerait ? Je ne l'abandonnerai jamais. La tâche de conduire les âmes à la reconstruction de leur esprit est grande, en établissant l'illumination des enfants de Dieu sur les fondements de l'instruction. Beaucoup sont morts dans des cirques, sur des poteaux à pétrole, sur des bûchers et sur la croix, et cela ne peut pas avoir été inutile ou méprisé. Dieu, notre Seigneur, veut que les enseignements laissés par Jésus soient le fondement de l'humanité et qu'ils établissent un empire d'amour sur ses enfants. La terre est le berceau d'accueil des esprits qui reviennent pour commencer le grand voyage de la transformation individuelle. Beaucoup d'hommes qui occupent aujourd'hui des positions opposées au Seigneur ont aussi été envoyés par le Seigneur avec la vérité de l'immortalité victorieuse sur tous. Un jour, ils ont pris position et se sont rendu compte que Jésus n'avait pas seulement établi un empire de lumière, d'amour et de raison, mais que, tourmentés par leur propre conscience, ils s'étaient inclinés, rachetés, et qu'ils avaient commencé une nouvelle histoire dans leur existence. Vivre dans la chair représente un travail parfait de qualification constante de l'esprit pour une réalité plus grande, sa propre transformation pour le bien. Pour conquérir le triomphe dans cette transformation, les enfants de Dieu doivent connaître l'Évangile et construire un pont qui les conduira au Seigneur. Si le Christ a été condamné au bois dur de la croix, il continue d'intercéder avec éclat en faveur de la terre. Si les apôtres ont été réduits au silence, la puissance de l'Évangile demeure chez les vrais convertis. Il est important que les enseignements de Jésus triomphent des controverses des hommes. Dieu connaît le cœur de ses enfants et sait combien chacun est limité par la puissance de son amour. C'est pourquoi il a voulu que les vérités du Christ soient proclamées sans distinction par l'Évangile, la bonne nouvelle, et non par un isolement égoïste. Nous devons respecter toutes les religions et leurs lois et attendre le moment où la lumière de Jésus sera apportée aux concepts religieux de la Terre, car eux aussi ont exalté le nom du Dieu unique. Nous ne devons pas mépriser les occasions de préparer le terrain pour ceux qui viendront après vous et feront vivre Jésus, comme vous l'avez fait jusqu'à présent. Pour cette raison et bien d'autres encore, il est encore important pour nous que vous restiez en vie et que vous donniez à Pompee les conditions pour assumer l'œuvre chrétienne d'évangélisation de cette région et de préparation du futur noyau du christianisme désigné par Jésus demande Daniel en regardant son corps :

-Comment puis-je continuer si mon corps est limité et m'empêche d'aller là où se trouvent ceux qui ont besoin de Jésus ?

-Ne vous laissez pas troubler par ce que l'œil voit. Dans le passé, vous vous êtes également demandé si vous étiez prêt à servir le Seigneur. Regarde ton histoire et ce que tu as construit en chemin. Ce n'est pas un accident qui te fera abandonner. Reprenez votre vie. Ayez confiance dans le pouvoir de la prière, parce qu'elle a toujours lié nos esprits. Souvenez-vous qu'avant d'être des individus qui agissent seuls, nos existences sont commandées par Dieu, qui est au-dessus de nous. Dans l'adversité, vous apprendrez à voir la grandeur de l'amour de Dieu, qui nous soutient et nous propulse vers le haut. Personne ne peut s'arrêter de marcher face à une limitation, mais plutôt apprendre que de nombreux autres chemins s'ouvrent lorsque d'autres ont déjà rempli leur mission. Levez-vous renouvelés, en priant et en ayant confiance, car les ombres peuvent rester pour un temps, mais pas pour l'éternité.

- Pardonnez-moi ma faiblesse passagère. J'accepte les desseins du ciel et je m'incline avec résignation devant Dieu. J'aimerais pouvoir me souvenir de toutes tes paroles... Mais je sais que c'est impossible, alors permettez-moi de garder votre image, car cela me suffit pour me rappeler le courage de continuer et de renforcer ma foi...

Marc le serre à nouveau dans ses bras.

S'approchant de Deborah, qui priait à genoux pour la guérison de Daniel, il l'embrassa sur le front, mais elle ne le remarqua pas, elle ressentait simplement une paix indescriptible. Puis il posa sa main sur Daniel, émettant un magnétisme d'amour indiscernable.

Puis il a dit au revoir et a laissé un Daniel ému sous la protection des émissaires bénis qui, tout au long de cette nuit, ont continué à soigner ses blessures ... Et à le préparer à un nouveau réveil.

***

Deux jours se sont écoulés. Ces cœurs se sont efforcés de soulager Daniel de sa douleur et ont prié avec ferveur le Seigneur pour qu'il se rétablisse.

Lorsque le soleil éclatant a annoncé la force d'un nouveau jour, la famille et les amis de Daniel, bien qu'épuisés, n'ont pas hésité à s'approcher de lui, essayant de lui offrir un peu de réconfort face à sa situation limitée.

Pendant ce temps, à la surprise générale, Daniel demande de l'eau. Débora, heureuse et aimante, lui donne à boire :

-Mon amour, que Jésus soit loué, car nous pensions qu'il ne reviendrait jamais à nos côtés.

-Mon amour, je reviens parce que je sais que parmi vous je gagnerai - essayant de bouger ses jambes sans succès, il continue : - Je me rends compte de mon état actuel. Mes jambes, qui étaient mes conseillères, sont maintenant mes ennemies. Il va falloir que j'apprenne à recommencer.

Deborah, les larmes aux yeux, intervient :

Je serai tes pieds pour te guider là où Jésus doit t'instruire, mais ne me laisse pas me perdre sur les routes de l'ombre ; je serai tes jambes pour te soutenir et te rappeler combien Jésus est source de lumière, de courage et de foi ; je serai ton corps et ensemble nous triompherons et ne laisserons pas l'Évangile de Jésus se taire ; mais je ne peux pas être ton esprit, parce que ce sera ton esprit qui nous instruira vers le ciel, comme il l'a toujours fait, ni tes paroles, parce qu'en elles l'apôtre Marc parle à travers toi et ton amour... Et si mes bras s'affaiblissent à cause du temps qui passe, quand mes cheveux neigeront sans pitié, annonçant que la vieillesse ne m'a pas été épargnée, je chercherai dans le Seigneur la force de dire simplement : je continuerai à t'aimer silencieusement.

Daniel n'a pas pu cacher ses larmes et a reçu avec affection l'expression de l'amour de sa femme. Cela a scellé dans son cœur le courage d'affronter les jours à venir.

L'émotion emplit le cœur de chacun, tandis que l'atmosphère est enveloppée d'une paix qui émane de l'invisible, car il n'y a plus qu'à continuer.

✲ ✲ ✲

Le temps s'écoule jour après jour et les habitants du village poursuivent leur vie quotidienne du mieux qu'ils peuvent.

Les tremblements de terre ont laissé de profondes cicatrices dans la vie de ceux qui ont perdu leurs biens matériels et, surtout, qui ont trouvé dans la chaleur de la foi la force d'affronter leurs pertes les plus précieuses : leurs amours.

Au milieu de nombreux sacrifices, les gens ont reconstruit leurs maisons et il ne leur restait plus qu'à accepter, à travailler et à espérer une vie après la mort.

Avec la destruction du temple juif, la mort d'Enoch, d'Eliezer et de Servio, les rabbins locaux se sont organisés pour maintenir leur foi en vie dans le village.

D'autre part, le christianisme se renforce grâce aux efforts de la famille de Daniel. Les écrits de Marc ont continué à être reproduits, distribués et utilisés par les convertis, qui se sont répandus dans de nombreuses régions.

Cependant, nous ne pouvons pas ignorer le fait que les frictions entre les Juifs, les diverses religions locales et les disciples du Christ étaient évidentes. L'insatisfaction, les conflits et les accusations injustes divisaient la vie quotidienne de cette société.

Les écrits de l'apôtre Barthélemy, de Matthieu, de Marc et de Jean y sont également parvenus et ont servi de base à l'évangélisation de ces cœurs.

Pendant ce temps, Daniel reçoit l'affection de ses proches et se rétablit peu à peu. Cependant, la co-lune de marbre qui lui est tombée dessus a laissé une marque profonde. Il ne peut plus marcher. Il est resté avec

-Il suffit d'accepter la nouvelle situation.

Pour lui, Déborah était l'ange béni que Dieu lui avait donné pour vivre à ses côtés. Leur amour réciproque s'est renforcé et, malgré de nombreuses difficultés, Daniel a accepté sa nouvelle condition sans se plaindre.

Avec beaucoup de courage, ils reconstruisent la salle de prière et y fondent la première "église" de Byzance.

Daniel et Théodore ne tardent pas à préparer Pompée à poursuivre l'œuvre d'évangélisation.

Sans abandonner leur travail de subsistance, lorsqu'ils partageaient leur temps dans le commerce, ils gardaient leurs tâches chrétiennes comme objectif principal, soutenant ceux qui étaient dans le besoin, ceux qui cherchaient des nouvelles de Jésus. Ils ont également copié et distribué les Évangiles.

Cette nuit-là, des hommes et des femmes, avides du Maître, attendaient le moment où la prédication commencerait.

Comme d'habitude, pour donner de la force à Pompee, Daniel a dit avec amour :

- Mes amis, je sais que vous essuyez les larmes qui mar-

Je demande aux personnes présentes d'accueillir Pompée, qui est mon fils, dans leur cœur, car il apportera les enseignements de l'apôtre Marc à leurs âmes enthousiastes. Je prie les personnes présentes d'accueillir dans leur cœur Pompée, qui est mon fils, car il apportera les enseignements de l'apôtre Marc à leurs âmes enthousiastes...[70]

Pompée n'a pas caché son émotion, mais il n'a pas hésité,et a trouvé dans son entourage

une atmosphère favorable et aimante, qui l'a enveloppé d'une lumière intense.

Avec objectivité, il a lu ce qui suit :

- L'un des scribes qui avait entendu la discussion, reconnaissant qu'il avait très bien répondu, lui demanda : "Quel est

---

[70] (N.A.E. Ferdinand) Marc, 12:28-34

le premier de tous les commandements ? Jésus répondit : "Le premier est : Écoute, Israël, le Seigneur notre Dieu est seul Seigneur, et tu aimeras le Seigneur ton Dieu" de tout ton coeur, de toute ton âme, de tout ton esprit et de toute ta force. Le second est celui-ci : "Tu aimeras ton prochain comme toi-même. Le scribe lui dit : "Très bien, Maître, tu as raison de dire qu'il est le seul et qu'il n'y en a pas d'autre en dehors de lui, et que l'aimer de tout son cœur, de tout son esprit et de toute sa force, et aimer son prochain comme soi-même, c'est plus que tous les holocaustes et tous les sacrifices. Jésus, voyant qu'il avait répondu avec intelligence, lui dit : "Tu n'es pas loin du royaume de Dieu. Et personne n'osa plus l'interroger."

Pompée, enveloppé d'une inspiration supérieure, dit :

- Interrogé sur les lois, Jésus les a résumées en deux maximes qui nous renvoient à l'amour. Mais on ne peut pas parler d'amour en oubliant le travail et la libération de l'inaction. Comment l'amour peut-il se perpétuer dans nos cœurs au-delà de notre connaissance ? Par une conversion authentique et véritable. Celui qui supporte tout et ne rejette pas sur le Seigneur les obstacles qui surgissent tout au long de la vie. L'esprit de Jésus habite en nous et c'est de lui que vient la force qui nous pousse à aller de l'avant, en reconnaissant que nous devons transformer nos ombres intérieures en lumière. Ces lois franchiront les portes du temps et, lorsque nous reviendrons dans d'autres vies, elles nous lieront au Seigneur. Pour que l'amour se perpétue, nous ne pouvons pas nous limiter à une seule existence, car nous sommes les enfants de beaucoup, beaucoup de vies. Il n'y a pas de mort et rien ne sera caché à la sagesse céleste. Nous avons tous été invités à expérimenter les lois de l'amour et elles ne se taisent pas dans la tombe, mais elles renforcent le fait que l'amour est éternel et qu'il sera toujours le fondement de notre transformation. Jésus a parlé de vies successives et, surtout, d'amour universel et non pas à sens unique entre les créatures, mais de ce sentiment généreux décrit dans les Évangiles. Marc aimait le Seigneur et ne le connaissait pas.

Il a établi dans ses écrits sur Jésus son action constante, basée sur l'amour rationnel, celui qui comprend, enseigne et libère. Chacun a reçu la responsabilité de son existence, mais la foi est le soutien qui élève volontairement, par la raison et l'instruction, la libération de la souffrance. Même face aux obstacles naturels ou non, il y a des occasions de pratiquer les lois de l'amour du Seigneur et du prochain. Pour ce faire, rappelons-nous que Jésus nous exhorte à nous aimer nous-mêmes, afin d'enregistrer en nous la force du Royaume de Dieu. Nous serons toujours confrontés à des luttes incessantes qui commencent et parfois n'ont pas de fin, mais Jésus est avec nous et cela suffit pour que nous obtenions le triomphe divin. Soutenons la prière, car elle nous renouvelle et nous rapproche de Dieu : "Seigneur Jésus-Christ, nous te saluons comme l'empereur des hommes et comme le sénateur légitime de toutes les lois. Nous sommes conscients que notre élévation au Royaume de Dieu peut aussi signifier des larmes, alors, par miséricorde, transforme-les en joyaux éternels afin que nous n'oubliions jamais que notre cause s'appelle : l'Évangile du Renouveau. Apprends-nous à recommencer avec dignité, en acceptant ta volonté et pas seulement la nôtre. Donne-nous le pouvoir des mots pour qu'ils traduisent nos sentiments et que nos cœurs deviennent un grand réservoir d'amour et de compréhension de tes enseignements. Libère-nous de la peur écrasante et que chaque témoignage d'amour nous élève jusqu'aux portes du ciel, donne-nous tes mains pour que nous soyons forts face à la vie et compréhensifs face à la mort. C'est pourquoi, dans chaque larme ou sacrifice, soyons certains que nous ne sommes pas seuls et que nous sommes préparés à se battre avec les bonnes armes : l'amour, la foi rationnelle, l'espoir en l'avenir et le courage d'aller de l'avant...".

L'attitude simple et sincère de Pompée a touché les personnes présentes, qui ont absorbé en silence le magnétisme de ces mots d'amour.

En clôturant la rencontre de la lumière, il a cherché l'inspiration au plus profond de lui-même et a prié, tandis que les personnes présentes répétaient ses paroles à haute voix, en chantant un chant d'amour qui remplissait leurs cœurs de foi, de courage et d'amour, parce qu'ils seraient, à partir de ce moment, sous le soleil d'une nouvelle aurore...

"Notre Père qui est aux cieux. Que ton nom soit sanctifié.

Que ton règne vienne. Que ta volonté soit faite sur la terre comme au ciel.

Donne-nous aujourd'hui notre pain quotidien. Pardonne-nous nos offenses, comme nous pardonnons à nos ennemis. Et ne nous laisse pas tomber dans la tentation, mais délivre-nous du mal. Qu'il en soit ainsi..."

Fin de l'histoire

Personnages Caleriados

Nom	Description
Abdias	Ami de Daniel, fils de Servio.
Adelinda	Fille de Zafira, qui a été adoptée par Daniel et Débora.
Ambrosio	Marchand, converti à la foi chrétienne, époux d'Ol.ia, père de Tamara, frère de Tercio et ami de Mü.rcos (l'apôtre - l'évangéliste)
Ananias	Homme faisant partie du groupe de sécurité des rabbins de Byzance.
André	Le premier pêcheur d'hommes, le frère de Pierre. "Il a été le premier des douze à être appelé par Jésus. Il était le frère de Pierre et également pêcheur. Avant de suivre le Maître, il était disciple de Jean le Baptiste, qui l'a envoyé avec un autre homme non identifié (peut-être Jean l'Évangéliste) pour le suivre. Les traditions indiquent qu'il est allé prêcher l'Évangile dans des lieux éloignés et qu'il est mort sur une croix en forme de X en Grèce, d'où son corps a été transporté à Constantinople, ce qui a fait de lui le saint patron de cette ville". Disponible à l'adresse suivante <http://www.espirito.org.br/portal/palestras/geap/

| | le ! 2apost.html>. Consulté le : 9 avril 2015. |

Bartholomé	Nathanaël "Bar-Tolmai fils (Bar) de Tolomeo (Tholmal ou Talmai)", né à Canaan, fut plus tard connu sous le nom de Barthélemy, apôtre de notre Seigneur Jésus-Christ, cité dans Jean I, 45:51. Également connu sous le nom d'apôtre du cœur. Son histoire a été racontée dans les livres *Horizonte das cotovias* et *Sa/mos de redenção*, tous deux écrits par l'esprit Ferdinando, un psychologue. écrit par Gilvanize Balbino Pereira.
Benjamin	Serviteur chrétien qui travaille dans la maison de Servio.
Daniel	Fils de Servio, juif converti au christianisme, qui a joué un rôle majeur dans la diffusion du christianisme en Égypte et à Byzance.
David	Fils de Daniel (fils de Servio) et de Tamara (fille de Ambrosio et Otila).
Débora	La femme de Daniel et la mère de Nina.
Démétrius	Égyptien, homme de confiance d'Eliezer, qui se rend à Byzance à la recherche de Daniel et entretient une relation avec lui. avec Adelinda.
Eliezer	0 rabbin, ami de Servio.
Enoch	Rabbin, chef religieux de Byzance, ami d'Eliezer.
Ezéchiel	Christian, ami de Daniel, Théodore et Hermès.
Filipe	Apôtre du Christ, Philippe était originaire de Bethsaïde en Galilée. Jean le mentionne à plusieurs reprises dans son Évangile. Il raconte que Jésus a appelé Philippe dans la jour après les vocations de Pierre et André.

Guilhermo	L'ami chrétien de Daniel.
Hermes	Un homme a infiltré le milieu chrétien sur ordre Service et Rabbi Eliezer.
Ian	Juif, 1 époux de Deborah.
Joao Marcos	comme l'auteur du deuxième des Évangiles synoptiques et considéré comme le fondateur de l'Église d'Égypte et de la ville italienne de Venise. La principale source d'informations sur sa vie se trouve dans le livre des Actes des Apôtres.". Disponible à l'adresse : <http://www.dec.ufcg.edu.br/biografias/San Marco.html>. Consulté le : 9 avril 2015. Nous présentons ci-dessous une biographie résumée de Saint Marc.
Joel	Homme qui accueille Marc et Bartholomee, à Louxor.
José	Pasteur qui accueille Marc
Nina	Fille de Daniel et Debora.
Otila	Convertie à la foi chrétienne, épouse du marchand Ambrosio et mère de Tamara.
Paul (ou Saul pour les Hébreux) de Tarse, ou les apôtres des Gentils	"Apôtre du christianisme né à Tarse, ville de Cilicie, le nom le plus important pour la poursuite de l'enseignement du Christ". Disponible à l'adresse : <http://www.dec.ufcg.edu.br/biografias/SaoPaulo.htm>. Consulté le : 9 avril 2015.

Pierre, le prince pêcheur dans le des Apôtres	"Frère de l'apôtre André, était pêcheur dans la mer de Galilée, plus précisément dans la ville de Cafarnun. Il s'appelait Simon, mais il reçut de Jésus le nom de Pierre ou Céphale, qui signifie "pierre" en grec et en hébreu. signifie pierre en grec et en hébreu respectivement. Avec ses frères Jacques et Jean l'évangéliste, elle faisait partie du cercle des intimes de Jésus parmi les douze, participant aux miracles du maître sur terre. Il existe un passage particulier des Évangiles dans lequel Pierre nie à trois reprises être l'apôtre de Jésus. Jésus. Lorsque, comme Jésus l'avait prédit le coq chantée après la troisième négation, Pierre a fondu en larmes. Il est considéré comme le fondateur de l'Église chrétienne de Rome, et l'Église catholique le considère comme le premier pape. Après la mort de Jésus, il est devenu le chef des douze apôtres et figure en bonne place dans tous les récits évangéliques. Il a exercé son autorité sur la communauté chrétienne naissante, soutenant l'initiative de Paul de Tarse d'inclure les non-Juifs dans la foi chrétienne, sans les obliger à prendre part aux rituels d'initiation juifs. Il a été tué à Rome en 64 après J.-C. pendant la persécution des chrétiens par Néron, crucifié la tête en bas selon sa volonté, parce qu'il ne pensait pas être digne de mourir comme Jésus. Son tombeau est situé sous la cathédrale Saint-Pierre au Vatican et est authentifié par de

	nombreux historiens, après avoir été validé par le pape en 1968." Disponible à l'adresse suivante : <http://www.espirito.org.br/portal/palestras/geap/os12apost.html>. Consulté le : 9 avril 2015.
Pompee	Grec, homme de confiance d'Eliezer, qui se rend à Byzance à la recherche de Daniel et tombe amoureux. par Nina.
Rabiah	La mère de Daniel, première épouse de Servio (juive, le commerçant).
Ruth	Épouse de Barthélemy - l'apôtre, son histoire a été racontée dans les livres *Horizon des alouettes* et *Psaumes de la rédemption*, tous deux romans de l'esprit Ferdinand, psychographié par Gilvanise. Balbino Pereira.
Servio	Marchand juif, père de Daniel. De la fa- Paul de Tarse.
Tamara	Convertie à la foi chrétienne, fille d'Ambrosio et d'Otila, La chérie de Tercio.
Théodore	L'ami grec de Daniel.
Tercio	Marchand, converti à la foi chrétienne, frère d'Annbrosio, beau-frère d'Otila et ami de Marcos. (l'apôtre, l'évangéliste). L

~ 318 ~

Versus Lucius Antipas	'histoire de ce personnage a été racontée dans le livre Sa.Iirios de Redenção by the Spirit Ferdinando, psychographié par Gilvanize Balbino Pereira. "Il est romain de naissance et a une grande influence sur les gens qui le craignent à cause de ses affaires lucratives la traite des esclaves".
Yara	Seconde femme de Servio, qui tombe amoureuse d'Ambrosio (un des frères de Damasco).
Zafira	Je sais pour Débora.

Index biblique

Note de clarification du médium : Tous les textes bibliques sont tirés de la version de la "Bible de Jérusalem", nouvelle édition révisée et augmentée. Paulus, São Paulo, 2002

Histoire courte - Jean I, 45:51 Réunion

Chapitre 1 - Marc 4:26-29

Chapitre 2 - Marc 4:23-24 - Marc 2:14 - Marc 12:29-31

Chapitre 3 - Marc 2:15 - Actes 9:1-9

Chapitre 4 - Marc 2:22 - Matthieu 6:26

Chapitre 5 - Marc 4:11-12 - Marc 8:34-35 - Marc 2:1-12 - Marc 12:28-31

Chapitre 6 - Marc 2:17 - Jean 8:12

Chapitre 7 - Marc 1-15 - Paul, Ephésiens 4:23-24 - Matthieu 5:17

Chapitre 8 - Marc 14:3-6 - Paul, Romains 12:16 - Marc 4:13-23

Chapitre 9 - Marc 6:23

Chapitre 10 - Marc 9:43

Chapitre 11 - Marc 2:21 - Marc 12:29-31

Chapitre 12 - Marc 13:31

Chapitre 13 - Marc 13:30

Chapitre 14 - Marc 10:52 - Ecclésiastique 44:1-15

Chapitre 15 - Marc 4:40-41 - Marc 4:1-9 - Marc 4:21-23 - Psaume 23

Chapitre 16 - Marc 1:17

Chapitre 17 - Marc 16:15

Chapitre 18 - Marc 10:45

Chapitre 19 - Marc 1:38

Chapitre 20 - Marc 2:14 - Marc 8:34-38

Chapitre 21 - Marc 8:12-13 - Marc 5:35-43

Chapitre 22 - Marc 4:21 - Marc 5:21-34

Chapitre 23 - Marc 12:41-44

Chapitre 24 - Marc 9:40 - Psaume 91

Chapitre 25 - Marc 4:29 - Marc 4:35-41

Chapitre 26 - Matthieu 4:28 - Paul, Ephésiens 6:10-20

Chapitre 27 - Le coût du mois de mai 1:28

Chapitre 29 - haicos 5:20 - Marc 7-14:23 – Luc 15:11-3

Chapitre 30 - Marc 16:15 - Psaume 63

Chapitre 31 - Marc 11:22 - Marc 7:1-13

Chapitre 32 - Marc 11:25 - Marc 3:31-35 – Marc 12:28-34

Insérer

Mes amis, après avoir étudié les merveilleux et surprenants évangiles apocryphes et les manuscrits de la mer Morte pour la psychographie du livre Verdades que o tempo nãoâ eraga, des esprits Ferdinand et Bernard, j'ai revisité le fragment 7Q5, dans lequel j'ai cherché des informations sur l'évangile de l'apôtre Marc raconté dans ce livre.

Au cours de ces recherches, je suis également tombé sur un prétendu Évangile secret de Marc et je n'ai trouvé qu'une lettre de Clément d'Alexandrie, découverte par Morton Smith en 1958, qui, selon diverses sources, avait disparu.

Comme par le passé, de nombreux lecteurs se sont intéressés aux apocryphes. Voici donc un résumé des recherches effectuées spécifiquement pour ce livre. J'espère contribuer à votre étude.

Je vous souhaite un excellent voyage à travers les pages de l'histoire, en particulier les textes concernant l'apôtre particulier et éclairé qu'est Marc...

Câlins, Gilvanise

"**Les livres apocryphes** (Apokryphos, secret, caché) sont les livres écrits par les communautés chrétiennes et préchrétiennes (c'est-à-dire qu'il existe des livres apocryphes de l'Ancien Testament) dans lesquels les pasteurs et la première communauté chrétienne n'ont pas reconnu la personne et les enseignements de Jésus-Christ et qui n'ont donc pas été inclus dans le canon biblique."

Source:http://pt.wikipedia.org/wiki/Ap%C3%B3crifos ;

Consulté le 8 avril 2015.

7Q5 et l'historicité des évangiles
par Celso Vicente Mitchell

1.- Découverte des grottes de Qumrân

"En 1947, deux bédouins (chevriers) découvrent par hasard la première grotte de Qumrân, dans le désert au bord de la mer Morte. Des fragments et des rouleaux écrits en hébreu ont été trouvés. Au début, on n'y attacha que peu de valeur, mais on se rendit vite compte de la grandeur de cette découverte. Par la suite, d'autres grottes ont été découvertes, contenant beaucoup de matériel largement identifié comme étant de l'Ancien Testament. D'autres documents ont également été

Vue partielle des grottes de Qumrân

découverts, comme la règle de la communauté qui vivait là."

2.- Grotte 7

En 1955, une grotte aux caractéristiques particulières a été découverte : la grotte 7. Toutes les grottes découvertes jusqu'alors contenaient des textes écrits en hébreu ou en araméen. Mais la grotte 7 contenait des fragments et des jarres écrits en grec.

Grottes 7 et 8

A l'époque de la découverte, sa valeur n'était pas connue. Le Dr C. H. Roberts a daté certains fragments comme étant très anciens : le fragment 7Q5 daterait de l'an 50 après J.-C. Le contenu de ces fragments en grec n'a cependant pas encore été identifié. Cependant, le contenu de ces fragments en grec n'a pas encore été identifié.

3.- Identification du fragment 7Q5

Fragment 7Q5 de l'Évangile de Marc

En 1972, le père José O'Callaghan, papyrologue et paléographe jésuite, travaillant sur le fragment 7Q5, l'identifia visuellement avec un passage de l'Évangile de Marc, Mc 6, 52-53. Il a contacté le père Ignace de la Potterie, qui lui a conseillé de faire les tests sur ordinateur pour que l'identification ne fasse aucun doute. Il a alors utilisé le programme sophistiqué Ibycus, qui a cherché dans toute la littérature gréco-romaine connue et dans tous les autres textes de l'Antiquité. La seule identification que le programme a montrée était le même passage de l'Évangile de Marc que O'Callaghan avait signalé. L'identification ne fait aucun doute : elle est correcte !

4.- La controverse autour de 7Q5

Malgré cela, de nombreux membres de la communauté théologique internationale étaient opposés à l'identification d'O'Callaghan. Ils étaient habitués aux théories de Bultmann, qui affirmait que l'on ne pouvait savoir que très peu de choses historiquement sur le contenu des Évangiles. L'école des formes de Bultmann et les théologiens libéraux ont daté les Évangiles très tardivement, affirmant qu'ils ont été écrits par des communautés postérieures aux apôtres et non par les évangélistes eux-mêmes. Pour Bultmann, tout ce qui ne peut être prouvé historiquement entre dans la catégorie des mythes, d'où son travail de démystification des évangiles. Pour ceux qui voulaient suivre le christianisme, il ne restait plus que la foi, et une foi sans vérification historique. Mais la foi présuppose une base rationnelle. La foi et la raison ne sont pas deux pôles opposés, mais la raison contribue à solidifier la foi. Seule une foi naïve peut être implantée sur une base non historique. L'École des formes a été partiellement acceptée (avec sa méthode historico-critique) par l'Église catholique avec l'encyclique de Pie XII "Divino afflante spiritu" du 30 septembre 1943, alors que le fragment 7Q5 n'avait pas encore été découvert ou identifié. Aujourd'hui, cependant, l'École des formes est considérée avec de sérieuses réserves.

5.- Les fragments de Matthieu de Magdala

En 1994, le papyrologue allemand Carsten Peter Thiede, revisitant d'anciens fragments du Nouveau Testament, est tombé sur ceux de l'Évangile de saint Matthieu conservés au Magdalen College d'Oxford, en Angleterre. Il s'agit de trois fragments du 26e chapitre de saint Matthieu, écrit au recto et au verso. En y regardant de plus près, il s'est rendu compte qu'il s'agissait d'une écriture qui n'était pas tardive (début du deuxième siècle, comme on le supposait auparavant), mais qui devait avoir été écrite au plus tard en 50 après Jésus-Christ. C'est extraordinaire ! Ces fragments appartenaient à une copie de l'Évangile de Matthieu, ce qui signifie que l'original était encore plus ancien.

Recto et verso des fragments du Magdalen College tirés de l'Évangile de Matthieu

6.- La naissance des évangiles synoptiques

Pendant les années 1970 et une partie des années 1980, jusqu'à sa mort en 1986, le père Jean Carmignac s'est consacré à l'étude de l'origine des évangiles synoptiques. Travaillant sur les découvertes de Qumrân et étant l'auteur principal d'articles dans la Revue de Qumrân pendant longtemps, il s'est penché sur la traduction des Évangiles en hébreu. Il a découvert dans la traduction des versets et des rimes qui n'apparaissaient pas dans les textes grecs. Les preuves que les évangiles de Marc et de Matthieu ont été écrits en hébreu à l'origine se confirment. Avant de mourir, il préparait d'épais volumes techniques pour les spécialistes du domaine, avec de nombreux documents à l'appui de sa thèse. Il vérifie également que l'Évangile de Marc a été écrit à l'origine par Pierre en hébreu, et que Marc en a été le traducteur en grec.

7.- L'historicité des évangiles

Le premier évangile à avoir été écrit aurait été celui de Marc, vers l'an 42, alors que les témoins oculaires des événements qui y sont relatés étaient encore en vie. Peu après, et avant l'an 50, l'Évangile de Matthieu a été rédigé, avec un texte légèrement plus long que celui de Marc. Au plus tard en l'an 62, Luc écrit sa dyade : l'Évangile et les Actes des Apôtres, peut-être pour défendre Paul, emprisonné à Rome. Certains pensent qu'avant même l'an 70, Jean a écrit son Évangile, qui contient une élaboration théologique beaucoup plus poussée que les autres. La question centrale est que, grâce à ces développements récents, nous pouvons placer la date de composition des Évangiles, au moins pour les Synoptiques, bien avant 70 après J.-C., lorsque les témoins oculaires des événements auxquels Jésus-Christ a pris part étaient encore en vie. De nombreux membres de l'École des formes pensaient que la description de la destruction de Jérusalem, annoncée par Jésus dans l'Évangile de Matthieu, a été placé à cet endroit parce que la communauté qui aurait écrit l'Évangile aurait également été témoin de la destruction, et non parce que Jésus avait la capacité de prévoir un tel événement. Cela était dû à une mauvaise représentation de ce qui est historique dans l'Évangile. Aujourd'hui, cette hypothèse ne tient plus : Jésus avait bel et bien la capacité de prévoir ce qui se passerait dans le futur, et la chute de Jérusalem a été prédite par lui et documentée dans l'Évangile de Matthieu avant qu'elle ne se produise.

Saint Marc l'évangéliste. Maître Portillo (XVIe siècle). Peinture à l'huile conservée au musée diocésain et cathédral de Valladolid (Espagne).

8.- Preuves internes dans l'Évangile de Luc

Luc, qui a écrit son Évangile après Paul et qui, comme nous l'avons vu plus haut, est le plus tardif des trois synoptiques, présente le texte suivant dans son Prologue (Lc 1,1-4) :

1. Puisque de nombreuses personnes ont déjà essayé de composer un récit des événements qui se sont déroulés parmi nous -
2. comme nous l'ont transmis ceux qui, dès le commencement, ont été témoins oculaires et ministres de la parole.
3. il m'a également semblé opportun, après avoir soigneusement enquêté sur tout depuis le début, de t'écrire de manière ordonnée, illustre Théophile,
4. afin que vous puissiez vérifier le bien-fondé des enseignements que vous avez reçus.

Or, Luc affirme ne pas être le premier à écrire un Évangile et dit s'être basé sur les faits relatés par des témoins oculaires des événements qui se sont déroulés avec et autour de Jésus-Christ, après avoir mené une "enquête précise sur tout depuis le début".

Ce récit démontre l'authenticité et l'historicité de l'Évangile de Luc.

9.- Conclusions du Père Carmignac

Dans la conclusion de son livre *La naissance des évan- giles synoptique*". (Troisième édition avec réponse aux critiques, Françci-Xavier de Guibert, Paris, 1995, p. 95- 96), le Père Jean Carmignac présente les résultats de vingt ans de recherches sur la formation des Notes synoptiques.

1. Il est vrai que Marc, Matthieu et les documents utilisés par Lucrèse ont été écrits dans une langue sémitique.
2. Cette langue sémitique est probablement l'hébreu plutôt que l'araméen.

3. Il est tout à fait possible que notre deuxième Évangile ait été écrit en langue sémitique par l'apôtre S. Peter.
4. Il est possible que l'apôtre saint Matthieu ait participé à la rédaction du Recueil des discours ou à celle du Livre des sources utilisé dans nos première et troisième Évances.
5. Si l'on tient compte des indications de la deuxième épître aux Corinthiens, il n'est pas crédible de situer la rédaction de L'sas en grec plus tard que les années 50-53, il n'est pas crédible de placer l'écriture définitive en langue sémitique de notre premier évangile bien après Luc, il n'est pas crédible de placer l'écriture en langue sémitique de notre deuxième évangile bien après le milieu des années 42-45.
6. Il est probable que l'Évangile sémitique de Pierre a été traduit en grec, peut-être avec quelques adaptations par Marc, à Rome, au plus tard en l'an 63 ; c'est notre deuxième Évangile, qui a gardé le nom de son traducteur au lieu de celui de son auteur.
7. Il est probable que le traducteur grec de Matthieu ait utilisé le texte de Luc.

Ce sera, je l'espère, la base de l'exégèse des évangiles synoptiques en l'an 2000".

10.- Le témoignage de Papias

Au début des premières communautés chrétiennes sont apparus les écrits des Pères apostoliques, appelés ainsi en raison de leur proximité historique avec les apôtres. Parmi eux figure Papias, qui a vécu entre 70 et 140 après J.-C. Selon les témoignages dont nous disposons, il était évêque de Hiérapolis. Selon les témoignages dont nous disposons, il était évêque de Hiérapolis, en Phrygie, aujourd'hui Pambukcallesi en Turquie. Son témoignage sur l'origine des évangiles synoptiques est important. Il s'agit du récit de Papias sur Marc (Eusèbe de Césarée, HE, III, 39, 15) :

"Le prêtre a aussi dit ceci : Marc, qui était l'interprète de Pierre, a écrit fidèlement, bien que de façon désordonnée, tout ce qu'il se rappelait des paroles et des actions du Seigneur. En effet, il n'avait pas entendu le Seigneur, ni ne l'avait suivi. Plus tard, comme je l'ai déjà dit, il a suivi Pierre, qui lui a donné des instructions selon les besoins, mais pas comme quelqu'un qui compose un compte rendu ordonné des jugements du Seigneur. Marc ne s'est donc pas trompé, en écrivant certaines de ces choses comme il s'en souvenait. En fait, il n'avait qu'un seul souci : ne rien omettre de ce qu'il avait entendu et ne rien falsifier de ce qu'il avait transmis".

Papias dit ce qui suit à propos de Matthieu (Eusèbe de Césarée, HE, III, 39, 16) :

"Matthieu a organisé les phrases (de Jésus) en hébreu, et chacun les a interprétées selon ses capacités.

Ainsi, le témoignage de Papias ne fait que confirmer les études et découvertes plus récentes présentées ci-dessus.

[NOTE : Beaucoup contestent les écrits de Papias (s'appuyant sur Eusèbe de Césarée) parce qu'il a entretenu l'espoir d'un millénarisme, c'est-à-dire d'une seconde venue imminente du Christ qui établirait un royaume de mille ans. Or, nous savons que le millénarisme n'est pas accepté par l'Église, mais à l'époque des premières communautés chrétiennes, il était très répandu et la venue imminente du Christ était attendue, à tel point que Paul écrit aux Thessaloniciens en 2 Th 3, 10-12 pour les avertir de ne pas cesser de travailler à cause de cette espérance. Ce n'est donc pas parce que Papias en est venu à soutenir le millénarisme que ses autres écrits perdent leur valeur. Le témoignage de Papias concernant les origines des Évangiles est valable et doit être considéré comme une preuve historique supplémentaire à ce sujet].

Jean Marc, par Angelo Bronzino (1525-1528)

"L'Évangile secret de Marc (100-205 ap. J.-C.)

L'Évangile secret de Marc est décrit dans une lettre attribuée à Clément d'Alexandrie (150-215 après J.-C.), bien que cette lettre ait été considérée comme une fraude par de nombreux érudits. La lettre attribuée à Clément est la seule source qui fasse référence à l'évangile, puisqu'il n'existe aucun manuscrit du texte. Clément écrivait apparemment à un autre dirigeant chrétien, Théodore, pour l'avertir de l'existence d'une version plus étoffée de l'Évangile de Marc, qui contenait des récits et des paroles supplémentaires de Jésus. Cette version plus étendue de l'Évangile de Marc était apparemment lue par le cercle restreint des disciples de Jésus. La lettre de Clément avertit Théodore de se méfier d'un enseignant hérétique appelé Carpocrates, qui a enrichi cette version de Marc de ses propres enseignements hérétiques.

Pourquoi n'est-elle pas considérée comme fiable ?

De nombreux chercheurs rejettent tout simplement les affirmations de Morton Smith (qui a déclaré avoir trouvé la lettre de Clément dans le monastère de Mar Saba en 1958) et affirment que la lettre est une fraude. Certains d'entre eux ont vu des similitudes entre les affirmations de Smith et un roman de 1940 Le Mystère de Mar Saba' est un roman sur un évangile secret, mais l'évangile n'a aucun support externe et aucun autre leader ancien ne mentionne un tel évangile secret ou qu'un tel évangile a même été écrit. La majorité des chercheurs qui acceptent la légitimité de la lettre pensent que adaptation tardive en pnrl ica de l'évangile de Marc.

Comment cela confirme-t-il la vie de Jésus ?

Indépendamment de la légitimité de l'Évangile secret, il confirme en fait de nombreux détails historiques exacts sur la vie de Jésus. Les quelques éléments inclus dans la lettre indiquent que Jésus a accompli des miracles (comme ramener un mort à la vie), qu'il a eu des disciples (Jacques, Jean et Salomé en particulier) et qu'il a parlé du Royaume de Dieu.

En quoi diffère-t-il des rapports fiables ?

Comme l'indique la lettre de Clément, l'Évangile secret de Ma.r us contient des enseignements cachés de Jésus qui s'adressaient à quelques disciples. En fait, un passage de l'Évangile décrit Jésus enseignant certaines de ces vérités secrètes à un jeune homme qu'il venait de ressusciter. Si la lettre est légitime, il semble que ces altérations du texte fiable de l'Évangile et de l'iVlarcos soient des changements tardifs effectués par le groupe G!n "ticos décrit par Clément."

Source : http://mauevivian.blogspot.com.br/2011/06/evangelho-secreto-marcos.html - < consulté le 9 avril 2015.

Lettre de Clément d'Alexandrie à Théodore Traduit par Morton Smith

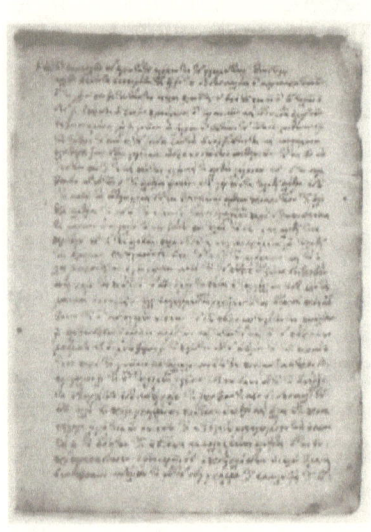

"D'après les lettres du très saint Clément, l'auteur de la Stromateis, à Théodore

Vous avez bien fait de faire taire les enseignements sans nuances des carpocratiens, car ils sont les "étoiles filantes" dont parle la prophétie, qui s'écartent du chemin étroit des commandements dans un abîme illimité de péchés de la chair Ils s'enorgueillissent en effet de connaissance, comme ils le disent, "des choses profondes de Satan", ils ne se rendent pas compte qu'ils se lancent dans un monde de ténèbres, de mensonges, et que, ils deviennent qu'ils sont libres, ils sont devenus les esclaves de désirs serviles. De tels hommes doivent être écartés complètement à l'écart et dans tous les domaines. En effet, même s'ils disent quelque chose de vrai, ceux qui aiment la vérité ne doivent pas être d'accord avec eux. En effet, tout ce qui est vrai n'est pas la vérité, et la vérité qui paraît vraie selon l'opinion humaine ne doit pas être préférée à la vérité selon la foi.

Or, parmi les choses qu'ils ont dites au sujet de l'Évangile selon Marc, divinement inspiré, certaines sont de véritables contrefaçons, et d'autres, même si elles contiennent quelques éléments vrais, ne sont pas encore à considérer à leur juste valeur. Car les choses vraies mélangées à des inventions sont falsifiées, de sorte qu'en les disant, même le sel perd sa saveur. Marc donc, pendant le séjour de Pierre à Rome, a écrit un récit des actions du Seigneur, mais il ne les a pas toutes déclarées, ni indiqué les secrètes, mais il a choisi ce qui lui semblait le plus utile pour augmenter la foi de ceux qui allaient être instruits. Cependant, lorsque Pierre mourut martyr, Marc vint à Alexandrie, apportant ses propres notes et celles de Pierre, dont il transposa dans son premier livre les éléments les plus satisfaisants pour tout ce qui pouvait faire progresser la connaissance. Il composa ainsi un Évangile plus spirituel à l'usage de ceux qui étaient instruits. Cependant, il ne divulguait pas encore les choses qui ne devaient pas être dites, ni ne souscrivait aux enseignements hiérophaniques du Seigneur, mais aux récits déjà écrits, il en ajoutait encore d'autres et, en outre, il apportait certaines affirmations dont il connaissait l'interprétation qui, comme un maître des mystères, conduisait les auditeurs dans le sanctuaire le plus intime de la vérité cachée derrière sept voiles. En résumé, il a donc préparé ces questions, non pas de manière pré-sécrète ou négligente, à mon avis, et, après sa mort, il a laissé sa composition à l'église d'Alexandrie où elle est encore plus soigneusement gardée, n'étant lue que par ceux qui sont en train d'être initiés aux grands mystères. Mais comme les sales démons sont toujours inventant la destruction du genre humain, les Carpocrates, instruits par lui et usant d'artifices trompeurs, séduisirent un certain presbytre de l'église d'Alexandrie pour qu'il obtienne une copie de l'Évangile secret qu'ils interprétèrent mal avec leur doctrine blasphématoire et charnelle, et qu'ils polluèrent en outre en y mêlant des paroles immaculées et de saints mensonges tout à fait honteux. Et l'enseignement des Carpocrates a été versé dans le mélange. Ainsi, comme je l'ai dit plus haut, il ne faut jamais leur accorder de crédit, ni, lorsqu'ils ont avancé corr < leurs contrefaçons, concéder que l'évangile '/secret est de Marc, mais plutôt le nier jusqu'à rr'esrno sous serment. C'est pourquoi la Sagesse de Dieu, depuis Salomon, a dit : "Répondez à l'insensé avec la langue de son maître", enseignant que la lumière de la vérité doit être cachée à ceux qui sont mentalement aveugles. Une fois de plus, il est dit : " ! \:o, "De celui qui n'a pas à être jeté" et "Que l'insensé marche dans les ténèbres". Mais nous sommes "les enfants de la lumière", ayant été éclairés par la "source des jours" ... l'esprit du Seigneur "d'en haut" et "Là où est l'Esprit de Dieu", il est dit, "il y a la liberté", parce que "toutes choses sont pures pour 3Uro". A vous donc, je n'hésiterai pas à répondre aux questions que vous m'avez posées, tandis que j'égrène les contrefaçons dans les mêmes termes qu'Evangeli. Par exemple, après : "Ils étaient sur la route qui monte à Jérusalem", et ce qui suit, jusqu'à." L' et ressuscitera après trois jours", l'Evangile ser.'eto apporte le matériel suivant, mot pour mot :(IVlar 's 10 : 32 Ils étaient en route pour Jérusalem, et Jésus les précédait ; les disciples furent frappés de stupeur, et ceux qui le suivaient furent terrifiés. Il a de nouveau pris les Douze à part et Il leur annonça ce qui allait leur arriver. 33 Nous montons à Jérusalem, dit-il, et le Fils de l'homme sera livré aux chefs des prêtres et aux maîtres de la loi. Ils le condamneront à mort et le livreront aux païens qui le déterreront et cracheront sur lui, le flagelleront et le tueront. Après quelques jours, il ressuscitera.) Ils se rendirent à Bethléem, où se trouvait une femme dont le frère était mort. En s'approchant, elle se prosterna devant Jésus et lui dit : "Fils de David, aie pitié de moi". Mais les disciples la repoussent. Irrité, Jésus l'accompagne dans le jardin où se trouve le tombeau. Aussitôt, une grosse pierre fut jetée hors du tombeau, et Jésus, qui était dans le tombeau, roula la pierre de l'entrée du tombeau. En entrant dans le tombeau, il étendit la main et souleva l'homme, tout en le tenant immobile. Alors l'homme sans regard le regarda et l'aima, et il se mit à l'appeler à lui, parce qu'il allait être avec lui. En sortant du tombeau, ils allèrent à la maison du jeune homme, parce qu'il était riche. Au bout de deux jours, Jésus lui donna des instructions. Le soir, le jeune homme se rendit auprès de lui. Il mit sur son corps nu une bande de fin lin (qu'il enleva ?) et, pour ce r c, il resta avec lui (d'un homme nu à un homme nu). Pour Jess s Il e enseigna le mystère du royaume de 's. Après être parti de là, il revint à la maison. Après l'avoir quitté, il est retourné dans la région üo .' Jáo. Après ces mots vient le texte suivant : "Jacques et Jean s'approchèrent de lui" et toute cette section. f "s "homme nu a<. homme nu," et d'autres choses que vous avez écrites n'ont pas été trouvées là. 35 Jacques et Jean, fils de Zébédée, s'approchèrent de lui, en disant : Nous voulons que tu fasses tout ce que nous te demanderons. 36 Il leur dit : Que voulez-vous que je fasse pour vous ? 37 Ils lui dirent : Fais que, dans ta gloire, nous soyons assis à ta droite et à ta gauche.

38 Jésus leur dit : Vous ne savez pas ce que vous demandez ; pouvez-vous boire la coupe que je bois, et être baptisés du baptême dont je suis baptisé ? 39 Ils lui répondirent : Nous le pouvons. Mais Jésus leur dit : Vous boirez la coupe que je bois, et vous serez baptisés du baptême dont je suis baptisé ; 40 mais ce n'est pas à moi qu'il appartient de donner le droit de s'asseoir à ma droite ou à ma gauche, mais à ceux à qui cela est réservé. 41 Les dix, ayant entendu cela, commencèrent à se mettre en colère contre Jacques et Jean. 42 Mais Jésus les appela et leur dit : Vous savez que ceux qui se croient les chefs du peuple s'y assoient, et que leurs grands les dominent ; 43 mais il n'en sera pas ainsi au milieu de vous ; celui qui voudra être grand parmi vous sera votre serviteur ; 44 et celui qui voudra être le premier parmi vous servira, mais pour servir et donner sa

vie en rançon pour plusieurs. 46 Puis ils allèrent à Jéricho. Et après les mots " Puis ils allèrent à Jéricho ", l'évangile secret dit seulement : Et la sœur du jeune homme que Jésus aimait était là, ainsi que sa mère et Salomé. Mais Jésus ne les a pas accueillies. Mais les nombreuses autres choses que vous avez écrites semblent être et sont des faux. Voici donc la véritable explication et celle qui s'accorde le mieux avec la vraie philosophie..."

[Ici, le texte s'arrête brusquement au milieu de la page]

Brève biographie de Saint Marc

Source : Ancient Science Studies http://www.sca.org.br/uploads/news/id152/SaoMarcos.pdf
consulté le 9 avril 2015.

Saint Marc l'évangéliste

Du disciple et de l'évangélisateur à l'évangéliste

Marc était le fils de Marie de Jérusalem et le cousin de Barnabé. Les Actes des Apôtres parlent de la "maison de Marc".

Marie, mère de Jean, surnommée Marc" ; et ils disent que lorsque Pierre fut libéré de prison par un ange, tard dans la nuit, il se rendit dans cette maison, "où beaucoup de fidèles étaient réunis en prière" (Ac 12,12).

En d'autres termes, à une époque où les églises n'existaient pas, l'"église domestique" de la maison de la mère de Marc devait être l'un des nombreux lieux où les chrétiens de la ville se réunissaient, priaient et adoraient. Et c'est dans cette communauté familiale que le futur évangéliste a été initié à la foi en Jésus-Christ.

Déjà converti au christianisme, lorsque Paul et Barnabé arrivent à Jérusalem avec l'aide de l'Église d'Antioche (Ac 11,30), il les accompagne sur le chemin du retour (12,25) et lors du premier voyage apostolique dans l'île de Chypre (13,4-5). Mais lorsque, de

Chypre, ils partent évangéliser l'Asie Mineure, Marc, à la suite de conflits, se sépare de Paul et Barnabé à Perga (Pamphylie) et retourne à Jérusalem (13,13). Vers l'an 50, il retourne à Chypre, accompagné seulement de Barnabé (15:39). Il se rend ensuite à Rome comme collaborateur de Paul, prisonnier dans cette ville (Cl 4,10 ; Fm 24).

Il est possible qu'il ait quitté Rome avant la persécution de Néron (64), car en l'an 67, Paul, emprisonné pour la deuxième fois, écrit à Timothée pour lui demander d'emmener avec lui d'Éphèse à Rome son "collaborateur" Marc, qui lui était très utile dans son ministère (2 Tim 4:11). Il est également entré en contact avec Pierre à Rome. Selon une tradition ancienne - confirmée par le témoignage des Pierreites - Pierre s'adressait aux fidèles du Pont, de Galatie, d'Appadocie, d'Asie et de Bithynie en les saluant au nom de Marc, qu'il appelait affectueusement son fils (1 P 5,13). Ce détail a conduit certains exégètes à penser que Marc avait été baptisé par Pierre lui-même, à l'occasion de son séjour dans la maison de Marie à Jérusalem.

Dans les livres de l'Ancien Testament, Marc est mentionné dix fois sous le nom hébreu de Jean, sous le nom romain de IVlarcoc< ou sous le double nom de Jean Marc. Pour certains chercheurs, il faut distinguer deux ou même trois arcs. Cependant, l'opinion la plus répandue est celle d'un Marc, fils de cette Marie, dans la maison de laquelle se réunirent les premiers chrétiens de Jérusalem et où Pedrc lui-même alla se réfugier après sa prodigieuse libération de prison".

L'interprète Pierre

Après l'exécution de Jacques, lorsque Hérode maltraite et emprisonne les membres de l'Église de Jérusalem (Ac 12, 1-3), Marc est emmené par l'apôtre Barnabé, son cousin, et Pa à Antioche (Ac

12, 25). Et c'est Barnabé - qui "était un homme de bien, plein d'Esprit Saint et de foi" et le maître de Pauic dans l'apostolat (Ac 11,22-25) - qui initiera Marc à l'évangélisation, en le prenant "comme assistant" (Ac 11,22-25). Il l'emmène "comme assistant" (Ac 13,5), lors du premier voyage missionnaire de St Paz:alo, promu par l'église d'Antioche.

Au cours du deuxième voyage. Barnabé voulait aussi prendre Jean, dit Marc. \Mais Paul n'était pas d'accord avec son compagnon, qui s'était éloigné d'eux en Pamphylie et ne les avait jamais accompagnés dans leur travail. Une dispute s'ensuivit, si violente qu'ils se séparèrent et que Da Nabé prit Marc avec lui et s'embarqua pour Ch p . De son côté, Faullus prit Silas comme compagnon et partit (Ac 15, 37-40).

De cette apparition scandaleuse est née une nouvelle équipe missionnaire. Et L/roscos a certainement retenu la leçon, puisqu'il sera à nouveau aux côtés de Paul lorsque celui-ci se retrouve à Rome et envisage de l'envoyer à l'Église de Colosses (Col 4:10). Enfin, à Rome, il retrouve Pierre, qui l'appelle "mon fils"dans sa première lettre (5:13).

L'Évangile de Marc

Selon une tradition presque unanime, c'est à Rome que le père Vlarcos a écrit son livre, entre 65 et 70, afin de transmettre l'essentiel du message qu'il avait reçu de Pierre au sujet de Jésus. Pour ce faire, il a créé le genre littéraire "Évangile", avec lequel il a transmis aux chrétiens issus du paganisme cette bonne nouvelle : "Jésus-Christ est le Fils de Dieu" (Mc 1,1).

Ne connaissant ni la Loi ni les prophètes qui avaient préparé la venue du Messie, Jésus est enveloppé d'un mystère, appelé "secret messianique", qui se dévoile dans les espaces entre les questions "Qu'est-ce que cela ?" (Mc 1,27) ou "Qui est-ce ?" (Mc 7,37) et l'étonnement "Nous n'avons jamais rien vu de tel" (Mc 2,37). (Mc 7,37) et l'étonnement "Nous n'avons jamais rien vu de pareil" (Mc 2,12).

D'autre part, nous entendons le témoignage des démons (Mc 1,23-24), de Ta.i (Mc 1,11 ; 9,1-7), de l'aveugle Bartimée (Mc 10,47-48) et de Jésus lui-même (Mc 4,61). Mais le plus grand témoignage viendra d'un païen, le centurion romain, qui le voit mourir sur la croix : "Vraiment, cet homme était le Fils de Dieu" (Mc 16,16). Entre ces deux pôles, le livre atteint son apogée en plein milieu, avec la confession de Pierre (en Mc 8, 29) : "Tu es le Messie!"

Marc est le plus court des quatre évangiles : seize chapitres seulement, contre 21 pour Jean, 24 pour Luc et 28 pour Matthieu. C'est aussi le plus simple, le plus direct et le plus coloré, mettant en valeur les détails au service d'une foi sensible à l'extraordinaire. C'est précisément pour cette raison que, jusqu'au XIXe siècle, elle était plutôt subordonnée. Surtout celui de Matthieu, dans lequel l'Église apparaît plus organisée avec ses ministères et ses sacrements.

A l'époque, il y avait l'idée que les évangiles étaient la vie de Jésus, et l'on tendait à former une biographie unique en agençant les quatre textes de manière concordante. Ce n'est que plus tard que la pédagogie et les objectifs de chacun ont été découverts en fonction des communautés auxquelles ils étaient destinés ; et la réforme liturgique de Vatican II a donné naissance à trois cycles où chacun des Synoptiques - Matthieu, Marc et Luc - est mis en valeur, en utilisant Jean, l'évangéliste de la foi, pour les Saisons de Noël et de Pâques.

Cet évangile, basé sur la prédication de saint Pierre, vise à prouver la divinité de Jésus-Christ aux païens, en expliquant ses nombreux miracles et en donnant des exemples de son pouvoir sur les démons, ce qui aurait dû impressionner ses lecteurs issus du paganisme.

Selon une hypothèse assez autorisée, mais encore discutée, les anciens papyrus retrouvés dans les grottes de Qumrân contenaient déjà un passage de l'Évangile de Marc. Cet évangile commence, selon le schéma évoqué en Actes 1,22, par la prédication de Jean-Baptiste et se termine par l'apparition de l'ange qui annonce la résurrection du Christ aux femmes réunies au tombeau. Les derniers versets actuels (16,9-20) sont un ajout que l'Église, selon une définition du Concile de Trente, considérés comme d'inspiration divine, même s'ils n'ont pas été nécessairement écrites par Marc.

Ces versets, qui existaient certainement déjà vers le milieu du IIe siècle, semblent provenir de milieux apostoliques. Tout ce qu'ils disent est - On les retrouve également dans Matthieu et Luc, ce qui leur confère une crédibilité historique.

L'Évangile de Marc se limite à résumer les discours et les paraboles de Jésus (qui, par contre, sont racontés par Luc et Matthieu avec beaucoup de détails), mais il s'attarde surtout sur la description des miracles et, entre autres, sur les guérisons des démoniaques, car il y voit un signe tangible de la supériorité de Jésus sur les forces mystérieuses du mal, ainsi que la garantie que le royaume de Dieu, déjà commencé, est sur le point d'atteindre sa plénitude. Il accorde une attention particulière à la figure de Pierre, dont il souligne le caractère impulsif, les questions naïves et les faiblesses, tout en omettant les épisodes qui auraient pu faire l'éloge de l'apôtre.

Quelques versets de l'Évangile de Marc ne trouvent pas de correspondants dans les autres évangiles synoptiques : par exemple, les v. 51-52 du ch. 14, qui apportent la curieuse information d'un jeune homme qui assiste à l'arrestation de Jésus et qui, saisi par la tunique par un soldat, s'enfuit tout nu. Certains ont considéré cet épisode comme autobiographique, c'est-à-dire qu'ils pensent que Marc s'identifie au jeune homme.

D'autre part, plusieurs indices confirment la tradition patristique commune qui voit en Marc non pas un témoin de la vie publique de Jésus, mais un disciple de Pierre, qui a compilé sa prédication.

L'ancienne tradition patristique affirmait déjà que Marc avait écrit l'Évangile qui porte son nom à Rome, qui compile et reproduit la catéchèse de Pierre. Moins ancienne et probablement légendaire, en revanche, l'attribution à Marc d'une activité missionnaire en Égypte, où il fonda l'Église d'Alexandrie.

La tradition selon laquelle Marc aurait souffert le martyre est également douteuse.

Le nom de Marc est lié à la ville de Venise où, en 828, des marchands vénitiens d'Ixandrie ont transporté ce qu'ils disaient être ses récits. L'antiquité chrétienne, à commencer par Papias († 13'3), l'appelle "l'interprète de Pierre". Marc, interprète de Pierre, a écrit exactement ce qui était écrit. Mais il a écrit ce que le Seigneur a dit ou fait, et non pas selon un ordre. Marc n'a pas écouté le Seigneur, ni ne l'a suivi ; il a écouté saint Pierre, qui "choisissait ses enseignements selon ses besoins". En 66, saint Paul nous donne les dernières informations sur Marx, en écrivant à Timothée depuis la prison romaine : "Apporte quelques livres avec toi. J'aurai peut-être besoin de tes services". Les détails chronologiques de la vie de saint Marc restent incertains. Selon une tradition, il est probablement mort en 68 de mort naturelle et, selon une autre, il a été martyrisé à Alexandrie, en Égypte. Les Actes de Marc, un écrit datant du milieu du IVe siècle, racontent que le 24 avril, il fut traîné dans les rues d'Alexandrie par des païens, attaché au cou par des cordes. Jeté en prison le lendemain, il subit les mêmes atroces supplices et succombe. Le transport du corps par deux marchands et négociants de Venise n'est qu'une légende (828).

C'est pourtant à cause de cette légende que, de 976 à 1071,

La basilique dédiée à l'auteur du deuxième évangile a été construite. Évangile, symbolisé par le lion.

Prières

Prière à saint Marc - 1

Saint Marc, je veux vous louer et vous remercier d'avoir donné votre 'da au service de Notre Seigneur Jésus-Christ, en me faisant connaître tant de choses sur la vie de Notre Seigneur à travers vos précieux écrits. Puissé-je aussi être, 'i vous étiez quelqu'un qui aime vraiment Jésus dans la Vraie° vie et un diffuseur de ses œuvres merveilleuses. P" ".risto Nosso 5enhor. Amen.

Prière à saint Marc - 2

Louange à notre Seigneur Jésus-Christ, qui a donné à son disciple Vi. cos la grâce de l'apostolat chrétien et la narration de son saint Évangile. Don Marcos, priez pour nous, afin que nous soyons éclairés par la force de l'Évangile. Je t'embrasse.

Prière à saint Marc - 3

Dieu éternel tout-puissant, nous te demandons les bénédictions et les grâces nécessaires à notre salut, par la très puissante intercession de l'ange saint Marc. Nous te demandons tout cela, Père céleste, au nom de notre Seigneur Jésus-Christ, dans l'unité du Saint-Esprit. Amen.

Référence

L'évangile de Saint Marc - source : Bible libre.

L'Évangile selon Marc

Chapitre 1

1. Principe de l'Évangile de Jésus-Christ, Fils de Dieu.

2. Comme il est écrit dans les prophètes :

Voici que j'envoie devant toi mon messager, qui préparera ton chemin devant toi.

3. La voix de celui qui crie dans le désert :

Préparez le chemin du Seigneur, rendez droits ses sentiers.

4. Jean baptisait dans le désert, prêchant le baptême de repentance pour le pardon des péchés.

5. Toute la province de Judée et de Jérusalem vint à lui, et tous se firent baptiser par lui dans le Jourdain, en confessant leurs péchés.

6. Jean était vêtu de poils de chameau et avait une ceinture de cuir autour de la taille ; il mangeait des sauterelles et du miel des champs.

7. Et il prêcha, disant :

Après moi vient celui qui est plus fort que moi, et devant lequel je ne suis pas digne de me pencher pour dénouer la courroie de ses sandales.

8. Je vous ai baptisés avec de l'eau, mais lui vous a baptisés avec de l'eau baptiser du Saint-Esprit.

9. En ces jours-là, Jésus vint de Nazareth, de Galilée, et il fut baptisé par Jean dans le Jourdain.

10. Quand Iogo sortit de l'eau, il vit les cieux ouverts et l'Esprit descendre sur lui comme une colombe.

11. Et une voix se fit entendre du ciel, [disant] : Tu es mon Fils bien-aimé, en qui j'ai mis toute mon affection.

12. L'Esprit le conduisit alors dans le désert.

13. Il fut là, dans le désert, pendant quarante jours, tenté par Satan ; il était avec les bêtes, et les anges le servaient.

14. Après que Jean eut été remis, Jésus vint en Galilée, prêchant l'Évangile du Royaume de Dieu ;

15. Et en disant :

Les temps sont accomplis et le Royaume de Dieu est proche ; repentez-vous et croyez à l'Évangile.

16. Marchant le long de la mer de Galilée, il vit Simon et André, son frère, qui jetaient un filet dans la mer (car ils étaient pêcheurs) ;

17. Jésus leur dit : "Venez à ma suite, et je ferai de vous des pêcheurs de poissons.

18. Ils quittèrent immédiatement leurs filets et le suivirent.

19. Puis, ayant passé un peu plus loin, il vit dans la barque Jacques, fils de Zébédée, et Jean, son frère, qui réparaient leurs filets.

20. Iogo les appela, et ils laissèrent leur père Zébédée dans la barque avec les serviteurs et le suivirent.

21. Ils allèrent à Capharnaüm. Le jour du sabbat, il entra dans la synagogue et enseigna.

22. Ils étaient étonnés de son enseignement, parce qu'il les enseignait comme ayant autorité, et non comme les scribes.

23. Il y avait dans leur synagogue un homme qui avait un esprit impur et qui criait,

24. Dire :

Qu'avons-nous à faire avec toi, Jésus de Nazareth ? Es-tu venu pour nous détruire ? Je sais qui tu es, le Saint de Dieu.

25. Jésus le réprimanda, en disant : Tiens-toi tranquille, et sors de lui.

26. L'esprit impur, qui était en lui et qui criait d'une voix forte, sortit de lui.

27. Ils étaient tous si étonnés qu'ils s'interrogeaient les uns les autres, disant : "Qu'est-ce que cela ? Quelle est cette nouvelle doctrine ? Par quel pouvoir commande-t-il même aux esprits impurs, et ceux-ci lui obéissent-ils ?

28. Puis sa famille se rendit dans toutes les provinces de la Galilée.

29. Lorsque Iogo eut quitté la synagogue, ils se rendirent à la maison de Simon et d'André, avec Joseph et Jean.

30. La belle-mère de Sihon était fiévreuse et Iogo lui en parla.

31. Il s'approcha d'elle, la prit par la main et la souleva. Dès que les '%'ore l'eurent quittée, elle se mit à les servir.

32. Quand tri'le arriva, au coucher du soleil, on lui amena les malades et les démoniaques.

33. Et toute la ville s'est rassemblée à la porte.

34. Il tua MlJI"'us, qui étaient atteints de diverses maladies, et il tua beaucoup de démons ; et il ne laissa pas partir les démons, parce qu'ils le connaissaient.

35. Il se leva de très bonne heure, alors qu'il faisait encore nuit, sortit et trouva un endroit désert, où il pria.

36. Sin '-io le suivit, ainsi que ceux qui étaient avec lui ;

37. L'ayant trouvé, ils l'interrogèrent :

Tout le monde vous cherchera.

38. Il leur dit : "Allons dans les villages voisins, afin que je puisse y aller moi aussi, car c'est pour cela que je suis venu.

39. Il prêchait dans ses synagogues, dans toute la Galilée, et il chassait les démons.

40. L'un d'eux s'approcha de lui, le supplia, s'agenouilla devant lui et lui dit : "Si tu le veux, tu peux me purifier : Si tu le veux, tu peux me purifier.

41. Jésus, rempli de compassion, étendit la main, le toucha et lui dit :

Je veux que tu sois propre

42. Lorsqu'il eut dit cela, Iogo fut débarrassé de la lèpre, et il fut pur.

43. Il l'a alors mis en garde.

44. Il lui dit : Garde-toi de rien dire à personne : Va, montre-toi au sacrificateur, et offre pour ta purification ce que Moïse a ordonné, afin qu'il y ait un témoignage pour eux.

Mais quand il fut sorti, il se mit à proclamer beaucoup de choses et à répandre la nouvelle [dans la ville, mais il était dehors, dans des lieux déserts, et des gens de partout venaient à lui.

Chapitre 2

1. Quelques jours plus tard, il entra de nouveau à Capharnaüm, et l'on apprit qu'il était chez lui.

2. Aussitôt, il y eut un tel rassemblement qu'on ne pouvait pas tenir dans l'embrasure de la porte, et il leur parla.

3. Il s'approcha d'un homme paralysé, porté par quatre personnes.

4. Ne pouvant l'atteindre à cause de la foule, ils découvrirent le toit où il se trouvait, et, faisant un trou, ils y descendirent le lit sur lequel le paralytique était couché.

5. Voyant leur foi, Jésus dit au paralysé : "Mon fils, tes péchés te sont pardonnés.

6. Quelques scribes étaient là, assis, et ils s'interrogeaient dans leur cœur :

7. Pourquoi profère-t-il de tels blasphèmes ? Qui peut pardonner les péchés si ce n'est Dieu seul ?

8. Alors Jésus, sachant en son esprit qu'ils s'interrogeaient, leur dit :

Pourquoi remettez-vous ces choses en question dans votre cœur ?

9. Qu'est-ce qui est le plus facile ? De dire au paralysé : Tes péchés te sont pardonnés ? ou de lui dire : Lève-toi, prends ton lit et marche ?

10.Mais afin que vous sachiez que le Fils de l'homme a sur la terre le pouvoir de pardonner les péchés, (il dit au paralysé) :

11.Je te dis : lève-toi, prends ton lit et va dans ta maison.

12.Iogo se leva, prit son lit et sortit devant eux tous, de sorte qu'ils furent tous stupéfaits et glorifièrent Dieu, en disant : Nous n'avons jamais rien vu de pareil.

13.Il reprit la mer, et toutes les foules vinrent à lui, et il les enseignait.

14.En passant, il vit Lévi, fils d'Alphée, assis au bureau du publicain :

Suis-moi. Il se leva et le suivit.

15.Comme il était à table dans sa maison, beaucoup de publicains et de pêcheurs étaient aussi à table avec Jésus et ses disciples ; car ils étaient nombreux, et ils l'avaient suivi.

16.Les scribes et les pharisiens, voyant qu'il mangeait avec les publicains et les pécheurs, dirent à ses disciples :

Pourquoi [Jésus] mange-t-il et boit-il avec les collecteurs d'impôts et les pécheurs ?

17.Ayant entendu cela, Jésus leur dit : "Ce ne sont pas les bien portants qui ont besoin de médecin, mais les malades : Ce ne sont pas les bien portants qui ont besoin de médecin, mais les malades ; je ne suis pas venu appeler les justes, mais les pécheurs à la repentance.

18.Les disciples de Jean et les pharisiens jeûnaient ; ils vinrent lui dire:

Pourquoi les disciples de Jean et ceux des Pharisiens jeûnent-ils, alors que tes disciples ne le font pas ?

19.Jésus leur dit : "Les invités à la noce peuvent-ils jeûner pendant que l'époux est avec eux ? Tant qu'ils ont l'époux avec eux, ils ne peuvent pas jeûner.

{invités - lit. enfants}

20.Mais les jours viendront où l'époux leur sera enlevé, et alors, en ces jours-là, ils jeûneront.

21.Et personne ne coud un morceau de tissu neuf sur un vieux vêtement, sinon le nouveau morceau cassera l'ancien et la déchirure sera encore plus grave.

22.Personne ne met du vin nouveau dans de vieilles outres, sinon le vin nouveau brise les outres, le vin se répand, et les outres sont abîmées ; mais il faut mettre du vin nouveau dans des outres neuves.

23.Comme il passait par les champs le jour du sabbat, ses disciples se mirent à arracher des épis en marchant.

24.Les pharisiens lui dirent :

Voyez-vous cela ?

Pourquoi font-ils ce qui n'est pas permis le jour du sabbat ?

25.Et il leur dit :

N'avez-vous jamais lu ce que David a fait lorsqu'il était dans le besoin et qu'il avait faim, lui et ceux qui étaient avec lui ?

26.Comment il entra dans la maison de Dieu, du temps du souverain sacrificateur Abiathar, et mangea les pains de proposition, dont il n'est permis de manger que pour les sacrificateurs a-t-il aussi donné à ceux qui étaient avec lui ?

27.Et il leur dit :

Le sabbat a été donné à cause des êtres humains, et non les êtres humains à cause du sabbat.

28.Le Fils de l'homme est donc Seigneur même du sabbat.

Chapitre 3

1.Il retourna dans la synagogue, et il y avait là un homme dont la main était desséchée.

2.Ils l'observaient pour savoir s'il guérissait le jour du sabbat, afin de pouvoir l'accuser.

3.Et il dit à l'homme à la main sèche : Lève-toi, et tiens-toi au milieu [de la synagogue] : Lève-toi, et tiens-toi au milieu [de la synagogue].

4.Et il leur dit :

[Qu'est-ce qui est licite dans le -aoado ? Faire le bien ou faire le mal ? Sauver quelqu'un ou le tuer ?

Et ils se sont tous.

5.Et regardant ceux qui l'entouraient avec irritation, s'irritant de leur dureté de cœur, il dit à l'homme :

Il étendit la main, et sa main redevint saine.

6.Les Pharisiens sortirent et tinrent conseil avec les Hébreux contre lui, pour savoir comment ils le feraient mourir.

7.Jésus se retira avec ses disciples vers la mer, et une grande foule de Galilée et de Judée le suivit.

8.Des gens de Jérusalem, de l'Idumée, de l'autre côté du Jourdain, et une grande foule des environs de Tyr et de Sidon, ayant appris les grandes choses qu'il faisait, vinrent à lui.

9.Et il dit à ses disciples de garder constamment la barque près de lui, à cause des foules, pour qu'elles ne le mettent pas à l'épreuve.

10.Car il avait guéri beaucoup de gens, de sorte que tous ceux qui avaient un mal tombaient sur lui pour le toucher.

11.Quand les esprits du monde le virent, ils se prosternèrent devant lui et poussèrent des cris, en disant :

Vous êtes le Fils de Dieu.

12. Il les a menacés de ne pas montrer [qui] il [était].

13. Il monta sur la montagne, et il appela à lui ceux qu'il voulait, et ils vinrent à lui.

14. Et il ordonna aux douze d'être avec lui, et de les envoyer prêcher.

15. afin qu'ils aient le pouvoir de guérir les malades et de chasser les démons.

16. [Il appela Pierre Simon, dont il avait fait mon nom ;

17. Et a Tiago fils de Zébédée], et Jean, frère de Jacques, leur donnèrent le nom de Boanerges, c'est-à-dire : les enfants du tonnerre.

18. André, Philippe, Bartholomee, Matthieu, Thomas, Tiago fils d'Alphée, Thaddée, et Simon le Cananéen.

19. Et Judas est noté, qui l'a aussi trahi.

20. Sur le chemin du retour, la foule s'est de nouveau rassemblée, au point qu'ils ne pouvaient même pas manger de pain.

21. Lorsque ses amis l'apprirent, ils sortirent pour l'arrêter :

Il a perdu la tête.

22. Les scribes qui étaient descendus de Jérusalem disaient : "Il a Belzet'r, et c'est par le chef des démons qu'il chasse les démons.

23. Les ayant appelés auprès de lui, il leur dit en paraboles : Comment Satan peut-il les chasser ?

24. Et si un royaume est divisé contre lui-même, il ne peut subsister.

25. Et si une maison est divisée contre elle-même, elle ne peut subsister.

26. Et si Satan s'élève contre lui-même et se divise, il ne pourra pas tenir, mais il sera anéanti.

27. Personne ne peut voler les biens d'un homme courageux en entrant dans sa maison, à moins qu'il ne les lie à l'homme courageux, et alors il volera sa maison.

28. En vérité, je vous le dis, tous les péchés seront pardonnés à tous les hommes, ainsi que tous les blasphèmes qu'ils profèrent ;

29. Mais celui qui blasphème contre le Saint-Esprit ne sera pas pardonné, mais il sera coupable du jugement éternel".

30. Parce qu'ils l'ont dit :

[Ele a un esprit impur.]

31. Ses frères et sa mère arrivèrent et, se tenant à l'extérieur, ils l'appelèrent.

32. La foule s'assit autour de lui et lui dit :

Voici que ta mère et tes frères te cherchent dehors.

33. Il leur répondit en disant :

Qui sont ma mère et mes frères ?

34. Il regarda ceux qui étaient assis près de lui et dit :

Voici ma mère et mes frères.

35. Car quiconque fait la volonté de Dieu est mon frère, ma sœur et ma mère.

Chapitre 4

1. Il se remit à enseigner au bord de la mer, et une grande foule s'assembla autour de lui ; il monta dans une barque et s'assit sur la mer, et toute la foule était sur le rivage, au bord de la mer.

2. Il leur enseignait beaucoup de choses en paraboles, et il disait-dans leur doctrine :

3. Écoutez : voici le semeur qui est sorti pour semer ;

4. Comme il semait, une partie de la semence tomba le long du chemin ; les oiseaux du ciel vinrent et la mangèrent.

5. Un autre tomba sur les rochers, où il n'y avait pas beaucoup de terre; et Iogo naquit, parce qu'il n'y avait pas de terre profonde.

6. Mais quand le soleil est sorti, il a été brûlé, et comme il n'avait pas de racine, il s'est desséché.

7. Un autre tomba parmi les épines, et les épines poussèrent, et l'a étouffé, et il n'a pas porté de fruit.

8. Un autre tomba dans la bonne terre et porta du fruit, qui monta et grandit ; l'un en porta trente, l'autre soixante, l'autre cent.

9. Et il leur dit :

Que celui qui a des oreilles pour entendre entende.

10. Lorsqu'il fut seul, ceux qui étaient avec lui l'interrogèrent sur la parabole.

11. Et il leur dit :

Il vous a été donné de connaître les mystères du royaume de Dieu, mais pour ceux qui sont dehors, toutes ces choses se font en paraboles.

12. Afin qu'en voyant ils voient, et ne comprennent pas, et qu'en entendant ils entendent, et ne comprennent pas, de peur qu'ils ne se convertissent et que leurs péchés ne leur soient pardonnés.

13. Et il leur dit :

Ne connaissez-vous pas cette parabole ? Comment comprendre alors toutes les paraboles ?

14. Le semeur [est celui qui] sème la parole.

15. Ce sont ceux qui sont sur le chemin, en qui la parole a été semée ; mais quand ils ont entendu, Satan vient promptement, et il enlève la parole qui a été semée dans leurs coeurs.

16. De même, ce sont ceux qui sont semés dans les endroits pierreux qui, ayant entendu la parole, la reçoivent avec joie.

17. Mais ils n'ont pas de racine en eux-mêmes, ils sont temporaires. Alors, lorsque survient une tribulation ou une persécution à cause de la parole, ils se sentent immédiatement offensés.

18. Ce sont ceux qui sont semés parmi les épines, ceux qui écoutent la parole.

19. Et les soucis de ce monde, la séduction des richesses et les convoitises, en entrant, étouffent la parole, et elle devient infructueuse.

20. Ce sont ceux qui ont été semés sur une bonne terre : ceux qui, ayant entendu la parole et l'ayant reçue, portent du fruit, les uns trente fois, les autres soixante fois, les autres cent fois.

21. Et il leur dit :

La lampe est-elle destinée à être placée sous la trémie ou sous le lit ?

N'est-elle pas censée être dans la lampe ?

22. Car il n'y a rien de caché qui ne doive être manifesté, et rien de fait n'est caché, mais doit être manifesté.

23. Si quelqu'un a des oreilles pour entendre, qu'il écoute.

24. Et il leur dit :

Faites attention à ce que vous entendez : on vous mesurera avec la mesure que vous me donnerez, et ce que vous entendrez s'ajoutera à vous.

25. Car on donnera à celui qui a, et l'on ôtera à celui qui n'a pas ce qu'il a.

26. Et il dit :

C'est ainsi que se présente le Royaume de Dieu, comme si un homme semait une graine en terre.

27. Il dormit, se leva nuit et jour, et la semence germa et crût, sans qu'il sût comment.

28. En effet, la terre porte ses propres fruits, d'abord de l'herbe, puis des épis, et enfin des grains entiers dans l'épi.

29. Et lorsque le fruit apparaît déjà, il envoie immédiatement la faucille, car la moisson est arrivée.

30. Et il dit :

À quoi ressemblera le Royaume de Dieu ? Ou à quelle parabole le comparerons-nous ?

31. Comme la graine de moutarde qui, lorsqu'elle est semée dans le sol, est la plus petite de toutes les graines de la terre.

32. Lorsqu'il est semé, il pousse et devient le plus grand de tous les légumes, et il crée de grandes branches, de sorte que les oiseaux du ciel peuvent nicher à son ombre.

33. Et il leur parlait de nombreuses paraboles de ce genre, en fonction de ce qu'ils ont pu entendre.

34. Et il ne leur parlait pas sans parabole, mais il disait tout à ses disciples en privé.

35. Ce jour-là, le soir venu, il leur dit : "Passons de l'autre côté.

36. Et, quittant la foule, ils l'emmenèrent avec eux comme il était dans la barque, et il y avait avec lui d'autres petites barques.

37. Il y eut une grande tempête de vent, et les vagues s'écrasaient sur la barque, qui était déjà pleine.

38. Il dormait sur un coussin à l'arrière, et ils l'ont réveillé et lui ont dit :

Maître, ne craignez-vous pas que nous périssions ?

39. A son réveil, il menaça le vent et dit à la mer :

Taisez-vous !

Le vent se calma et il y eut un grand calme.

40. Et il leur dit :

Pourquoi êtes-vous si lâche ? Comment se fait-il que vous n'ayez pas la foi ?

41.Ils eurent très peur et se dirent l'un à l'autre :

Mais qui est celui-ci, pour que le vent et la mer lui obéissent ?

Chapitre 5

1.Ils arrivèrent de l'autre côté de la mer, dans le pays des Gadaréniens.

2.Comme il descendait de la barque, un homme sortit des tombeaux à sa rencontre, animé d'un esprit impur,

3.Il avait sa demeure dans les sépulcres, et personne ne pouvait le lier, pas même avec des chaînes.

4.Car on l'avait souvent lié de chaînes et d'entraves, et il mettait les chaînes en pièces, et les entraves en miettes, et personne ne pouvait l'apprivoiser

5.Jour et nuit, il allait criant sur les montagnes et dans les sépulcres, et se frappant avec des pierres.

6.Quand il vit Jésus de loin, il courut se prosterner devant lui.

7.Et il cria d'une voix forte :

Qu'ai-je à faire avec toi, Jésus, Fils du Dieu Très-Haut ? Je t'ordonne par Dieu de ne pas me tourmenter.

8.(Parce que je lui disais :

Sors de cet homme, esprit impur).

9.Et il lui demanda :

Quel est votre nom ?

Il répondit en disant :

Légion est mon nom, car nous sommes très nombreux.

10.Et il le supplie instamment de ne pas les renvoyer de ce pays.

11. Et là, près des collines, il y avait un grand troupeau de porcs en train de se nourrir.

12. Et tous [ces] démons le suppliaient, disant : "Envoie-nous dans ces porcs, pour que nous y entrions.

13. Et Jésus Iogo les y autorisa. Ces esprits impurs sortirent et entrèrent dans les porcs, et le troupeau fut jeté dans la mer par le haut (et il y en avait près de deux mille) et ils furent noyés dans la mer.

14. Ceux qui donnaient à manger aux porcs s'enfuirent, l'annoncèrent à la ville et à la campagne, et allèrent voir ce qui s'était passé.

15. Ils s'approchèrent de Jésus, et virent le démoniaque assis et vêtu, et celui qui avait la légion en toute bonne conscience ; et ils eurent peur.

16. Ceux qui l'avaient vu leur racontèrent ce qui était arrivé au démoniaque et aux porcs.

17. Et ils commencèrent à le supplier de quitter les frontières de son pays.

18. Lorsqu'il est monté dans la barque, le démoniaque l'a supplié de le laisser avec lui.

19. Mais Jésus ne l'a pas laissé faire, il le lui a dit :

Rentrez chez vous et racontez aux vôtres les grandes choses que le Seigneur a faites pour vous et la miséricorde qu'il a eue à votre égard.

20. Il alla annoncer dans la Décapole les grandes choses que Jésus avait faites pour lui, et tout le monde était dans l'admiration.

21. Comme Jésus passait de nouveau dans une barque pour gagner l'autre rive, une grande foule s'assembla autour de lui, et il se tenait au bord de la mer.

22. Et voici, un des chefs de la synagogue, nommé Jaïrus, arriva ; et, quand il le vit, il tomba à ses pieds.

23. Il le supplia beaucoup, disant :

Ma petite fille est presque morte ; [je vous prie] de venir lui imposer les mains pour qu'elle guérisse et qu'elle vive.

24. Il partit avec lui, et une grande foule le suivait et se pressait autour de lui.

25. Et une femme qui avait des pertes de sang depuis douze ans,

26. Elle avait beaucoup souffert, consulté de nombreux médecins, dépensé tout ce qu'elle avait, mais rien n'avait fonctionné, au contraire, son état avait empiré.

27. [Lorsqu'elle entendit parler de Jésus, elle sortit de la foule et toucha son vêtement.

28. Parce qu'il l'a dit :

Si je touche vos vêtements, je guérirai.

29. Et bientôt la source de son sang se tarit, et elle sentit dans [son] corps qu'elle était déjà guérie de ce fléau.

30. Alors Jésus, réalisant en lui-même la puissance qui était sortie de lui, se tourna vers la foule et dit :

Qui a touché mes vêtements ?

31. Ses disciples lui dirent :

Voici que la foule vous presse, et vous dites :

Qui m'a touché ?

32. Et il a regardé autour de lui pour voir qui lui avait fait ça.

33. Alors la femme, effrayée et tremblante, sachant ce qu'on lui avait fait, vint se prosterner devant lui et lui dit toute la vérité.

34. Et il lui dit :

Ma fille, ta foi t'a sauvée, va en paix et guéris de ton fléau.

35. Pendant qu'il parlait encore, des chefs sont entrés.

de la synagogue, en disant :

Votre fille est morte ; pourquoi vous occupez-vous encore du Maître?

36. Jésus, après avoir entendu cette parole, dit au chef de la synagogue:

N'ayez pas peur, croyez simplement.

37. Il n'a permis à personne de le suivre, sauf à Pierre, Jacques et Jean, le frère de Jacques.

38. Il arriva à la maison du chef de la synagogue, et il vit le tumulte, et ceux qui pleuraient et se lamentaient.

39. En entrant, il leur dit :

Pourquoi vous agitez-vous et pleurez-vous ? La fille n'est pas morte, elle dort.

40. Et ils se moquaient de lui. Après les avoir tous chassés, il prit le père et la mère de la jeune fille, et ceux qui étaient avec lui, et il entra dans le lieu où la jeune fille était couchée.

41. Il prit la main de la jeune fille et lui dit : Talita cumi ;

(qui se traduit par :Lève-toi, je te dis).

42. La jeune fille se leva et marcha, car elle avait douze ans ; et ils furent saisis d'un grand étonnement.

43. Il leur donna de grands ordres pour que personne ne le sût, et il leur dit de lui donner à manger.

Chapitre 6

1. Il partit de là et vint dans son pays, et ses disciples le suivirent.

2. Le sabbat étant venu, il se mit à enseigner dans la synagogue. Beaucoup de gens l'ayant entendu, furent étonnés et dirent :

D'où tient-il ces choses ? Quelle est cette sagesse qui lui est donnée? Et de telles merveilles sont-elles faites par ses mains ?

3.N'est-ce pas le charpentier, fils de Marie et frère de Jacques et Joseph et Judas et Simon ?

Et tes sœurs ne sont-elles pas ici avec nous ? Et elles s'en offusquèrent.

4.Et Jésus leur dit :

Il n'y a point de prophète sans honneur, si ce n'est dans son pays, au milieu de ses parents et dans sa maison.

5.Il n'a pu y faire aucune merveille ; seulement, en imposant les mains à quelques malades, il les a guéris.

6.Et il s'étonnait de leur incrédulité. Et il parcourut les villages voisins, enseignant.

7.Il appela les douze et se mit à les envoyer deux par deux, et il leur donna le pouvoir sur les esprits impurs.

8.Il leur ordonna de ne prendre pour le voyage qu'un bâton de marche, pas de bourse, pas de pain, pas d'argent dans leurs ceintures.

9.Mais qu'ils portent des sandales et non deux tuniques.

10.Et il leur dit :

Où que vous entriez dans une maison, restez-y jusqu'à ce que vous en sortiez

11.Et tous ceux qui ne vous recevront pas et ne vous écouteront pas, sortez de là et secouez la poussière qui est sous vos pieds, en témoignage contre eux. Je vous le dis en vérité, au jour du jugement, [ceux de] Sodome ou Gomorrhe seront plus à l'aise que [ceux de] cette ville.

12.Et quand ils sont sortis, ils ont prêché pour qu'ils se repentent.

13. Ils chassèrent beaucoup de démons, oignirent d'huile beaucoup de malades, et les guérirent.

14. Le roi Hérode l'entendit (car son nom était déjà connu) et dit :

Jean, celui qui a baptisé, est ressuscité d'entre les morts, et c'est ainsi que ces miracles s'opèrent en lui.

15. D'autres ont dit :

C'est Elias ; et d'autres ont dit :

C'est un prophète, ou [il est] comme l'un des prophètes.

16. Quand Hérode l'entendit, il dit :

Celui-ci est Jean, à qui j'ai coupé la tête ; il est ressuscité des morts.

17. Car Hérode lui-même avait envoyé chercher Jean et l'avait fait enchaîner dans la prison, à cause d'Hérodiade, femme de Philippe, son frère, qui l'avait épousée.

18. Car Jean dit à Hérode :

Il ne t'est pas permis d'avoir la femme de ton frère.

19. Hérodiade l'espionnait et voulait le tuer, mais elle ne le pouvait pas.

20. Car Hérode craignait Jean, sachant que c'était un homme juste et saint, et il l'estimait. Lorsqu'il l'entendit, il lui fit beaucoup de bien, et il l'écoutait volontiers.

21. Le jour de la naissance de Jésus, Hérode donna un repas à ses chefs et à ses officiers, ainsi qu'aux princes de Galilée.

22. La fille d'Hérodiade entra, dansa et plut à Hérode et à ceux qui étaient avec lui ; le roi dit à la jeune fille :

Demandez-moi tout ce que vous voulez et je vous le donnerai.

23. Et il lui a juré :

Tout ce que vous me demanderez, je vous le donnerai, jusqu'à la moitié de mon royaume.

24.Il est parti et a dit à sa mère :

Que vais-je demander ?

Et elle a dit :

La tête de Jean-Baptiste.

25.Elle se précipita vers le roi et lui demanda,dire :

Maintenant, je veux que vous me donniez la tête de Jean-Baptiste sur une assiette.

26.Le roi fut très attristé, mais à cause des serments et de ceux qui étaient à table, il ne voulut pas la renier.

27.Le roi envoya le bourreau et fit apporter sa tête. Quand il fut parti, il le décapita dans la prison ;

28.Il apporta sa tête sur un plat et la donna à la jeune fille, qui la donna à sa mère.

29.Lorsque ses disciples l'entendirent, ils s'approchèrent et lui prirent la main et le déposa dans un tombeau.

30.Les apôtres rejoignirent Jésus et lui racontèrent tout, ce qu'ils avaient fait et ce qu'ils avaient enseigné.

31.Et il leur dit :

Venez à l'écart dans un lieu désert, et reposez-vous un peu ; car il y avait beaucoup d'allées et venues, et ils n'avaient pas de quoi manger.

32.Ils partirent en barque vers un endroit désert.

33.Les foules les voyaient venir, et beaucoup le connaissaient ; elles y couraient à pied de toutes les villes, venaient au-devant d'eux, et s'approchaient de lui.

34.En sortant, Jésus vit une grande foule, et il se déplaça...

-Il eut pitié d'eux, parce qu'ils étaient comme des brebis qui n'ont pas de berger, et il se mit à leur enseigner beaucoup de choses.

35.Comme l'heure était avancée, ses disciples s'approchèrent de lui et dirent :

L'endroit est désert et l'heure est tardive ;

36.Renvoie-les, afin qu'ils aillent dans les villes et les villages d'alentour, et qu'ils s'achètent du pain, car ils n'ont rien à manger.

37.Mais il leur répondit : "Donnez-leur à manger.

Ils lui dirent :

Allons-nous acheter deux cents livres de pain et les nourrir ?

38.Et il leur dit :

Combien de pains avez-vous ? Allez voir. Et quand ils le surent, ils dirent :

Cinq, et deux poissons.

39.Et il leur dit de faire asseoir tout le monde par groupes sur l'herbe verte.

40.Ils s'assirent, cent par cent, et cinquante par cinquante.

41.Il prit les cinq pains et les deux poissons, leva les yeux au ciel, bénit et rompit les pains, et les donna à ses disciples pour qu'ils les mettent devant eux. Et il leur distribua à tous les deux poissons.

42.Ils mangèrent tous et furent rassasiés.

43.Ils prirent douze corbeilles de morceaux, et poisson.

44.Près de cinq mille hommes ont mangé le pain.

45.Alors Iogo ordonna à ses disciples de monter dans la barque et de passer de l'autre côté, à Bethsaïda, tandis qu'il renvoyait la foule.

46.Après les avoir congédiés, il monta sur la montagne pour prier.

47. Le soir venu, le bateau était au milieu de la mer et il était seul sur la terre ferme.

48. Il vit qu'ils se fatiguaient beaucoup à ramer, car le vent était contraire. Vers la quatrième veille de la nuit, il les aperçut qui marchaient sur la mer, et il voulut les dépasser.

49. Lorsqu'ils le virent marcher sur la mer, ils pensèrent qu'il s'agissait d'un fantôme et poussèrent de grands cris.

50. Ils le virent tous, et ils furent troublés. Aussitôt il leur parla, et leur dit :

Soyez de bonne humeur, c'est moi, n'ayez pas peur.

51. Il monta vers eux dans la barque, et le vent tomba. Ils furent très étonnés et surpris entre eux.

52. Parce qu'ils n'avaient pas compris le miracle des pains, parce que leur coeur était endurci.

53. Après avoir traversé la mer, ils arrivèrent au pays de Génésareth et y débarquèrent.

54. Lorsqu'ils sont sortis du bateau, ils l'ont rencontré.

55. Ils accoururent de tout le pays d'alentour, et ils se mirent à porter les malades au lit, partout où ils l'apprirent.

56. Et partout où il allait, dans les lieux, les villes et les villages, on mettait les malades sur les places, et on le priait de ne toucher que le bord de leur vêtement ; et tous ceux qui le touchaient étaient guéris.

Chapitre 7

1. Les pharisiens et quelques scribes, venus de Jérusalem, se joignirent à lui.

2. Voyant que certains de ses disciples mangeaient le pain avec des mains impures, c'est-à-dire sans se laver, il les réprimanda.

3.(Car les pharisiens et tous les Juifs, selon la tradition des anciens, ne mangent pas s'ils ne se lavent pas soigneusement les mains.

4.Et [quand] ils reviennent du marché, s'ils ne se lavent pas, ils ne mangent pas ; et il y a beaucoup d'autres choses qu'ils essaient de garder, [comme] le lavage des tasses, des pots, des récipients en métal, et des lits).

5.Les pharisiens et les scribes l'interrogèrent :

Pourquoi vos disciples ne marchent-ils pas selon la tradition des anciens, mais mangent-ils le pain avec des mains non lavées ?

6.Mais il leur répondit :

Isaïe a bien prophétisé sur vous, hypocrites, comme il est écrit :

Ces gens m'honorent du bout des lèvres, mais leur cœur est loin de moi.

7.Mais c'est en vain qu'ils m'honorent, en enseignant des doctrines [et] des commandements humains.

8.Car, abandonnant le commandement de Dieu, vous vous attachez à la tradition humaine, [comme] le lavage des vases et des coupes, et vous faites beaucoup d'autres choses semblables.

9.Et il leur dit :

Vous invalidez le commandement de Dieu pour garder votre tradition.

10.Car Moïse a dit :

Honore ton père et ta mère. Quiconque maudira son père ou sa mère mourra.

11.Mais vous dites :

Si l'homme en parle à son père ou à sa mère :

Tout ce que vous pouvez tirer de moi est Corban (c'est-à-dire une offrande), [il est libre de toute obligation].

12.Et vous ne le laissez pas faire quoi que ce soit pour son père ou sa mère.

13.Vous invalidez la parole de Dieu par la tradition que vous avez prescrite, et vous faites beaucoup de choses semblables.

14.Il appela à lui toute la foule et leur dit : Écoutez-moi tous et comprenez :

15.Il n'y a rien d'extérieur à l'être humain qui y entre, qui puisse le contaminer ; mais ce qui en sort, c'est ce qui contamine l'être humain.

16.Si vous avez des oreilles pour entendre, écoutez.

17.Lorsqu'il fut entré dans la maison, [laissant] la foule, ses disciples l'interrogèrent sur la parabole.

18.Et il leur dit :

Êtes-vous également dépourvus de compréhension ? Ne comprenez-vous pas que ce qui pénètre de l'extérieur dans un être humain ne peut le contaminer ?

19.Parce qu'il ne va pas dans votre cœur, mais dans votre ventre, et qu'il sort dans les toilettes en nettoyant toute la nourriture.

20.Et il dit :

Ce qui sort de l'être humain le contamine.

21.Car les mauvaises pensées, l'adultère, la fornication et le meurtre viennent du cœur de l'homme,

22.Le vol, la cupidité, la méchanceté, la tromperie, la dépravation, le mauvais œil, le blasphème, l'orgueil et la stupidité.

23.Tous ces maux viennent de l'intérieur et contaminent l'être humain.

24.Il se leva de là, et alla dans le territoire de Tyr et de Sidon ; et quand il entrait dans une maison, il ne voulait pas qu'on le sût, et il ne pouvait pas se cacher ;

25. En effet, une femme dont la petite fille avait un esprit impur, ayant entendu parler de lui, vint se jeter à ses pieds.

26. Cette femme était grecque, de nationalité syrophénicienne, et elle le pria de chasser le démon de sa fille.

27. Mais Jésus lui dit :

Laissez les enfants manger en premier, car il n'est pas juste de prendre le pain des enfants et de le donner aux chiots.

28. Mais elle lui répondit :

Oui, Seigneur, mais les chiots aussi mangent sous la table, des miettes des enfants.

29. Il lui dit alors :

A ce mot, partez, le diable a déjà quitté votre fille.

30. Lorsqu'il est rentré chez lui, il a constaté que le démon était déjà parti et que sa fille était allongée sur le lit.

31. Après avoir quitté le territoire de Tyr et de Sidon, il arriva à la mer de Galilée, sur le territoire de la Décapole.

32. On lui amena un sourd qui parlait à peine, et on lui demanda de poser la main sur lui.

33. Le prenant à l'écart de la foule, il lui mit les doigts dans les oreilles et, crachant, lui toucha la langue.

34. Il leva les yeux vers le ciel, soupira et dit : "Ephphatha" (c'est-à-dire : ouvre-toi).

35. Alors ses oreilles se sont ouvertes, sa langue s'est déliée et il a bien parlé.

36. Il leur a dit de n'en parler à personne, mais plus il leur en parlait, plus ils répandaient la nouvelle.

37. Et ils étaient encore plus étonnés, disant :

Tout ce qu'il a fait est bien ; il fait entendre les sourds et parler les muets.

Chapitre 8

1.En ce temps-là, comme il y avait une grande foule et qu'ils n'avaient rien à manger, Jésus appela ses disciples et leur dit :

2.J'ai compassion de la foule, parce qu'il y a trois jours qu'elle est avec moi et qu'elle n'a rien à manger.

3.Si je les renvoie chez eux à jeun, les forces leur manqueront en chemin; car quelques-uns d'entre eux sont venus de loin.

4.Ses disciples lui répondirent: Comment pourrait-on les rassasier de pains, ici, dans un lieu désert?

5.Jésus leur demanda: Combien avez-vous de pains? Sept, répondirent-ils.

6.Alors il fit asseoir la foule par terre, prit les sept pains, et, après avoir rendu grâces, il les rompit, et les donna à ses disciples pour les distribuer; et ils les distribuèrent à la foule.

7.Ils avaient encore quelques petits poissons, et Jésus, ayant rendu grâces, les fit aussi distribuer.

8.Ils mangèrent et furent rassasiés, et l'on emporta sept corbeilles pleines des morceaux qui restaient.

9.Ils étaient environ quatre mille. Ensuite Jésus les renvoya.

10.Aussitôt il monta dans la barque avec ses disciples, et se rendit dans la contrée de Dalmanutha.

11.Les pharisiens survinrent, se mirent à discuter avec Jésus, et, pour l'éprouver, lui demandèrent un signe venant du ciel.

12.Jésus, soupirant profondément en son esprit, dit: Pourquoi cette génération demande-t-elle un signe? Je vous le dis en vérité, il ne sera point donné de signe à cette génération.

13.Puis il les quitta, et remonta dans la barque, pour passer sur l'autre bord.

14.Les disciples avaient oublié de prendre des pains; ils n'en avaient qu'un seul avec eux dans la barque.

15.Jésus leur fit cette recommandation: Gardez-vous avec soin du levain des pharisiens et du levain d`Hérode.

16.Et ils s'interrogeaient les uns les autres, disant : [Il a dit cela] parce que nous n'avons pas de pain.

17.Pourquoi remettez-vous en question le fait que vous n'avez pas de pain ? Tu n'as toujours pas réalisé ou compris ? As-tu encore le cœur endurci?

18.Si vous avez des yeux, ne voyez-vous pas ? Et si vous avez des oreilles, n'entendez-vous pas ?

19.Et ne vous rappelez-vous pas, lorsque j'ai partagé les cinq pains entre les cinq mille personnes, combien de corbeilles pleines de pains vous avez emportées ?

Ils lui ont dit :Douze.

20.[Jésus a dit] :

Et quand vous avez partagé les sept entre les quatre mille, combien de corbeilles pleines de morceaux avez-vous soulevées ?

Et ils dirent :

Sept.

21.Et il leur dit :

Comment pouvez-vous ne pas comprendre ?

22.Il arriva à Bethsaïda. On lui amena un aveugle, et on le pria de le toucher.

23.Il prit l'aveugle par la main et le conduisit hors du village. Il lui cracha dans les yeux et, lui imposant les mains, il lui demanda s'il voyait quelque chose.

24.Il a levé les yeux et a dit :

Je vois les gens, parce que je vois qu'ils marchent comme des arbres.

25.Il posa à nouveau ses mains sur ses yeux et les fit regarder attentivement, et il fut rétabli et vit clairement tout le monde de loin.

26.Il le renvoya chez lui, en disant :

N'allez pas au village et n'en parlez à personne

27.Jésus et ses disciples se rendirent dans les villages de Césarée de Philippe. En chemin, il interrogea ses disciples, en leur disant :

Qui dit-on que je suis ?

28.Ils répondirent :

Jean le Baptiste, d'autres, Elie, d'autres encore, l'un des prophètes.

29.Et il leur dit :

Et toi, qui dis-tu que je suis ? répondit Pierre :

Vous êtes le Christ.

30.Il les a avertis de ne parler de lui à personne.

31.Et il commença à leur enseigner qu'il fallait que le Fils de l'homme souffre beaucoup, qu'il soit rejeté par les anciens, les grands prêtres et les scribes, qu'il soit mis à mort, et qu'il ressuscite trois jours après.

32.Et il prononça cette parole ouvertement. Pierre le saisit et se mit à le réprimander.

33.Il se retourna, regarda ses disciples, et reprit Pierre, en disant :

Hors de ma vue, Satan ! Car tu ne comprends pas les choses de Dieu, mais les choses humaines.

34.Il appela la foule avec ses disciples, et leur dit :

Si quelqu'un veut venir après moi, qu'il renonce à lui-même, qu'il se charge de sa croix et qu'il me suive :

35. En effet, celui qui veut sauver sa vie la perdra, mais celui qui perdra sa vie à cause de moi et de l'Évangile la sauvera.

36. Car que servirait-il à quelqu'un de gagner le monde entier et de perdre son âme ?

37. Ou que donneriez-vous à quelqu'un pour obtenir la rançon de son âme ?

38. Car quiconque aura honte de moi et de mes paroles dans cette génération adultère et pécheresse, le Fils de l'homme aura aussi honte de lui, quand il viendra dans la gloire de son Père avec les saints anges.

Chapitre 9

1. Il leur a également dit :

Je vous le dis en vérité, il y en a ici qui ne goûteront pas la mort avant d'avoir vu que le royaume de Dieu vient avec puissance.

2. Six jours plus tard, Jésus prit avec lui Pierre, Jacques et Jean, les conduisit seuls sur une haute montagne et se transfigura devant eux.

3. Et leurs vêtements devinrent brillants, blancs comme la neige, qu'un blanchisseur ne peut blanchir sur la terre.

4. Élie leur apparut avec Moïse, et ils parlaient à Jésus.

5. Pierre répondit et dit à Jésus :

Maître, il est bon que nous soyons ici ; faisons trois huttes : une pour toi, une pour Moïse et une pour Élie.

6. Parce qu'il ne savait pas ce qu'il disait, parce qu'ils étaient dans l'admiration.

7. Une nuée descendit et les couvrit de son ombre, et une voix sortit de la nuée, disant :

Celui-ci est mon Fils bien-aimé, écoutez-le.

8. En regardant autour d'eux, ils ne virent que Jésus avec eux.

9. Lorsqu'ils furent descendus de la montagne, il leur ordonna de ne raconter à personne ce qu'ils avaient vu, jusqu'à ce que le Fils de l'homme soit ressuscité des morts.

10. Et ils ont gardé l'affaire entre eux, se posant mutuellement des questions :

Qu'est-ce que c'est, la résurrection des morts ?

11. Ils l'interrogèrent en disant :

Pourquoi les scribes disent-ils qu'Elie doit venir en premier ?

12. Il leur répondit :

Élie viendra d'abord, et il rétablira toutes choses, [et] comme il est écrit du Fils de l'homme, qu'il souffre beaucoup et qu'il soit anéanti.

13. Mais moi, je vous dis qu'Élie est venu, et qu'ils lui ont fait tout ce qu'ils ont voulu, selon ce qui est écrit de lui.

14. Lorsqu'il arriva auprès des disciples, il vit une grande foule autour d'eux, et des scribes qui discutaient avec eux.

15. Quand toute la foule le vit, elle fut frappée de stupeur, courut vers lui et le salua.

16. Il interrogea les scribes :

Qu'est-ce que vous leur reprochez ?

17. Un homme de la foule prit la parole et dit

Maître, je vous amène mon fils, qui est muet d'esprit.

18. Et partout où [l'esprit] l'emporte, il a des convulsions, de l'écume, des grincements de dents, et il se dessèche ; et j'ai dit à tes disciples de le chasser, et ils ne l'ont pas pu.

19. Il répondit et dit :

Génération incrédule ! Jusqu'à quand serai-je avec vous ? Combien de temps vous supporterai-je ?

Amenez-le moi.

20. Ils l'amenèrent auprès de lui et, lorsqu'il le vit, Iogo, l'esprit, lui donna des convulsions ; il tomba à terre et se roula, l'écume à la bouche.

21. Il demanda à son père :

Depuis quand cela lui est-il arrivé ? Et il lui dit :

Depuis [son] enfance ;

22. Et plusieurs fois il l'a jeté aussi dans le lac et dans l'eau pour le détruire ; mais si vous pouvez faire quelque chose, aidez-nous en ayant pitié de nous.

23. Et Jésus lui dit :

Si vous pouvez croire, tout est possible à celui qui croit.

24. Le père de l'enfant s'écria en pleurant : "Je crois, Seigneur ! Aide mon incrédulité.

25. Jésus, voyant que la foule s'assemblait, réprimanda l'esprit impur, en lui disant :

Esprit muet et sourd, je te l'ordonne, sors-en et n'y entre plus !

26. Il cria et fut pris de convulsions, puis il sortit, et [l'enfant] était comme mort, si bien que beaucoup le disaient mort.

27. Jésus le prit par la main, le souleva et il se mit debout.

28. Lorsqu'il entra dans la maison, ses disciples le demandèrent à part :

Pourquoi ne pouvions-nous pas l'expulser ?

29. Et il leur dit :

Ce type ne peut s'en sortir que par la prière et le jeûne.

30. Ils partirent de là et parcoururent la Galilée, sans que personne ne le sache, 31. Car il enseignait ses disciples et leur disait :

Le Fils de l'homme sera livré entre les mains des hommes, et ils le tueront ; puis, étant mort, il ressuscitera le troisième jour.

32.Mais ils n'ont pas compris cette parole, et ils l'ont craint. demander.

33.E vint à Capharnaüm, et et entra dans maison, leur demanda :

Quelles sont les questions que vous vous posez mutuellement en cours de route?

34.Mais ils se taisaient, car ils s'étaient disputés en chemin pour savoir lequel d'entre eux était le plus grand.

35.Puis il s'assit, appela les douze, et leur dit :

Si quelqu'un veut être le premier, qu'il soit le dernier de tous et le serviteur de tous.

36.Il prit un petit garçon, le plaça au milieu d'eux, et, le prenant dans ses bras, il leur dit :

37.Quiconque reçoit l'une de ces personnes en mon nom

Et celui qui me reçoit ne reçoit pas seulement moi, mais aussi celui qui m'a envoyé.

38.Jean lui répondit, en disant :

Maître, nous avons vu quelqu'un qui chasse les démons en ton nom, mais il ne nous suit pas ; et nous l'interdisons, parce qu'il ne nous suit pas.

39.Mais Jésus a dit :

Ne l'empêchez pas, car il n'y a personne qui fasse un miracle en mon nom et qui ensuite dise du mal de moi.

40.Parce que ceux qui ne sont pas contre nous sont pour nous.

41.En effet, quiconque vous donnera à boire en mon nom un petit vase d'eau, parce que vous êtes au Christ, je vous le dis en vérité, il ne perdra pas sa récompense.

42. Si quelqu'un scandalisait l'un de ces petits qui croient en moi, il vaudrait mieux pour lui qu'on lui pende au cou une grande meule de moulin et qu'on le jette dans la mer.

43. Et si ta main t'offense, coupe-la ; il vaut mieux pour toi entrer dans la vie mutilé que d'aller avec deux mains dans la géhenne, dans le feu qui ne s'éteint jamais.

44. Là où le ver ne meurt pas et où le feu ne s'éteint jamais.

45. Et si ton pied te fait souffrir, coupe-le ; il vaut mieux que tu entres dans la vie en boitant que d'être jeté avec deux pieds dans la géhenne, dans le feu qui ne s'éteint jamais.

46. Là où le ver ne meurt pas et où le feu ne s'éteint jamais.

47. Si ton oeil te fait du tort, jette-le dehors ; mieux vaut pour toi entrer dans le royaume de Dieu avec un seul oeil, que d'être jeté dans le feu de la géhenne avec deux yeux.

48. Là où le ver ne meurt pas et où le feu ne s'éteint jamais.

49. Car chacun d'eux sera salé par le feu, et chaque sacrifice sera salé par le sel.

50. Le sel est bon, mais si le sel n'a plus de goût, avec quoi l'assaisonnerez-vous ? Ayez du sel en vous et de la paix les uns avec les autres.

Chapitre 10

1. Il se leva de là et se rendit au territoire de la Judée, au-delà du Jourdain. Les foules s'assemblèrent de nouveau autour de lui, et il recommença à les enseigner, comme il avait l'habitude de le faire.

2. Les pharisiens s'approchèrent de lui et lui demandèrent s'il était permis à un homme de quitter sa femme, en le tentant.

3. Mais il leur répondit :

Que vous a ordonné Moïse ?

4. Et ils dirent :

Moïse lui permet d'écrire une lettre de divorce et de la quitter.

5.Jésus leur répondit :

C'est à cause de la dureté de vos cœurs qu'il vous a écrit ce commandement.

6.Mais dès le début de la création, Dieu les a créés homme et femme.

7.C'est pourquoi l'homme quittera son père et sa mère et s'attachera à sa femme.

8.Et les deux deviendront une seule chair, de sorte qu'ils ne seront plus deux, mais une seule chair.

9.Ce que Dieu a uni, que l'homme ne le sépare pas.

10. Les disciples rentrèrent à la maison et lui demandèrent à ce sujet.

11.Et il leur dit :

Celui qui quitte sa femme et en épouse une autre commet un adultère à son égard.

12.Si une femme quitte son mari et en épouse un autre, elle commet un adultère.

13.On lui amenait des enfants pour qu'il les touche, mais les disciples réprimandaient ceux qui les amenaient.

14.Jésus, voyant cela, s'indigna et lui dit : "Laissez les enfants venir à moi et ne les empêchez pas, car le royaume de Dieu appartient à ceux qui leur ressemblent.

15.Je vous le dis en vérité, celui qui ne reçoit pas le Royaume de Dieu comme un enfant n'y entrera pas.

16.Les prenant entre ses bras et leur imposant les mains, il les bénit.

17. Comme il marchait, un homme courut à sa rencontre et, s'agenouillant devant lui, il lui demanda : Bon maître, que dois-je faire pour avoir en héritage la vie éternelle ?

18. Et Jésus lui dit :

Pourquoi m'appelez-vous bon ? Personne n'est bon, sauf un seul : Dieu.

19. Vous connaissez les commandements :

Tu ne commettras pas d'adultère ; tu ne commettras pas de meurtre ; tu ne déroberas pas; tu ne porteras pas de faux témoignage ; tu ne seras pas trompeur ; honore ton père et ta mère.

20. Mais il lui répondit :

Maître, j'ai gardé tout cela de ma jeunesse.

21. Jésus le regarda, l'aima et lui dit : "Il te manque une chose : va, vends tout ce que tu as, et donne-le aux pauvres : Il te manque une chose : va, vends tout ce que tu as, donne-le aux pauvres, et tu auras un trésor dans le ciel ; et viens, suis-moi, charge-toi de ta croix.

22. Mais il regretta cette parole et s'en alla tout triste, car il avait beaucoup de biens.

23. Jésus regarda autour de lui et dit à ses disciples :

Comme il sera difficile à ceux qui possèdent des richesses d'entrer dans le Royaume de Dieu !

24. Les disciples s'étonnèrent de ces paroles, mais Jésus leur répondit:

Enfants, comme il est difficile pour ceux qui se confient dans les richesses d'entrer dans le Royaume de Dieu !

25. Il est plus facile pour un chameau de passer par le trou d'une aiguille que pour un riche d'entrer dans le Royaume de Dieu.

26. Et ils étaient encore plus étonnés, se disant l'un à l'autre :

Qui peut donc être sauvé ?

27.Mais Jésus les regarda et dit :

Pour les êtres humains, c'est impossible, mais pas pour Dieu, car pour lui tout est possible.

28.Pierre se mit à lui dire :

Voici que nous avons tout quitté et que nous t'avons suivi.

29.Jésus répondit :

Je vous le dis en vérité, il n'y a personne qui ait quitté sa maison, ou ses frères, ou ses soeurs, ou son père, ou sa mère, ou sa femme, ou ses enfants, ou ses champs, à cause de moi et à cause de l'Évangile,

30.Qu'il ne reçoive pas au centuple, dès ce temps-ci, des maisons, des frères, des soeurs, des mères, des enfants, des champs, avec des persécutions, et la vie éternelle dans le temps à venir.

31.Mais beaucoup de premiers seront des derniers, et [beaucoup] de derniers, des premiers.

32.Ils se mirent en route, montant à Jérusalem. Jésus les précédait, et ils étaient dans l'étonnement ; ils le suivaient avec étonnement. Ayant pris les douze avec lui, il se mit à faire ce qui suit-en leur racontant les choses qui lui arriveraient :

33.Voici que nous montons à Jérusalem, et le Fils de l'homme sera livré aux chefs des prêtres et aux scribes ; ils le condamneront à mort et le livreront aux païens.

34.On se moquera de lui, on le flagellera, on crachera sur lui et on le fera mourir ; le troisième jour, il ressuscitera.

35.Jacques et Jean, fils de Zébédée, s'approchèrent de lui, en disant :

Maître, nous voulons que vous fassiez tout ce que nous vous demandons.

36.Et il leur dit :

Que veux-tu que je te fasse ?

37.Ils lui dirent :

Pouvons-nous nous asseoir dans ta gloire, l'un à ta droite et l'autre à ta gauche ?

38.Mais Jésus leur dit :

Tu ne sais pas ce que tu demandes : peux-tu boire la coupe que je bois et être baptisé du baptême dont je suis baptisé ?

39.Ils lui dirent :

Nous pouvons.

Mais Jésus leur dit :

En vérité, la coupe que je bois, vous la boirez ; et le baptême dont je suis baptisé, vous le serez aussi.

40.Mais siéger à ma droite ou à ma gauche, ce n'est pas à moi de le donner, mais à ceux pour qui il est préparé.

41.Lorsque les dix entendirent cela, ils commencèrent à se mettre en colère contre Jacques et Jean.

42.Mais Jésus les appela auprès de lui et leur dit :

Vous savez déjà que ceux qui sont considérés comme les gouverneurs des païens agissent comme leurs maîtres ;

et les grands usent de leur autorité sur eux.

43.Il n'en sera pas ainsi au milieu de vous ; mais celui qui sera grand parmi vous sera votre serviteur.

44.Et celui d'entre vous qui veut être le premier sera le serviteur de tous.

45.Car le Fils de l'homme n'est pas venu pour être servi, mais pour servir et donner sa vie en rançon par beaucoup.

46.Ils arrivèrent à Jéricho. Comme il sortait de Jéricho avec ses disciples et une grande foule, Bartimée, l'aveugle, fils de Timée, était assis sur le chemin et mendiait.

47. Quand il apprit que c'était Jésus de Nazareth, il se mit à crier et à dire :

Jésus, Fils de David ! Aie pitié de moi !

48. Beaucoup l'ont réprimandé pour qu'il se taise, mais il a crié encore plus fort :

Fils de David ! Aie pitié de moi !

49. Jésus s'arrêta et leur dit de l'appeler. Ils appelèrent l'aveugle, en lui disant :

Courage, lève-toi, il t'appelle.

50. Il jeta son manteau, se leva et s'approcha de Jésus.

51. Jésus lui répondit :Que veux-tu que je te fasse ? L'aveugle lui répondit :

Maître, [je veux] que vous voyiez.

52. Et Jésus lui dit :

Va-t'en, ta foi t'a sauvé.

Il vit alors Jésus et le suivit sur la route.

Chapitre 11

1. Lorsqu'ils furent arrivés près de Jérusalem, à Bethphagé et à Béthanie, sur le mont des Oliviers, Jésus envoya deux de ses disciples,

2. Et il leur dit :

Va dans le village qui est devant toi ; dès que tu y seras entré, tu trouveras un ânon attaché, sur lequel personne ne s'est assis ; détache-le, et amène-le.

3. Et si quelqu'un vous dit :

Pourquoi faites-vous ceci ? Dites cela :

Le Seigneur a besoin de lui et le renverra bientôt ici.

4. Ils allèrent trouver l'ânon attaché à la porte, dans un coin, et ils le laissèrent aller.

5. Quelques-uns de ceux qui étaient là leur dirent : "Que faites-vous pour libérer l'ânon ?

6. Ils leur dirent ce que Jésus avait ordonné, et les laissèrent aller.

7. On amena l'ânon à Jésus, on jeta dessus ses vêtements, et il s'assit dessus.

8. Beaucoup étendirent leurs vêtements le long de la route, et d'autres coupèrent des branches d'arbres et les étendirent le long de la route.

9. Et ceux qui précédaient et ceux qui suivaient criaient : "Hosanna, béni soit celui qui vient au nom du Seigneur !

10. Béni soit le Royaume de notre Père David, qui vient au Nom du Seigneur ! Hosanna au plus haut des cieux !

11. Jésus entra dans Jérusalem et dans le Temple. Quand il eut vu tout ce qui l'entourait, et que ce fut le soir, il sortit pour aller à Béthanie avec les douze.

12. Le lendemain, alors qu'ils quittaient Béthanie, il eut faim.

13. Il vit au loin un figuier qui avait des feuilles,

[Il y vint pour voir s'il y trouverait quelque chose ; et il n'y trouva que des feuilles, car ce n'était pas la saison des figues.

14. Jésus lui répondit :

Personne ne mangera plus jamais de fruits de toi. Et ses disciples entendirent cela.

15. Ils arrivèrent à Jérusalem. Jésus entra dans le Temple et se mit à chasser ceux qui vendaient et achetaient dans le Temple ; il renversa les tables des changeurs et les sièges des vendeurs de pigeons.

16. Et il ne permettait à personne de porter [un] objet dans le Temple.

17. Et il les enseignait en disant :

Ce n'est pas écrit :

Ma maison sera-t-elle appelée une maison de prière pour toutes les nations ?

Mais vous en avez fait une cachette pour les voleurs !

18. Les scribes et les principaux sacrificateurs l'entendirent, et ils cherchèrent comment ils pourraient le faire mourir ; car ils le craignaient, parce que toute la foule était frappée de son enseignement.

19. Comme il était tard, [Jésus] sortit de la ville.

20. Le matin venu, ils virent que le figuier était sec jusqu'aux racines.

21. Pierre s'en souvint et lui dit :

Maître, voici que le figuier que tu as maudit a séché.

22. Jésus leur répondit :

Ayez foi en Dieu.

23. Car je vous le dis en vérité, quiconque dira à cette montagne :

Lève-toi et jette-toi à la mer ; et qui ne doute pas en son cœur, mais qui croit que ce qu'il dit se fera, tout ce qu'il dit lui sera fait.

24. C'est pourquoi je vous dis que tout ce que vous demanderez dans la prière, croyez que vous le recevrez, et vous le recevrez.

25. Et quand vous priez, pardonnez, si vous avez quelque chose contre quelqu'un, afin que votre Père qui est aux cieux vous pardonne vos offenses.

26. Si vous ne pardonnez pas, votre Père céleste ne vous pardonnera pas non plus vos offenses.

27. Ils retournèrent à Jérusalem. Comme il marchait dans le Temple, les grands prêtres, les scribes et les anciens s'approchèrent de lui.

28. Ils lui dirent :

Par quelle autorité faites-vous ces choses ? Et qui vous a donné cette autorité pour faire ces choses ?

29. Jésus leur répondit :

Je te demanderai aussi une parole, et tu me répondras.

-Et je vous dirai par quelle autorité je fais ces choses.

30. Le baptême de Jean venait-il du ciel ou des hommes ? Réponds-moi.

31. Et ils raisonnaient entre eux, disant : Si nous disons du ciel, il nous répondra :

Pourquoi n'avez-vous pas cru en lui ?

32. Mais si nous disons des hommes, nous craignons le peuple, car tous considéraient Jean comme un vrai prophète.

33. Ils répondirent et dirent à Jésus :

Nous ne le savons pas.

Jésus leur répondit :

Je ne vous dirai pas non plus par quelle autorité je fais ces choses.

Chapitre 12

1. Et il se mit à leur parler en paraboles :

Un homme a planté une vigne, l'a clôturée, a fondé un pressoir, a construit une tour qu'il a louée à des agriculteurs et a quitté la terre.

2. Le moment venu, il envoya un serviteur aux laboureurs, afin de recevoir des laboureurs le fruit de la vigne.

3. Mais ils l'ont pris, l'ont blessé et l'ont renvoyé vide.

4. Il leur envoya encore un autre serviteur ; ils le lapidèrent, le frappèrent à la tête, et le renvoyèrent -maltraité.

5.Il en envoya encore un autre, qu'ils tuèrent ; puis il en envoya beaucoup d'autres, dont ils blessèrent et tuèrent les uns et les autres.

6.Lorsqu'il lui en resta un, son fils bien-aimé, il me l'envoya.

-Il lui dit : "Au moins, ils respecteront mon fils.

7.Mais ces agriculteurs se sont dit l'un à l'autre :

Voici l'héritier ; venez, tuons-le, et l'héritage nous appartiendra.

8.Ils le prirent, le tuèrent et le jetèrent hors de la vigne.

9.Que fera donc le maître de la vigne ? Il viendra, fera périr les vignerons et donnera la vigne à d'autres.

10.Vous n'avez même pas encore lu ce texte ?

La pierre qu'avaient rejetée les bâtisseurs est devenue la tête de l'angle.

11.C'est par le Seigneur que cela s'est fait, et c'est une merveille à nos yeux.

12.Ils voulaient l'arrêter, mais la foule avait peur, car elle se rendait compte que c'était à elle qu'il adressait cette parabole.

13.Quelques-uns des pharisiens et des hérodiens envoyèrent vers lui pour le prendre en flagrant délit.

14.Ils s'approchèrent et lui dirent :

Maître, nous savons que tu es un homme de vérité, et que tu ne cherches à plaire à personne, car tu ne regardes pas à l'apparence humaine, mais en vérité tu enseignes la voie de Dieu ; est-il permis ou non de payer le tribut à César ? Devons-nous le payer, ou ne devons-nous pas le payer ?

15.S'apercevant de leur hypocrisie, il leur dit : "Pourquoi me tentez-vous ? Apportez-moi une pièce de monnaie, et que je la voie.

16.Ils l'apportèrent. Il leur dit :

De qui sont l'image et l'inscription ? Ils leur répondirent : De César.

17.Jésus leur répondit :

18.Rendez donc à César ce qui est à César, et à Dieu ce qui est à Dieu.

Et ils s'émerveillèrent de lui.

19.Les sadducéens, qui disent qu'il n'y a point de résurrection, s'approchèrent de lui et l'interrogèrent, en disant :

20.Maître, Moïse nous a écrit que si le frère d'un homme meurt et laisse une femme sans enfant, son frère doit prendre sa femme et susciter une descendance pour son frère.

21.Il y avait sept frères. Le premier prit une femme, et il mourut sans laisser de postérité.

22.Le second le prit aussi et mourut ; il ne laissa pas de postérité, et le troisième fit de même.

23.Les sept l'ont prise, et n'ont pas laissé de postérité. Enfin, après eux tous, la femme mourut à son tour.

24.Lorsqu'ils seront ressuscités, de qui sera-t-elle la femme ? Parce que les sept l'ont eue pour femme.

25.Jésus leur répondit :

N'est-ce pas pour cela que vous vous trompez, parce que vous ne connaissez pas les Ecritures ou la puissance de Dieu ?

26.Car, lorsqu'ils seront ressuscités des morts, ils ne se marieront pas et ne seront pas donnés en mariage, mais ils seront comme les anges dans le ciel.

27.Et au sujet des morts qui ressusciteront, n'avez-vous pas lu dans le livre de Moïse comment Dieu lui parla par le sarşa, en disant :

Je suis le Dieu d'Abraham, le Dieu d'Isaac et le Dieu de Jacob ?

Dieu n'est pas [Dieu] des morts, mais des vivants. C'est pourquoi [vous] êtes dans l'erreur.

28. Un des scribes, qui les avait entendus discuter, s'approcha de lui, et, sachant qu'il leur avait bien répondu, il lui demanda : "Quel est le premier commandement ? Lequel de ces commandements est le premier ?

29. Jésus lui répondit :

Le premier de tous les commandements [est] : Écoute Israël, l'Éternel, notre Dieu, est le seul Éternel :

30. Tu aimeras le Seigneur ton Dieu de tout ton cœur, de toute ton âme, de toute ta pensée et de toute ta force ; c'est le premier commandement.

31. Le second, semblable, est le suivant : "Tu aimeras ton prochain comme toi-même ; il n'y a pas d'autre commandement plus grand que celui-ci.

32. Le scribe lui dit :

Très bien, Maître, vous avez vraiment dit qu'il n'y a qu'un seul Dieu, et qu'il n'y en a pas d'autre en dehors de lui.

33. L'aimer de tout son cœur, de toute sa pensée, de toute son âme et de toute sa force, et aimer son prochain comme soi-même, c'est plus que tous les holocaustes et tous les sacrifices.

34. Jésus, voyant qu'il avait répondu avec sagesse, lui dit :

Vous n'êtes pas loin du Royaume de Dieu. Et personne n'osa plus lui poser la question.

35. Jésus répondit, comme il enseignait dans le Temple :

Comment les scribes affirment-ils que le Christ est le fils de David ?

36. Car David lui-même a dit par l'Esprit Saint : "Le Seigneur a dit à mon Seigneur : assieds-toi à ma droite jusqu'à ce que je fasse de tes ennemis ton marchepied.

37. En effet, si David lui-même l'appelle Seigneur, comment peut-il être son fils ?

Et la foule nombreuse écoutait volontiers.

38. Et il leur dit dans son enseignement :

Méfiez-vous des scribes, qui aiment à porter de longs vêtements et à se saluer sur les places ;

39. Et les premières chaises dans les synagogues, et les premières places dans les repas.

40. Ceux qui mangent les maisons des veuves, sous prétexte d'une longue prière. Ceux-là seront plus sévèrement condamnés.

41. Assis en face du coffre, Jésus voit la foule jeter de l'argent dans le coffre, et beaucoup de riches y mettent beaucoup d'argent.

42. Une pauvre veuve vint jeter deux leptos, c'est-à-dire deux petites pièces de monnaie.

43. Jésus appela ses disciples et leur dit : "Je vous le dis en vérité, cette pauvre veuve a versé plus que tous ceux qui ont versé dans le trésor ;

44. En effet, ils y ont tous jeté tout ce qui leur restait, mais celle-ci, dans sa pauvreté, y a jeté tout ce qu'elle possédait, tout ce qui lui permettait de vivre.

Chapitre 13

1. Comme il sortait du Temple, un de ses disciples lui dit :

Maître, regardez ces pierres et ces bâtiments !

2. Jésus lui répondit :

Voyez-vous ces grands bâtiments ? Il n'y aura pas une seule pierre qui ne sera pas démolie.

3. Alors qu'il est assis sur le mont des Oliviers, face au Temple, Pierre, Tiago, Jean et André l'interrogent à l'écart :

4.Dites-nous, quand ces choses se produiront-elles ? Et quel sera le signe de la fin de toutes ces choses ?

5.Jésus leur répondit et se mit à dire : "Veillez à ce que personne ne vous séduise ;

6.Car plusieurs viendront en mon nom, disant : C'est moi [le Christ],et il en séduira plusieurs.

7.Si vous entendez parler de guerres et de bruits de guerres, ne soyez pas troublés ; car il faut que cela arrive, mais la fin n'est pas encore venue.

8.Car une nation s'élèvera contre une nation, un royaume contre un royaume, il y aura des tremblements de terre de lieu en lieu, des famines et des révoltes. Ce sera le commencement des douleurs.

9.Prenez garde à vous-mêmes, car on vous livrera aux tribunaux et aux synagogues, on vous battra, on vous amènera devant les gouverneurs et les rois à cause de moi, pour que vous leur rendiez témoignage.

10.Et d'abord, l'Évangile doit être prêché parmi toutes les nations.

11.Mais lorsqu'ils vous amèneront à parler, ne vous inquiétez pas à l'avance de ce que vous devez dire, et n'y pensez pas ; mais dites ce qui vous sera donné à l'heure même. Car ce n'est pas vous qui parlez, mais le Saint-Esprit.

12.Le frère fera mourir son frère, et le père son fils ; les enfants se lèveront contre leurs parents et les tueront.

13.Vous serez haïs de tous à cause de mon nom, mais celui qui persévérera jusqu'à la fin sera sauvé.

14.Quand vous verrez l'abomination de la désolation, dont a parlé le prophète Daniel, se dresser là où il ne faut pas (que celui qui lit comprenne), que ceux qui sont en Judée s'enfuient dans les montagnes.

15. Celui qui est sur le toit ne descendra pas dans la maison et n'entrera pas pour prendre quelque chose dans la maison.

16. Et quiconque est dans le champ, ne se retourne pas pour prendre ses vêtements.

17. Mais malheur aux femmes enceintes et à celles qui allaitent ces jours-là !

18. Mais priez pour ne pas vous échapper en hiver.

19. Car ce seront des jours de détresse tels qu'il n'y en a pas eu depuis le commencement de la création de tout ce que Dieu a créé, jusqu'à présent, et qu'il n'y en aura jamais.

20. Si le Seigneur n'avait pas abrégé ces jours, aucune chair n'aurait été sauvée ; mais il a abrégé ces jours à cause de ceux qu'il a choisis.

21. Et si quelqu'un vous dit :

Voici le Christ ; ou si vous le voyez là, ne croyez pas en lui.

22. Car il s'élèvera de faux Christs et de faux prophètes, qui feront des prodiges et des miracles pour séduire, s'il était possible, les élus.

23. Mais toi, prends garde, car je t'ai déjà tout dit.

24. Mais en ces jours-là, après cette détresse, le soleil s'obscurcira et la lune ne brillera pas.

25. Les étoiles du ciel tomberont, et les puissances qui sont dans le ciel seront ébranlées.

26. Puis ils verront le Fils de l'homme venir sur les nuées avec beaucoup de puissance et de gloire.

27. Alors il enverra ses anges et rassemblera ses élus des quatre vents, des extrémités de la terre jusqu'aux extrémités du ciel.

28. Apprenez la parabole du figuier : lorsque son rameau devient tendre et qu'il pousse des feuilles, vous savez que l'été est proche.

29. De même, lorsque vous voyez ces choses se produire, sachez que les portes sont déjà proches.

30. Je vous le dis en vérité, cette génération ne passera pas avant que tout cela n'arrive.

31. Le ciel et la terre passeront, mais mes paroles ne passeront pas.

32. Mais personne n'est au courant de ce jour et de cette heure, pas même les anges qui sont dans les cieux, ni le Fils, si ce n'est le Père.

33. Regardez, veillez et priez, car vous ne savez pas quand ce moment arrivera.

34. Tel cet homme qui, après avoir quitté son pays, quitta sa maison, donna des ordres à ses serviteurs et à chacun son travail, et ordonna au portier de monter la garde,

35. Veillez donc, car vous ne savez pas quand le Seigneur de la maison viendra, soit le soir, soit à minuit, soit au chant du coq, soit le matin,

36. De peur qu'il ne vous surprenne et ne vous trouve endormi.

37. Et ce que je vous dis, je le dis à tous : veillez.

Chapitre 14

1. Dans deux jours, c'était la Pâque et la fête des pains sans levain. Les principaux sacrificateurs et les scribes cherchaient un moyen de s'emparer de lui par la ruse, et [le tuer.

2. Mais ils ont dit :

Pas à la fête, de peur qu'il n'y ait une émeute parmi les gens.

3. Comme il était à Béthanie, dans la maison de Simon le lépreux, et qu'il était à table, une femme vint avec un vase d'albâtre contenant de l'huile parfumée de nard pur, d'un grand prix ; elle brisa le vase d'albâtre, et en versa sur lui au-dessus de sa tête.

4.Il y en eut qui se mirent en colère en eux-mêmes, et dirent :

À quoi a servi le gaspillage de l'huile perdue ?

5.Parce qu'il aurait pu être vendu pour plus de trois cents dollars et qu'il aurait été donné aux pauvres.

Et ils se sont plaints d'elle.

6.Mais Jésus a dit :

Laissez-la tranquille, pourquoi la déranger ? Elle m'a fait bon travail.

7.Car tu as toujours les pauvres avec toi, et quand tu le veux, tu peux leur faire du bien ; mais tu ne m'as pas toujours.

8.Elle a fait ce qu'elle a pu, elle a pris les devants pour oindre mon corps, pour [préparer] ma tombe.

9.Je vous le dis en vérité, partout où cet Évangile sera prêché dans le monde entier, on parlera aussi en mémoire de lui de ce qu'il a fait.

10.Judas Iscariote, l'un des douze, alla vers les principaux sacrificateurs pour le leur livrer.

11.En entendant cela, ils se réjouirent et promirent de lui donner de l'argent.

12.Le premier jour des pains sans levain, comme on immolait l'agneau de la Pâque, ses disciples lui dirent :

Où voulez-vous que nous préparions le repas de Pâques ?

13.Il envoya deux de ses disciples et leur dit :

Entrez dans la ville, et un homme portant une cruche d'eau vous rencontrera, et vous le suivrez.

14.Et partout où il entrera, dites au Seigneur de la maison :

Le Maître dit :

Où se trouve la pièce où je mangerai la Pâque avec mes disciples ?

15. Il te montrera une grande salle, décorée et préparée ; là, prépare-nous le repas.

16. Ses disciples sortirent, entrèrent dans la ville, trouvèrent ce qu'il leur avait dit, et préparèrent la Pâque.

17. Le soir venu, il vint avec les douze.

18. Lorsqu'ils furent assis [à table] et qu'ils eurent mangé, Jésus dit :

Je vous le dis en vérité, l'un de vous, qui mange avec moi, me livrera.

19. Elles commencèrent à s'affliger et à le lui dire l'une après l'autre :

Et un autre :

Est-ce moi ?

20. Mais il leur répondit :

[C'est l'un des douze, celui qui trempe [sa main] dans le plat avec moi.

21. Mais malheur à l'homme par qui le Fils de l'homme est livré ; il serait bon pour lui qu'il ne soit pas né.

22. Pendant qu'ils mangeaient, Jésus prit du pain, les bénit, le rompit et le leur donna, en disant :

Prenez, mangez, c'est mon corps.

23. Il prit la coupe, rendit grâces, la leur donna, et tous en burent.

24. Et il leur dit :

Ceci est mon sang, [le sang] du Nouveau Testament, qui est répandu pour plusieurs.

25. Je vous le dis en vérité, je ne boirai plus du fruit de la vigne jusqu'au jour où je le boirai nouveau dans le Royaume de Dieu.

26.Et, chantant une hymne, ils se rendirent au mont des Oliviers.

27.Et Jésus leur dit :

Vous serez tous offensés par moi ce soir, car il est écrit :

Je frapperai le berger, et les brebis seront dispersées.

28.Mais quand je serai ressuscité, je vous précéderai en Galilée.

29.Pierre lui dit :

Même si tout le monde est offensé, je ne le suis pas.

31.Et Jésus lui dit :

Je vous dis la vérité : ce soir, avant que le coq ne chante deux fois, vous me renierez trois fois.

32.Mais il a dit bien plus :

Même si je dois mourir avec toi, je ne te renierai jamais.

Et ils ont tous dit la même chose.

33.Ils arrivèrent au lieu appelé Gethsémani, et il dit à ses disciples :

Asseyez-vous ici pendant que je prie.

34.Il prit avec lui Pierre, Jacques et Jean, et il commença à être terrifié et bouleversé.

35.Et il leur dit :

Mon âme est triste à en mourir, restez ici et regardez.

36.Il alla un peu plus loin, tomba à terre et pria pour que, si c'était possible, l'heure lui échappe.

37.Et il dit :

Abba, Père, tout t'est possible ; que cette coupe passe loin de moi, non pas ce que je veux, mais ce que tu veux.

38.Il vint, les trouva endormis, et dit à Pierre :

Simon, tu dors ? Tu ne peux pas regarder pendant une heure ?

Veillez et priez, afin de ne pas entrer en tentation. L'esprit est prêt, mais la chair est faible.

39. Et se remettant à prier, il prononça les mêmes paroles.

40. Lorsqu'il revint, il les trouva de nouveau endormis, car leurs yeux étaient lourds et ils ne savaient pas quoi lui dire.

41. Il revint une troisième fois et leur dit :

Dormez maintenant et reposez-vous. Assez, l'heure est venue. Voici que le Fils de l'homme est livré aux mains des pécheurs.

42. Lève-toi, partons ; voici, celui qui me livre est proche.

43. Comme il parlait encore, Judas, l'un des douze, arriva, et avec lui une grande foule, armée d'épées et de bâtons, de la part des principaux sacrificateurs, des scribes et des anciens.

44. Celui qui le livrait leur avait donné un signe commun, en disant :

Celui que j'embrasse, c'est lui ; lie-le et emmène-le en toute sécurité.

45. Lorsqu'il arriva, il s'approcha immédiatement de lui et lui dit : Rabbi, Rabbi, et il l'embrassa.

46. Ils mirent la main sur lui et le saisirent.

47. L'un des assistants tira l'épée et frappa le serviteur du grand prêtre, lui coupant l'oreille.

48. Jésus leur répondit :

Comme un voleur, avec des épées et des gourdins, vous êtes sortis pour m'arrêter ?

49. Chaque jour, j'étais avec vous dans le temple, enseignant, et vous ne m'avez pas arrêté ; mais c'est pour que les Écritures s'accomplissent.

50. Puis, l'abandonnant, ils s'enfuirent tous.

51. Un garçon le suivait, enveloppé d'un drap sur son corps nu. Et les garçons le tenaient.

52. Il laissa tomber le drap et s'enfuit, nu, loin d'eux.

53. Ils emmenèrent Jésus chez le grand prêtre, et tous les chefs des prêtres, les anciens et les scribes s'assemblèrent autour de lui.

54. Pierre le suivit depuis Ionge jusqu'à la salle du grand prêtre, où il était assis avec les ouvriers et se réchauffait au feu.

55. Les chefs des prêtres et tout le tribunal cherchaient un témoignage contre Jésus pour le faire mourir, et ils ne le trouvaient pas.

56. Car plusieurs ont rendu un faux témoignage contre lui, et leurs témoignages ne s'accordaient pas entre eux.

57. Quelques-uns se levèrent, et rendirent contre lui un faux témoignage, en disant :

58. Nous l'avons entendu le dire :

Je démolirai ce temple fait de main d'homme, et en trois jours j'en rebâtirai un autre fait de main d'homme.

59. Et même leurs témoignages ne concordent pas.

60. Le souverain sacrificateur se leva au milieu et interrogea Jésus, en disant :

Vous ne répondez à rien ? Que témoignent-ils contre vous ?

61. Mais il se taisait et ne répondait rien. Le souverain sacrificateur l'interrogea de nouveau, et lui dit :

Es-tu le Christ, le Fils du [Dieu] béni ?

62. Et Jésus dit :

Je suis, et vous verrez le Fils de l'homme assis à la droite de la puissance [de Dieu], et venant sur les nuées du ciel.

63. Le souverain sacrificateur déchira ses vêtements et dit : "Qu'avons-nous encore besoin de témoins?

64. Vous avez entendu le blasphème ; qu'en pensez-vous ? Et tous le condamnèrent comme coupable de mort.

65. Certains d'entre eux se mirent à lui cracher dessus, à lui couvrir le visage, à le frapper et à le lui dire :

Prophétie.

Et les travailleurs l'ont giflé.

66. Pendant que Pierre était en bas dans la chambre, une des servantes du grand prêtre entra ;

67. Voyant Pierre, qui était assis en train de se réchauffer, il le regarda et dit :

Toi aussi, tu étais avec Jésus le Nazaréen.

68. Mais il l'a nié, déclarant :

Je ne vous connais pas et je ne sais pas ce que vous dites :

Il sortit sous le porche, et le coq chanta.

69. Lorsque la servante le revit, elle se mit à dire à ceux qui étaient là :

C'est l'un d'entre eux.

70. Mais il le nia de nouveau. Peu après, ceux qui étaient là dirent encore à Pierre : "Vraiment, tu es des leurs, car toi aussi tu es Galiléen, et tu parles comme eux.

71. Et il se mit à maudire et à jurer, [en disant] : Je ne connais pas cet homme que vous dites.

72. Le coq chanta pour la seconde fois. Pierre se souvint de la parole que Jésus lui avait dite :

Avant que le coq ne chante deux fois, tu me renieras trois fois.

Et en partant, il a pleuré.

Chapitre 15

1.Dès qu'il fit jour, les principaux sacrificateurs tinrent conseil avec les anciens, les scribes et toute la cour ; ils lièrent Jésus, l'emmenèrent et le livrèrent à Pilate.

2.Pilate lui dit : "Es-tu le roi des Juifs?

Il lui répondit :

C'est vous qui le dites.

3.Les principaux sacrificateurs l'accusaient de beaucoup de choses, mais il ne répondait rien.

4.Pilate l'interrogea de nouveau, en disant :

Tu ne réponds à rien ? Regarde combien de choses ils témoignent contre toi !

5.Jésus ne répondit rien de plus, ce qui étonna Pilate.

6.Et lors de la fête, [PiIatos1 libérait tous les prisonniers qu'ils demandaient.

7.Il y avait un dénommé Barabbas, détenu avec d'autres condamnés, qui s'était révolté et avait commis un meurtre.

8.Et la foule, en criant, se mit à lui demander de faire ce qu'il avait toujours fait pour elle.

9.Pilate leur répondit, en disant :

Voulez-vous que je vous remette au roi des Juifs ?

10.(Parce qu'il savait que les chefs des prêtres l'avaient livré par envie).

11.Mais les chefs des prêtres demandent plutôt la libération de Barabbas.

12.Pilate leur répondit et leur dit encore :

Que voulez-vous que je fasse de ce que vous appelez un roi ?

des Juifs ?

13.Et ils ont crié à nouveau :

Crucifiez-le !

14. Mais Pilate leur dit :

Quel mal a-t-il fait ?

Et ils ont crié encore plus fort :

Crucifiez-le !

15. Mais Pilate, voulant satisfaire la foule, le laisse partir.

-et leur a livré Jésus pour qu'il soit flagellé et crucifié.

16. Les soldats l'emmenèrent dans la salle d'audience et convoquèrent toutes les troupes.

17. Elles le vêtirent de rouge et lui tressèrent une couronne. d'épines, et ils le lui mirent sur la tête.

18. Et ils se mirent à le saluer, [en disant] : Réjouis-toi, roi des Juifs !

19. Ils lui frappèrent la tête avec un roseau, crachèrent sur lui, et, tombant à genoux, ils se prosternèrent devant lui.

20. Après s'être moqués de lui, ils le dépouillèrent de son manteau rouge, le revêtirent de ses propres vêtements, et l'emmenèrent pour le crucifier.

21. Ils forcèrent Simon le Cyrénéen, père d'Alexandre et de Rufus, qui passait de la campagne, à porter sa croix.

22. Ils l'emmenèrent au lieu du Golgotha, ce qui signifie : le lieu du crâne.

23. Ils lui donnèrent à boire du vin mêlé de myrrhe, mais il ne le prit pas.

24. Lorsqu'il eut été crucifié, ils partagèrent ses vêtements, en les tirant au sort, pour savoir qui prendrait chacun d'eux.

25. C'était la troisième heure, et ils le crucifièrent.

26. Et la description de sa cause a été faite plus haut [delej écrit : LE ROI DES JUIFS.

27. Et ils crucifièrent avec lui deux voleurs, l'un à sa droite et l'autre à sa gauche.

28. Et l'Écriture s'est accomplie, qui dit :

Et il a été compté avec les malfaiteurs.

29. Les passants l'injuriaient en secouant la tête et en disant :

Ah, vous qui démolissez le temple et le reconstruisez en trois jours ;

30. Sauve-toi et descends de la croix !

31. De même, les chefs des prêtres et les scribes se disaient l'un à l'autre, en se moquant :

Il a sauvé les autres, il ne peut pas se sauver lui-même !

32. Que le Christ, le roi d'Israël, descende maintenant de la croix, afin que nous puissions le voir et croire !

Ceux quiont été crucifiés avec lui l'insultaient aussi.

33. Quand la sixième heure fut venue, les ténèbres se répandirent sur toute la terre jusqu'à la neuvième heure.

34. À la neuvième heure, Jésus poussa un grand cri, en disant :

ELOÍ, ELOÍ, LAMÁ SABACTÂNI, qui se traduit par : Mon Dieu, mon Dieu, pourquoi m'as-tu abandonné ?

35. Quelques-uns de ceux qui étaient là l'entendirent, et ils dirent : "Voici qu'il appelle Élie.

36. L'un d'eux courut remplir de vinaigre une éponge qu'il fixa sur un roseau, et il lui donna à boire, en disant : "Voyons si Élie viendra l'enlever : Voyons si Élie viendra l'enlever.

37. Et Jésus, d'une voix forte, expira.

38. Le voile du Temple se déchira en deux, du haut en bas.

39. Le centurion, qui se tenait devant lui, voyant qu'il avait expiré en poussant de tels cris, dit

Cet homme était vraiment le Fils de Dieu.

40.Il y avait aussi des femmes qui regardaient de loin, parmi lesquelles Marie de Magdala, Marie, mère de Jacques le Mineur et de Joseph, et Salomé.

41.Ceux-ci aussi, lorsqu'il était en Galilée, le suivaient et le servaient, ainsi que beaucoup d'autres qui étaient montés avec lui à Jérusalem.

42.Le soir vint, car c'était la préparation, c'est-à-dire le jour qui précède le sabbat ;

43.Joseph d'Arimathie, membre honoré du conseil, qui attendait lui aussi le Royaume de Dieu, se rendit hardiment auprès de Pilate et demanda le corps de Jésus.

44.Pilate s'étonna qu'il ait déjà été tué. Il appela le centurion et lui demanda s'il était mort depuis longtemps.

45.Après avoir expliqué, le centurion donna le corps à Joseph.

46.Il acheta un linceul, le descendit de la croix, l'enveloppa dans le linceul, le déposa dans un sépulcre taillé dans le roc, et roula une pierre à l'entrée du sépulcre.

47.Marie de Magdala et Marie, mère de Joseph, regardèrent où elles l'avaient mis.

Chapitre 16

1.Le sabbat étant passé, Marie de Magdala, Marie de Jacques et Salomé achetèrent des aromates pour venir l'oindre.

2.Et très tôt le matin, le premier jour de la semaine, ils sont arrivés au tombeau, le soleil s'étant déjà levé.

3.Et ils se dirent l'un à l'autre :

Qui roulera la pierre de la porte du tombeau ?

4.Parce qu'elle était très grande. Et en la regardant, ils ont vu que la pierre se rebellait déjà.

5.En entrant dans le tombeau, elles virent un jeune homme assis à droite, vêtu d'un long vêtement blanc.

6.Mais il leur a dit :

Ne vous étonnez pas, vous cherchez Jésus de Nazareth, qui a été crucifié ; il est déjà ressuscité ; il n'est pas ici ; voici l'endroit où on l'a mis.

7.Mais allez dire à ses disciples et à Pierre qu'il vous précède en Galilée ; là, vous le verrez, comme il vous l'a dit.

8.Ils se précipitèrent et s'enfuirent du tombeau, car la peur et l'étonnement les avaient saisis ; ils ne dirent rien à personne, car ils avaient peur.

9.Jésus se leva le matin du premier jour de la semaine, et il apparut d'abord à Marie de Magdala, dont il avait chassé sept démons.

10.Quand il fut parti, il le dit à ceux qui étaient avec lui, qui étaient tristes et qui pleuraient.

11.Quand ils apprirent qu'il était vivant et qu'elle l'avait vu, ils ne crurent pas.

12.Puis il s'est manifesté sous une autre forme à deux d'entre eux, qui se rendaient sur le terrain.

13.Ils sont allés le dire aux autres, mais ils n'ont pas cru ces deux-là.

14.Enfin, il apparut aux onze, comme ils étaient assis ensemble, et il leur reprocha leur incrédulité et la dureté de leur coeur, parce qu'ils n'avaient pas cru ceux qui l'avaient déjà vu ressuscité.

15.Et il leur dit :

Allez dans le monde entier et prêchez l'Évangile à toute créature.

16.Celui qui croira et sera baptisé sera sauvé, mais celui qui ne croira pas sera condamné.

17.Ces signes accompagneront ceux qui auront cru : en mon nom, ils chasseront les démons, ils parleront de nouvelles langues ;

18.Ils saisiront des serpents avec leurs mains ; s'ils boivent quelque breuvage mortel, il ne leur fera point de mal ; ils imposeront les mains aux malades, et ceux-ci seront guéris.

19.Après leur avoir parlé, le Seigneur fut reçu au ciel et s'assit à la droite de Dieu.

20. Et ils allèrent prêcher partout, les Seigneur travaillant avec eux, et confirmant la parole par les signes qui ont suivi. Amen.[71]

---

[71] 71 https://sites.google.com/site/biblialivre/biblia/marcos ; consulté le 10 avril 2015. Licence d'utilisation : Cette œuvre est placée sous la licence Creative Commons Attribution 3.0 Brazil, ce qui signifie que chacun est libre d'en faire des copies gratuites et de les distribuer (y compris à des fins lucratives), à la fois en totalité et en partie. En outre, chacun peut créer des œuvres dérivées ; Titre : Bíblia Livre ; Nom du réviseur : Diego Renato dos Santos ; Source : http://sites.google.com/site/biblialivre/ ; Licence : Creative Commons Attribution 3.0 Brazil. Si l'espace est restreint, utilisez simplement l'acronyme BLIVRE. Un résumé de la licence Creative Commons Attribution 3.0 Brazil est disponible à l'adresse suivante :
http://creativecommons.org/licenses/by/3.0/ br/ et la version officielle à l'adresse suivante :
http://creativecommons.org/ licenses/by/3.0/br/legalcode

Grands succès de Zibia Gasparetto

En vendant plus de 20 millions de titres, l'auteur a contribué au renforcement de la littérature spiritualiste sur le marché de l'édition et à la popularisation de la spiritualité. Lisez d'autres exemples de réussite de l'auteur.

Romans Dictés par l'Esprit Lucius

La force de la vie

La vérité de chacun

La vie sait ce qu'elle fait

Elle a fait confiance à la vie

Entre amour et guerre

Esmeralda

Épines du temps

Liens éternels

Rien n'est dû au hasard

Personne n'appartient à personne

L'avocat de Dieu

Demain appartient à Dieu

L'amour gagné

Rencontre inattendue

Au bord du destin

Le sournois

Le morro des illusions

Où est Teresa ?

À travers les portes du cœur

Quand la vie choisit

Quand l'heure vient

Quand il faut revenir

S'ouvrir à la vie

Ne pas avoir peur de vivre

Seul l'amour peut le faire

Nous sommes tous innocents

Tout a un prix

Tout en valait la peine

Un véritable amour

Surmonter le passé

Autres succès d'Andrés Luiz Ruiz et Lucius

L'amour ne t'oublie jamais Trilogie

La force de la gentillesse

Sous les mains de la miséricorde

Dire adieu à la Terre

À la fin de la dernière heure

Sculpter son destin

Il y a des fleurs sur les pierres

Les rochers sont faits de sable

Autres succès de Gilvanize Balbino Pereira

Les lanternes du temps

Les anges de Jade

L'horizon des alouettes

Sceptres fendus

Les larmes du soleil

Psaumes de rédemption

Livres d'Eliana Machado Coelho y Schellida

Cœurs sans destin

L'éclat de la vérité

Le droit d'être heureux

Le retour

Dans le silence des passions

La force de recommencer

La certitude de la victoire

La conquête de la paix

Les leçons de la vie

Plus fort que jamais

Pas de règles pour aimer

Un journal dans le temps

Une raison de vivre

Eliana Machado Coelho et Schellida, des romances qui captivent, enseignent, émeuvent et peuvent changer votre vie !

Romances d'Arandi Gomes Texeira et du comte J.W. Rochester

Comté de Lancaster

Le pouvoir de l'amour

Le procès

Le bracelet de Cléopâtre

La réincarnation d'une reine

Vous êtes des dieux

Livres de Marcelo Cezar et Marco Aurelio

L'amour est pour les forts

La dernière chance

Rien n'est comme il semble

Pour toujours avec moi

Seul Dieu sait

Tu fais demain

Un souffle de tendresse

Livres de Vera Kryzhanovskaia et JW Rochester

La vengeance du Juif

La Nonne du mariage

La fille du sorcier

La fleur du marais

La colère divine

La légende du château de Montignoso

La mort de la planète

La nuit de la Saint-Barthélemy

La vengeance du juif

Heureux les pauvres d'esprit

Cobra Capella

Dolorès

Trilogie du Royaume des Ombres

Du ciel à la terre

Épisodes de la vie de Tibère

Le sortilège infernal

Herculanum

À la frontière

Naema, la sorcière

Dans le château d'Écosse (Trilogie 2)

Nouvelle ère

L'élixir de longue vie

Le pharaon Mernephtah

Les Législateurs

Les Magiciens
Le fantôme terrible
Le paradis sans Adam
Romance d'une reine
Luminaires tchèques
Récits cachés
La nonne des mariages

Livres d'Elisa Masselli

Il y a toujours une raison
Rien ne reste sans réponse
La vie est faite de décisions
La mission de chacune
Quelque chose de plus est nécessaire
Le passé n'a pas d'importance
Le destin est entre ses mains
Dieu était avec lui
Quand le passé ne passe pas
Il ne fait que commencer

Livres de Vera Lucia Marinzeck de Carvalho et Patricia

Des violettes à la fenêtre

Vivre dans le monde des esprits

La maison de l'écrivain

Le vol de la mouette

Vera Lucia Marinzeck de Carvalho et Antônio Carlos

Aimer les ennemis

L'esclave Bernardino

Le rocher des amoureux

Rosa, la troisième victime fatale

Captifs et affranchis

Livres de Mónica de Castro y Leonel

Malgré tout

On ne badine pas avec l'amour

Face à la vérité

De tout mon être

Le désir

Le prix de la différence

Jumeaux

Giselle, la maîtresse de l'inquisiteur

Greta

Jusqu'à ce que la vie vous sépare

Les élans du cœur

Jurema de la jungle

L'actrice

La force du destin

Souvenirs que le vent apporte

Secrets de l'âme

Se sentir bien dans sa peau

World Spiritist Institute

www.ingramcontent.com/pod-product-compliance
Lightning Source LLC
LaVergne TN
LVHW091658070526
838199LV00050B/2195